◀全面建成小康社会研究丛书▶

"十四五"时期国家重点出版物出版专项规划项目

中国脱贫之路
从兰考到凉山的精准脱贫实践

张　青　郭雅媛◎著

河北出版传媒集团
河北人民出版社
石家庄

图书在版编目（CIP）数据

中国脱贫之路：从兰考到凉山的精准脱贫实践 / 张青，郭雅媛著. -- 石家庄：河北人民出版社，2022.3
（全面建成小康社会研究丛书）
ISBN 978-7-202-15698-8

Ⅰ．①中… Ⅱ．①张… ②郭… Ⅲ．①扶贫－研究－中国 Ⅳ．①F126

中国版本图书馆CIP数据核字(2021)第184568号

丛 书 名	**全面建成小康社会研究丛书**
书　　名	**中国脱贫之路——从兰考到凉山的精准脱贫实践**
著　　者	张　青　郭雅媛

策划编辑	王斌贤　　侯福河
责任编辑	甄　洁
特约编辑	梁　瑛
美术编辑	王　婧
封面设计	雨　林
责任校对	付敬华

出版发行	河北出版传媒集团　河北人民出版社
	（石家庄市友谊北大街 330 号）
印　　刷	河北新华第二印刷有限责任公司
开　　本	787 毫米×1092 毫米　1/16
印　　张	17.5
字　　数	220 000
版　　次	2022 年 3 月第 1 版　　2022 年 3 月第 1 次印刷
书　　号	ISBN 978-7-202-15698-8
定　　价	65.00 元

新时代脱贫攻坚的历史经验与时代启示

（代序言）

黄承伟

从书名看,《中国脱贫之路——从兰考到凉山的精准脱贫实践》无疑是一本希望通过讲述兰考、凉山这两个具有典型意义的县域、市（州）域打赢脱贫攻坚战的生动实践,从局部到整体总结呈现中国特色的精准脱贫之路。读完书稿,个人感觉全书结构、内容、故事、论述和书名是一致的。应本书作者张青老师之邀,作为新时代脱贫攻坚顶层设计的参与者、实践推动亲历者、典型案例总结研究的组织者,我就借此以《新时代脱贫攻坚的历史经验与时代启示》为题,作下文,代为书序。

引 言

党的十八大以来,以习近平同志为核心的党中央把脱贫攻坚摆在治国理政的突出位置,作为实现第一个百年奋斗目标的重点任务,纳入"五位一体"总体布局和"四个全面"战略布局,作出一系列重大部署和安排,全面打响脱贫攻坚战。2021年2月25日,习近平总书记在全国脱贫攻坚总结表彰大会上庄严宣告,经过全党全国各族人民共同努力,我国脱贫攻坚战取得了全面胜利。新时代脱贫攻坚的历史性成就,补齐了全面建成小康社会的短板,为开启社会主义现代化国家建设新征程奠定了基础,为人类减贫事业积累了宝贵的历史经验,为各发展中国家加快实现联合国2030年可持续发展议程中确定的减贫目标形成了具有时代特征的重要启示。

新时代脱贫攻坚取得了历史性成就

经过全党全国全社会历时 8 年的努力，我国现行标准下 9899 万农村贫困人口全部脱贫，832 个贫困县全部摘帽，12.8 万个贫困村全部出列，区域性整体贫困得到解决。农村贫困人口全部脱贫，为实现全面建成小康社会目标任务作出了关键性贡献。贫困地区发展步伐显著加快，经济实力不断增强，基础设施建设突飞猛进，社会事业长足进步，行路难、吃水难、用电难、通信难、上学难、就医难等问题得到历史性解决，脱贫地区整体面貌发生历史性巨变。脱贫群众精神风貌焕然一新，增添了自立自强的信心勇气。党群干群关系明显改善，党在农村的执政基础更加牢固。

新时代脱贫攻坚的全面胜利，意味着占世界人口近五分之一的中国提前 10 年实现《联合国 2030 年可持续发展议程》减贫目标，不仅是中华民族发展史上具有里程碑意义的大事件，也是人类减贫史乃至人类发展史上的大事件，为全球减贫事业发展和人类发展进步作出了重大贡献。

新时代脱贫攻坚不仅从根本上改变了脱贫地区的发展条件、发展基础，而且锻造形成了"上下同心、尽锐出战、精准务实、开拓创新、攻坚克难、不负人民"的脱贫攻坚精神，在中国共产党精神谱系中树立起一座崭新的精神丰碑。脱贫攻坚精神是对全党全国人民在脱贫攻坚战中所展现出的精神风貌、制胜法宝和价值取向的全面概括和高度凝练，必将成为中国共产党百年历史伟大精神的重要组成部分，成为脱贫攻坚留给后世最为宝贵的精神财富，成为中华民族推进全面建设社会主义现代化国家新征程的精神力量。

中国新时代脱贫攻坚为人类减贫事业积累了宝贵的历史经验

在全球最大的发展中国家解决绝对贫困问题，在人类发展史上没有现成经验可借鉴，更没有现成的道路可走，但中国共产党百年来不忘初心、牢记使命，带领全国人民持续向贫困宣战，百年奋斗，不仅在中华民族发展史上首次解决了绝对贫困问题，而且积累了丰富的历史经验。中国新时代脱贫攻坚是人类减贫事业的重要组成部分，是人类减贫史上最重要、最精彩的篇章。新时代脱贫攻坚的胜利，意味着脱贫攻坚所形成的基本经验对于其他国家反贫困同样具有借鉴价值。这些基本经验集中体现在以下九个方面：

一是习近平总书记关于扶贫工作的重要论述，为新时代脱贫攻坚实践提供了科学指引。基于深厚的历史渊源、丰富的实践经历和长期深思熟虑的思考，习近平总书记对脱贫攻坚作出了一系列新决策、新部署，提出了一系列新思想、新观点，形成了问题意识明确、理论体系完备、内在逻辑严密的中国反贫困理论体系，成为习近平新时代中国特色社会主义思想的重要组成部分，是马克思主义反贫困理论中国化的最新成果，创新发展了中国特色反贫困理论，为新时代打赢脱贫攻坚战提供了科学指引。

二是坚持党对脱贫攻坚的集中统一领导，为脱贫攻坚提供坚强的政治保证和组织保证。习近平总书记亲自指挥、亲自部署、亲自督战。强化中央统筹、省负总责、市县抓落实的工作机制，明确五级书记抓扶贫，明确各级党委和政府特别是贫困县党委和政府对脱贫攻坚负主体责任，明确党政"一把手"是第一责任人。中西部22个省份党政主要负责同志向中央签署脱贫攻坚责任书、立下"军令状"，脱贫攻坚期内保持贫困县党政正职稳定，层层压实责任，确保党的领导贯穿工作全过程各环节，切实加强基层党组织建设。

三是坚持以人民为中心的发展思想，为脱贫攻坚确定了价值立场和目标导向。脱贫攻坚的根本目标在于让人民过上幸福美好的生活。新时代脱贫攻坚的中心内容与重点任务就是要通过系统全面的安排部署与实践推进，解决贫困群众的生产生活问题，更好地维护贫困群众的各项利益，使贫困群众过上好日子，进而实现贫困群众对美好生活的向往。脱贫攻坚始终紧紧依靠广大人民群众，以满足贫困群众多维基本需求为目标，创造性地构建了政府、市场、社会互为支撑的大扶贫格局。把广大人民群众共享改革发展成果，作为社会主义的本质要求进行部署，把党坚持全心全意为人民服务根本宗旨体现在发展成果的共享上。

四是坚持发挥中国社会主义制度能够集中力量办大事的政治优势，为脱贫攻坚确立共同意志，形成共同行动。新时代脱贫攻坚是中国农村地区的一场革命，是一项极其复杂的社会系统工程。党中央强化顶层设计和规划部署，制定印发《关于打赢脱贫攻坚战的决定》《关于打赢脱贫攻坚战三年行动的指导意见》等政策文件，建立了一整套体系严密、相互支撑的脱贫攻坚制度体系，保障了党的意志、国家政策的落实落地。不断增加扶贫资金投入，为打赢脱贫攻坚战提供了强大资金保障。坚持目标导向不断完善政策体系。

五是坚持把发展作为摆脱贫困的根本途径，为脱贫攻坚确定精准扶贫基本方略。把发展作为消除贫困最有效的办法、创造幸福生活最稳定的途径。新时代脱贫攻坚最鲜明的特征是坚持精准扶贫的基本方略。精准扶贫的基本要求就是要做到"六个精准"，即扶持对象精准、项目安排精准、资金使用精准、措施到户精准、因村派人精准、脱贫成效精准；其实现途径是实施"五个一批"，就是发展生产脱贫一批、易地搬迁脱贫一批、生态补偿脱贫一批、发展教育脱贫一批、社会保障兜底一批；精准扶贫的目标在于解决好扶持谁、谁来扶、怎么扶、如何退这"四个问题"，推进国家贫困治理体系和治理能力现代化。实践证明，精准扶贫、精准脱贫方略是由核心内容、实现路径、根本要求、保障体系和落实行动等各相互作用、相互促进的子系统耦合而成的系统工程，是具有科学普遍性、内在逻辑关联的贫困治理体系。

六是坚持尊重贫困群众的主体地位，为脱贫攻坚激发脱贫内生动力。贫困群众是脱贫致富的主体，新时代脱贫攻坚把贫困地区、贫困群众内生动力的激发、提升、培育作为反贫困的重要内容和根本目标，以实现贫困地区贫困人口内源式发展。把着力促进贫困群众观念转变作为反贫困的出发点和落脚点，把提升贫困群众的自我发展能力作为反贫困的重要内容和重要途径，把促进贫困群众的全面发展作为脱贫攻坚的重要过程和主要目标，始终坚持外部帮扶与内生动力结合，多措并举激发内生脱贫动力。

七是坚持广泛动员社会参与，为脱贫攻坚营造全社会扶危济困的浓厚氛围。中央强化东西部扶贫协作，推动省市县各层面结对帮扶，促进人才、资金、技术向贫困地区流动。组织开展定点扶贫，中央和国家机关各部门、民主党派、人民团体、国有企业和人民军队等都积极行动，所有的国家扶贫开发工作重点县都有帮扶单位。各行各业发挥专业优势，开展产业扶贫、科技扶贫、教育扶贫、文化扶贫、健康扶贫、消费扶贫。民营企业、社会组织和公民个人热情参与，"万企帮万村"行动蓬勃开展，形成并不断丰富发展了跨地区、跨部门、跨单位、全社会共同参与的社会扶贫体系。

八是坚持做到真扶贫、扶真贫、脱真贫，为脱贫攻坚实行最严格的考核评估。坚持求真务实、较真碰硬，实行最严格的考核评估，做到真扶贫、扶真贫、脱真贫，把脱贫成果落实到脱贫攻坚总体目标的实现成色和人民群众的获得感、满意度上，是新时代脱贫攻坚的鲜明时代特征，也是中国共产党解决绝对贫困问题的宝贵经验。建立目标导向的严格考核办法，加强脱贫攻坚监督，持续提升精准扶贫领导和攻坚能力。

九是坚持携手合作推进减贫事业，为脱贫攻坚促进人类命运共同体的构建赋予价值向度。习近平总书记创造性地提出共建"没有贫困、共同发展的人类命运共同体"这一具有深厚人类情怀的主张，为纷争的国际社会找到了底线性共识，为新时代脱贫攻坚赋予了新的价值内涵。中国发起共建"一带一路"倡议，推动更大范围、更高水平、更深层次的区域经济社会发展合作，支持帮助相关国家更好实现减贫发展。随着全球化的深入发展，贫困问题依然是全球性挑战，全球贫困治理依然面临重大挑战。中国将深化国际减贫合作，更加积极主动地参与全球治理，特别是为全球贫困治理提供了中国方案。

新时代脱贫攻坚为全球解决绝对贫困问题提供了启示

当今世界，贫困问题特别是绝对贫困问题仍然是广大发展中国家实现健康稳定发展的最大困扰之一，面对世界百年未有之大变局，如何共建人类命运共同体，创造世界更加美好的未来，中国新时代脱贫攻坚的伟大成就及其基本经验贡献了重要的时代启示。

第一，任何国家实现可持续发展的前提必然是解决好贫困问题。中国新时代脱贫攻坚战的全面胜利及其历史性成就表明，任何一个国家，只有把反贫困摆在治国理政的突出位置，才有可能解决好贫困问题，补好经济社会持续发展的最大短板。

第二，只要凝心聚力就能够战胜绝对贫困。中国新时代脱贫攻坚的成功实践充分表明，一个国家，只要执政党坚持人民至上，上下齐心，凝聚起全社会的强大合力，不断完善专项扶贫、行业扶贫、社会扶贫等多方力量、多种举措有机结合和互为支撑的"三位一体"大扶贫格局，坚持精准扶贫方略，就能够彻底摆脱绝对贫困。

第三，中国特色反贫困理论对于其他发展中国家治理贫困具有重要借鉴意义。实践充分证明，中国特色反贫困理论是马克思主义反贫困理论中国化的最新成果，具有普遍性，集中体现在：坚持中国共产党的领导，坚持以人民为中心的发展思想，坚持发挥社会主义制度能够集中力量办大事的政治优势，坚持精准扶贫方略，坚持调动广大贫困群众积极性、主动性、创造性，坚持弘扬和衷共济、团结互助美德，营造全社会扶危济困的浓厚氛围，坚持求真务实、较真碰硬，做到真扶贫、扶真贫、脱真贫。

第四，实现人类社会更好发展必须携手消除贫困，共建人类命运共同体。贫困问题，归根结底是发展问题。中国依靠自身发展解决绝对贫困问题，不仅是中华民族发展史上的里程碑，更是对人类发展事业的重大贡献，给渴望摆脱贫困的各国人民提振了信心、激发了动力。

（作者系国家乡村振兴局中国扶贫发展中心主任、研究员，北京大学贫困治理研究中心主任）

目录 MULU

第一部分

中国扶贫开发与精准脱贫历程

1949 年 10 月 1 日，中华人民共和国成立了。在经历了 100 多年内忧外患之后，中国共产党领导中国人民实现了民族独立和人民解放，拉开了大国发展的崭新一幕。可是，刚诞生的新中国却面临着一个历史遗留下来的艰巨任务——摆脱贫困。千百年来，贫困问题始终困扰着中国人民，阻碍着中华民族伟大复兴的进程。久经考验的中国共产党毅然担起这一历史重任，带领十几亿中国人民走上了浩浩荡荡、艰苦卓绝的脱贫之路，最终于 2020 年实现了全体人民摆脱绝对贫困的伟大目标，谱写了人类减贫历史的辉煌篇章，为全球减贫事业作出了重要贡献。

第一章
贫困标准与中国摆脱极端贫困的历史意义

　　贫困是人类生活一切不幸的根源。自从有人类以来，贫困始终与人类社会如影随形。消除贫困、摆脱贫困是古今中外贤君良臣、思想家、社会学家以及普通百姓的追求目标与强烈愿望。但是，即使到了工业化快速发展的近现代社会，在全球致力于消灭贫困并不断付诸努力的情况下，贫困问题依旧未能消除，始终困扰着人类社会的发展。2020 年暴发的新冠肺炎疫情导致近 10 年来全球贫困率首次上升。全球减贫事业面临异常严峻的挑战。

第一节　贫困的定义与衡量标准

一、贫困的定义

　　贫困问题已成为当今世界最尖锐的社会问题之一，联合国组织于 1992 年决定把每年的 10 月 17 日定为国际消除贫困日。到 2006 年底，全世界仍有 8.54 亿人长期遭受贫困和营养不良之苦，有超过 10 亿的极端贫困人口每天生活费不足 1 美元，每年有 560 万儿童死于与贫困有关的疾病。

　　各国政党、政府和社会各界对贫困问题一直相当重视。在 2016 年 G20 杭州峰会新闻发布会上，联合国秘书长潘基文表示："消除贫穷与饥饿，让所有人能够平等地享有经济社会发展的成果，这在联合国可持续发展目标中排在首位，没有什么比这个实现目标更加优先。"潘基文说：

"世界极端贫困人口从 1990 年的 17.5 亿减少到 2015 年的 7.02 亿，为什么我们依然要把消除贫困放在首位？因为我们不能让任何一个人掉队，我们要消除一切形式和表现的贫穷与饥饿，让所有人平等和有尊严地在一个健康的环境中充分发挥自己的潜能。"

消除贫困首先要了解什么是贫困，怎样准确地界定贫困，以及如何衡量贫困的范围。

英国的奥本海默在其所著的《贫困真相》中对贫困作了如下定义："贫困是物质上、社会上、情感上的匮乏。"世界银行在《1990 年世界发展报告》中将贫困定义为："贫困是缺乏获得最低生活标准的能力。"中国国家统计局课题组对贫困作了如下定义："贫困是指物质方面的困难，也就是一个家庭或个人无法达到社会所接受的最低生活标准，且缺乏必要的物质生活生产资料，生活处于贫困境地。"概括来讲，受不同历史和研究专业的影响，不同国家的不同学者给贫困作了不同的界定。

我国精准扶贫、精准脱贫中"贫困"的含义，不仅包括收入不足的"贫"，也包括了贫困群体不能接受教育、缺乏卫生服务、缺乏安全住房等的"困"。因此，精准扶贫、精准脱贫的目标也是多维度的，即到 2020年，稳定实现农村贫困人口不愁吃、不愁穿，义务教育、基本医疗和住房安全有保障；实现贫困地区居民人均可支配收入增长幅度高于全国平均水平，基本公共服务主要领域指标接近全国平均水平；确保我国现行标准下农村贫困人口实现脱贫，贫困县全部摘帽，解决区域性整体贫困。

二、衡量标准

贫困标准是测量贫困程度、贫困规模的重要工具。准确反映一国贫困状况的前提，就是对贫困标准所代表的实际生活水平有一个合理的判断。世界各国往往根据贫困含义及各自实际情况对贫困标准作出相应界定。

1. 国际贫困标准

（1）世界银行标准。世界银行是国际社会研究贫困问题的主要机构，通常说的国际贫困标准就是指世界银行发布的贫困标准。世界银行发布的贫困线是公认的国际标准，分为极端贫困线和一般贫困线。

表1-1 世界银行贫困标准

发布年份（基期）	极端贫困标准		一般贫困标准	
	数值	测算方法	数值	测算方法
1990（1985）	1.0美元/（人·天）	12个最穷国的最高标准	—	—
1994（1993）	1.08美元/（人·天）	10个最穷国的平均标准	—	—
2008（2005）	1.25美元/（人·天）	15个最穷国的平均标准	2.0美元/（人·天）	75个国家贫困标准的中位数
2015（2011）	1.9美元/（人·天）	15个最穷国的平均标准	3.1美元/（人·天）	发展中国家贫困标准的中位数

数据来源：世界银行数据库

（2）联合国千年发展目标。2000年9月，联合国首脑会议上189个国家签署了《联合国千年宣言》，一致通过为期15年的千年发展目标，设立了8项明确目标，其中"消除极端贫困与饥饿"排在首位。具体目标为：2000年到2015年，将全球贫困水平降低一半（以1990年的水平为标准，即每日不到1美元），使所有人包括妇女和青年人都享有充分的生产就业和体面工作，挨饿的人口比例减半。

（3）联合国可持续发展目标。2015年9月，联合国193个成员国在可持续发展峰会上正式通过17个可持续发展目标，旨在从2015年到2030年间以综合方式彻底解决社会、经济和环境三个维度的发展问题，转向可持续发展道路。其中前四个目标分别是：到 2030 年，在世界各地消除一切形式的贫困；消除饥饿，实现粮食安全；改善营养和促进可持续农业；确保包容、公平的优质教育，促进全民享有终身学习机会。

2. 发达国家贫困标准

发达国家一般采用相对贫困标准。欧盟将一国人均收入的 60% 作为贫困线，收入低于此标准即为贫困人口。日本将全国居民家庭收入中位数的 50% 作为贫困线。美国的贫困线依据家庭人数和收入确定。按美国当前贫困标准，从 1 人到 9 人以上家庭，贫困线为年家庭收入 11354 美元到 52685 美元。

3. 发展中国家贫困标准

发展中国家大多采用绝对贫困指标。巴西有贫困线和绝对贫困线两种标准，前者按照最低工资的 1/2 来确定，后者是最低工资的 1/4。埃及将低于全国人均支出的 1/3 视为绝对贫困，低于 2/3 视为相对贫困。由于最新极端贫困标准每人每天 1.9 美元是按最穷 15 国的平均数计算的，所以绝大多数国家的贫困标准都明显高于国际标准，印度和我国则与国际标准接近。

4. 我国贫困标准

我国先后采用过三个不同的贫困标准。1986 年的绝对贫困标准为年人均纯收入 206 元；2001 年，将 2000 年年人均纯收入 865 元定为低收入标准。2008 年，国家将低收入标准明确为扶贫标准；2011 年，我国将 2300 元（以 2010 年数据为基准）作为新的扶贫标准。按照购买力平价估算，加上"三保障"的要求，我国 2010 年贫困标准高于每天 1.9 美元，但低于每天 3.1 美元。

表1-2　中国农村贫困标准

年份	1985 年标准	2000 年标准	2010 年标准
1985	206 元 /（人·年）	—	—
2000	625 元 /（人·年）	865 元 /（人·年）	—
2008	—	1196 元 /（人·年）	—
2010	—	1274 元 /（人·年）	2300 元 /（人·年）

数据来源：国务院扶贫办

　　2019 年 10 月 16 日，联合国驻华协调员罗世礼在参加中国扶贫国际论坛期间表示，联合国驻华系统进入中国 40 年，和中国一起消除贫困，也见证了在 40 年中，中国怎样在全国范围内将绝对贫困的发生率降至极低，并计划于 2020 年消除绝对贫困。中国的普通人不仅从经济上和收入上受益，而且在教育、健康、预期寿命等方面也有所受益。在这个改革开放的时期，人民的福利确实有了全面显著的提高。他认为："在这 40 年中，中国从农村地区 97% 的人口处于普遍贫困的极端贫困状态走向 2020 年消除极端贫困的状态，这是一个惊人的成就。如果从绝对数字来看，在这段时间里，大约有 8 亿人摆脱了极端贫困，这不仅对中国，而且对全球来说都是一个令人印象深刻的成就。"[①]

第二节　中国打赢脱贫攻坚战意义重大

　　脱贫攻坚是中国共产党的历史使命，是全面建成小康社会的底线目标，是必须要完成的政治任务。习近平总书记代表党和政府向全国人民、

---

① 联合国：《联合国驻华代表剖析中国 40 年减贫经验》，http://news.un.org/zh/story/2019/12/1046831。

向全世界作出了庄严承诺，到中国共产党成立 100 年时，如果还有绝对贫困人口，贫富差距拉大，那就没有体现党的宗旨，就不能说我们全面建成了小康社会。

打赢精准脱贫攻坚战事关全面建成小康社会。全面小康，是惠及全体人民的小康，是不能有人掉队的小康，决不能把贫困地区和贫困人口排除在外。全面建成小康社会最艰巨的任务是脱贫攻坚，最突出的短板就是农村还有几千万贫困人口。我们不能一边宣布全面建成了小康社会，另一边还有几千万人口的生活水平处在扶贫标准线以下。如期完成脱贫任务是全面建成小康社会的刚性目标、底线目标。只有脱贫攻坚目标如期实现，才能凸显全面小康社会成色，让人民群众满意、国际社会认可。

打赢脱贫攻坚战事关增进人民福祉。习近平总书记指出："贫穷不是社会主义。如果贫困地区长期贫困，面貌长期得不到改变，群众生活长期得不到明显提高，那就没有体现我国社会主义制度的优越性，那也不是社会主义。"①改革开放以来，伴随着经济社会持续发展，我国组织实施了大规模扶贫开发行动，扶贫开发取得了举世瞩目的成就，人民生活水平不断得到提升。只有继续坚定不移地推进中国特色扶贫开发事业，才能不断增强贫困群众的获得感和幸福感，展示和证明中国共产党的领导和中国特色社会主义制度的优越性。

打赢脱贫攻坚战事关巩固党的执政基础。得民心者得天下。中国共产党执政的根本宗旨是全心全意为人民服务。我们党只有始终践行以人民为中心的发展思想，坚持为人民服务的根本宗旨，真正做到为人民造福，执政基础才能坚不可摧。只有全体人民过上了好日子，才能巩固党的执政基础。打好脱贫攻坚战，是"十三五"期间的头等大事和第一民生工程，必须坚持把扶贫脱贫作为我们党治国理政的一项重要工作。

打赢脱贫攻坚战事关国家长治久安。改革开放以来，我国扶贫开发

① 中共中央党史和文献研究院编：《习近平扶贫论述摘编》，中央文献出版社，2018，第 5 页。

事业大踏步发展，极大地改变了贫困地区人民群众的生产生活状态和精神面貌，对促进社会进步、民族团结和谐、国家长治久安发挥了重要作用。在新的发展起点上，扶贫开发的标准在提高，更加注重发展型的民生改善。"十三五"时期，扶贫开发工作不仅要在改善贫困人口生产生活条件上着力，更要注重提升教育、医疗、文化等方面的公共服务水平，使他们跟上全面小康的步伐。只有让全体人民安居乐业，社会才能和谐稳定，国家才能长治久安。

第二章
新中国成立后扶贫减贫探索阶段

（1949—1977 年）

新中国成立之初，农民人口占到全国人口的近90%。根据联合国统计资料显示，1949年中国人均国民收入只有27美元，不足亚洲平均水平44美元的三分之二，更不足印度57美元的一半。据国家统计局资料显示，1949年我国居民人均可支配收入仅为49.7元，其中农村居民人均可支配收入为44元。[①] 整体来看，当时的中国是一个极端贫困的农业大国，并且绝大多数贫困人口是农民。

第一节　土地改革拉开减贫序幕

新中国成立之前，封建社会的土地占有关系形成了长期以来农民受到地主阶级的剥削、被迫以租地为生的局面，占农户总数7%的地主却占据着50%以上的耕地。广大贫苦农民辛苦劳动却仍然食不果腹，生活十分悲惨。

1950年6月，中央人民政府颁布了《中华人民共和国土地改革法》，废除地主阶级封建剥削的土地所有制，实行农民的土地所有制，没收地主的土地、耕畜、农具、多余的粮食及其在农村中多余的房屋，征收祠

[①] 国家统计局:《人民生活实现历史性跨越　阔步迈向全面小康——新中国成立70周年经济社会发展成就系列报告之十四》，http://www.stats.gov.cn/tjsj/zxfb/201908/t20190809_1690098.html。

堂、庙宇、寺院、学校和团体在农村中的土地及其他公地，占全国耕地面积约 43% 的土地改为无地的贫困农民所有。与此同时，地主乡绅的牲畜、生产和生活资料也大多被分配给了农民。随着土地改革的基本完成，到 1952 年底，约 3 亿无地和少地的农民分得了约 7 亿亩的土地以及其他生产资料，获得了翻身的机会，成了土地的主人。至此，在中国延续了 2000 多年的封建土地所有制被彻底废除，长期被束缚的农村生产力获得了历史性的大解放，这为我国从根本上逐步消除贫困奠定了制度基础。新中国成立初期的土地改革，改变了我国农村的土地占有关系，使得 92.1% 的农村人口获得了 91.4% 的耕地，占农村人口 7.9% 的地主和富农的土地占有量降为 8.6%，我国的土地占有关系实现了相对平衡，满足了广大农民的迫切需要，解放了农村长期被束缚的生产力，调动了广大农民的积极性，为推动我国农业生产的发展和改善国家财政经济状况提供了条件。同时，农业生产发展带来的充足的原材料和广大的市场，为新中国的工业化开辟了道路。土地改革迈出了我国减贫之路的第一步。

1952 年中国粮食总产量从 1949 年的 11318 万吨增加到 16392 万吨，增产了 5074 万吨；1957 年粮食总产量达到 19505 万吨，1975 年达到 28452 万吨，是 1949 年产量的 2.5 倍。1952 年的棉花总产量达到 130 万吨，比 1949 年的 45 万吨增加了 85 万吨，增长了近两倍。油料产量由 1949 年的 256 万吨增加到了 1952 年的 419 万吨。粮食单产由 1949 年的 1029 千克/公顷提高到 1952 年的 1322 千克/公顷，棉花单产由 1949 年的 161 千克/公顷提高到 234 千克/公顷，油料单产也由 1949 年的 607 千克/公顷提高到 734 千克/公顷。[①] 新中国成立初期的土地改革为提高劳动生产率作出了重要贡献，也在一定程度上为缓解农村贫困作出了重要贡献。

---

① 数据来源：国家统计局数据库，http://data.stats.gov.cn/。

第二节　组织起来走集体化道路

中国土地改革极大地提高了农民的生产积极性，但为了防止贫富两极分化的出现和满足分散、脆弱的农业个体经济所不能满足的工业发展对农产品的需求，毛泽东主席提出实行农业大规模集体化。20 世纪 50 年代，我国开始实施农村合作社运动和人民公社运动，由国家提供最低限度的粮食保障，杜绝了赤贫无地农民的产生。

1950 年，为解决农业生产的难题，我国成立了中华全国供销合作社。1951 年 9 月，中共中央全国第一次互助合作会议通过了《中共中央关于农业生产互助合作社的决议（草案）》，各地党委开始试行，到 1952 年底，全国共发展了约 830 万个农业互助合作组织，组织参与农户 1144.8 万户，吸纳了近 40% 的农民，将农民们组织起来互助发展，大大激发了农民的劳动积极性。1953 年，中央人民政府开始实行统购统销政策，先后对粮食、油料、棉花等计划收购和计划供应，满足了工业化带来的城镇人口增加对粮食等农产品的需求，推动了国家工业化的进程。1953 年 12 月，中共中央通过了《中共中央关于发展农业生产合作社的决议》，使得农业合作社真正意义上进入了发展时期。毛泽东主席在决议中提出要"使农民能够逐步完全摆脱贫困的状况而取得共同富裕和普遍繁荣的生活"，解决了占中国绝大多数人口的农民的共同富裕问题，也就基本解决了中国人民的共同富裕问题。然而在实现农民共同富裕的过程中，农民光有土地是不够的，必须要实现农业合作化的制度，必须走社会主义道路，"全国大多数农民，为了摆脱贫困改善生活，为了抵御灾荒，只有联合起来，向社会主义大道前进，才能达到目的"。1955 年，全国掀起了农业合作化的高潮。在中国的社会主义三大改造中，中共中央积极引导农民组织起来走集体化道路，逐渐克服农业同工商业发展不相适应的矛盾，进一步提高农业生产力，实现了生产资料私有制向社会主义公有制的转变。

截至 1956 年底，经历了互助组、初级社、高级社三个发展阶段的农业社会主义改造基本完成，绝大多数农民走上了农业合作化道路，全国 96.3% 的农户参加了合作社，其中 87.8% 的农户参加了高级社，实现了土地公有化，广大的农村建立起了社会主义集体所有制经济。1957 年，中国第一个以发展生产为中心，巩固合作社制度，全面改善农民物质和文化生活的农村农业发展中长期规划《全国农业发展纲要》颁布实施，采取措施巩固和壮大社会主义集体经济：规定全国各地区 12 年内应达到的粮食和棉花的每亩平均年产量，大力提高粮食和其他农作物产量；发展畜牧业、林业、水产业等多种经济；坚持勤俭办社，提高农业劳动生产率，增加粮食储备；发展山区经济；开垦荒地，扩大耕地面积；办好国营农场。

1957 年底到 1958 年初，为了适应当时兴修水利的需要，毛泽东主席认为农业合作社还需要进一步发展，需要小社并大社，组建人民公社。1958 年，中共中央作出《关于在农村建立人民公社问题的决议》，对人民公社是形势发展的必然趋势、人民公社的组织规模一般以一乡一社、2000 户左右较为合适、小社并大、转为人民公社的做法和步骤、并社中的若干经济政策问题、关于社的名称、所有制和分配制的问题以及现阶段我们的任务是建设社会主义等一系列关于在农村建设人民公社中的问题进行了阐述。同年，全国 99% 以上的农户都加入了人民公社，实现了组织起来搞生产的农村生产模式。

第三节　确立社会主义基本制度

从 1949 年新中国成立到 1956 年社会主义改造完成，是新民主主义向社会主义过渡时期。1952 年 9 月，毛泽东主席在中央会议上提出："我们现在就要开始用 10 年到 15 年的时间，基本上完成到社会主义的过渡。"1953 年 6 月，党中央提出的过渡时期总路线指出，从中华人民共和国成立，到社会主义改造基本完成，这是一个过渡时期。在这个过渡时期，中国共产党总路线和总任务，是要在一个相当长的时期内，逐步实现国家的社会主义工业化，并逐步实现国家对农业、手工业和资本主义工商业的社会主义改造。1954 年 9 月，中华人民共和国第一届全国人民代表大会第一次会议通过了《中华人民共和国宪法》，将中国共产党在过渡时期的总路线确定为我国在过渡时期的总任务。在社会主义的过渡时期，我国对农业、手工业、资本主义工商业进行了有系统的社会主义改造。1953 年，中共中央作出了关于农业生产互助合作的决议和关于发展农业生产合作社的决议。同年 10 月，中共中央作出了关于实行粮食统购统销的决议。1954 年，农村开始大办农业社。粮食统购统销政策和农业互助合作运动推动了资本主义工商业的社会主义改造进程。1954—1955 年，公私合营取得较快发展。1955—1956 年，我国加快了社会主义改造步伐，实现了生产资料所有制的深刻变革，社会主义改造取得决定性胜利，全民所有制和劳动群众集体所有制作为社会主义公有制形式占据了整个国民经济的绝对优势地位。

1954 年，国家颁布的《中华人民共和国宪法》中规定："中华人民共和国是工人阶级领导的、以工农联盟为基础的人民民主国家。"《中华人民共和国宪法》的颁布和社会主义制度的初步建立，确立了工人、农民的政治主体地位，确立了工人、农民的生产资料占有，确立了全民所有制和集体所有制的绝对优势，为解决贫困问题奠定了良好的政治和经济基础。1956 年，随着对农业、手工业、资本主义工商业的社会主义改造基本完成，以生产资料私有制为基础的阶级剥削制度基本上被消灭，确立了以公有制为基础的社会主义基本经济制度，社会主义公有制经济成为国民经济中的主导成分，社会主义制度在我国建立起来。

第四节　建立社会保障和社会救济制度

新中国成立后，我国不仅集中力量发展生产力，同时还建立了相应的社会保障和社会救济制度，在城市建立了城市社会保障制度，在农村建立了一个高度覆盖的绝大多数人都可以享受基本医疗卫生服务和计划生育服务的基本社会保障体系，发挥了保护农民的巨大作用，在帮助农村摆脱贫困的过程中满足农民保障日常生活需要，改善人民生活水平。

在新中国成立初期，生产力水平低下和综合国力薄弱制约着我国的发展，同时还存在着大量无家可归的受灾受难的群众，于是救灾救荒成为当时扶贫中的重要工作。1949 年 12 月，中央颁布了《关于生产救灾的指示》，随后又在 1950 年 6 月颁布了《关于救济失业工人的指示》，为灾民、失业人口和社会弱势群体发放救灾物资和救济款，并发放生产资料帮助其进行生产。《中华人民共和国宪法》中明确规定："中华人民共和国公民在年老、疾病或者丧失劳动能力的情况下，有从国家和社会获得物质帮助的权利。"我国在农村建立了以基本医疗保障政策、"五保"供养政策、救济救灾、优抚安置为核心的社会保障政策体系。20 世纪 50 年代初，我国农村缺乏相应的医疗保障政策和体系，农民看病难、医生和药物紧缺的现实问题较为突出，我国开始探索农村合作医疗事业。截至 1952 年，我国 90% 以上的地区建立了县级卫生机构，一些乡村建立了个体诊所，县级卫生院建成 2123 所，形成了农村"保健站""合作医疗"和"赤脚医生"结合的农村医疗保障制度。部分农村在土地改革后，借鉴农业互助合作社的经验，自发集资创办具有公益性质的保健站和医疗站，依托集体经济，我国在 1956 年初步建成农村初级医疗卫生保健网。1956 年，中央出台的《1956 年到 1967 年全国农业发展纲要（草案）》和《高级农业生产合作社示范章程》中规定，国家和农村集体要保障农村

"三无"人员吃、穿、烧，以及年幼者的教育和年老者的死后安葬，即保吃、保穿、保烧燃料、保教育、保殡葬的"五保"供养政策，对于农业合作社内缺乏劳动力、生活没有依靠的鳏寡孤独的社员，应当统一筹划，指定生产队或者生产小组在生产上给予适当的安排，使他们能够参加力能胜任的劳动。这一政府兜底政策是相对成熟和完善的中国特色农村社会保障制度。《高级农业生产合作社示范章程》首次提出集体承担农村社会成员疾病医疗，规定"对于因公负伤或因公致病的社员，由合作社负责其医疗，并且斟酌给予劳动补助"。到 20 世纪 70 年代，农村合作医疗在全国生产大队的覆盖率达到 90%。1959 年，毛泽东主席号召"把医疗卫生工作的重点放到农村去"，农村涌现出了大量的赤脚医生。1952 年，内务部针对救灾工作的组织领导、救灾工作的内容和方法等作出指示，明确了国家对农村居民因自然灾害等原因造成的吃、穿、住等方面的困难提供物资救助。除此之外，我国还建立了城市社会保障制度，企事业单位的职工享受较为完善的医疗、住房、生育、工伤保险、退休等福利，人民生活水平得到了较好的保障。

该时期我国实现了在生产力发展的同时改善了国民福利，人民的生活水平总体上获得了提高，大规模缓解了中国的贫困问题。我国农林牧渔业总产值呈连年上涨趋势，到 1978 年达到 1397 亿元，相较 1952 年的461 亿元增长了 2 倍。农村居民人均可支配收入由 1949 年的 44 元增加到1957 年的 73 元，年均实际增长 3.5%。1978 年农村居民人均可支配收入134 元，比 1957 年名义增长 83.1%，年均实际增长 2.3%。1978 年农村居民人均消费支出 116 元，比 1957 年名义增长 63.7%，年均实际增长 1.7%。1978 年农村居民的恩格尔系数为 67.7%。[①] 以 1952 年为基期，我国农业

---

① 国家统计局:《人民生活实现历史性跨越　阔步迈向全面小康——新中国成立 70 周年经济社会发展成就系列报告之十四》，http://www.stats.gov.cn/tjsj/zxfb/201908/t20190809_1690098.html。

总产值指数自 1952 年以来一直呈上涨趋势，到 1978 年达到 191.3%。粮食人均占有量由 1949 年的 208.9 公斤增加到 1978 年的 319 公斤。[①]

邓小平指出："社会主义必须大力发展生产力，逐步消灭贫穷，不断提高人民的生活水平。""搞社会主义，一定要使生产力发达，贫穷不是社会主义，我们坚持社会主义，要建设对资本主义具有优越性的社会主义，首先必须摆脱贫穷。"[②]新中国成立后的扶贫探索时期，中国共产党带领全国人民通过土地改革、组织起来发展生产力、建立社会主义制度和社会保障制度，发展社会事业，激发了全国人民的生产积极性，促进了国民经济和社会的发展，缓解了农村极端贫困的现象，改善了人民的生活水平，开创了我国的减贫之路，并为之奠定了坚实的基础，我国实现了历史上第一次大规模的贫困缓解。但由于"大跃进"和"文化大革命"，以及计划经济体制的固有弊端，造成了农民生产积极性的低下，影响了生产力的发展，虽然温饱问题得到了缓解，但是我国农村居民的生活水平还有待进一步提高，贫困问题仍然是农村发展过程中亟待解决的问题。按照 2010 年标准，1978 年改革开放之初，我国农村贫困人口仍有 7.7 亿，贫困发生率为 97.5%。

---

① 数据来源：国家统计局数据库，http://data.stats.gov.cn/。
②《邓小平文选》第 3 卷，人民出版社，1993，第 372、225 页。

第三章
改革开放推动扶贫减贫开发阶段
（1978—2012 年）

此阶段中国的扶贫减贫工作可以分为三个主要时期，即：1978 年到 1985 年，主要依靠体制改革，还未形成专门的扶贫工作计划和扶贫工作机构，主要任务集中于放松或者解除对农民的各方面限制，为农村人口获取财富提供平台与空间；1986 年到 2000 年，进行大规模扶贫开发，实现由救济式扶贫向开发式扶贫的转变，逐渐由输血式扶贫开始转向造血式扶贫；2001 年到 2012 年，进入减贫工作新阶段，农村贫困现象明显缓解，农村贫困人口大幅减少。

第一节　体制改革带动扶贫减贫

邓小平指出："社会主义的本质，是解放生产力，发展生产力，消灭剥削，消除两极分化，最终实现共同富裕。"[1] 1978 年 12 月，中国共产党第十一届中央委员会第三次会议在北京召开，确定把党的工作重点转移到社会主义现代化建设上来，作出了改革开放的重大决策。中国政府逐步开始了经济体制改革，实现了由计划经济体制向市场经济体制的转变。

1978 年，安徽省凤阳县小岗村的 18 家农户率先进行了"包产到组、包产到户"，为了不再伸手向国家要粮，进行分田到户，开启了家庭联产承包责任制的先河，标志着农村经济改革的开始。

①《邓小平文选》第 3 卷，人民出版社，1993，第 373 页。

1979 年，中国共产党第十一届中央委员会第四次会议通过了《关于加快农业发展若干问题的决定》。1980 年，邓小平在重要谈话中充分肯定了"大包干"的做法。1980 年 9 月 27 日，中共中央召开各省市区党委第一书记座谈会，重点讨论了农业生产责任制的加强和完善问题，在会议纪要《关于进一步加强和完善农业生产责任制的几个问题》的通知中指出，在边远山区和贫穷落后的地区实行并稳定保持包产到户、包干到户，可以解放生产力和提高农民生产积极性。1981 年，中国共产党第十一届中央委员会第六次全体会议充分肯定了联产计酬责任制。1982 年中央一号文件《全国农村工作会议纪要》正式承认了包产到户的合法性，指出包产到户、"大包干"等家庭联产承包责任制，是社会主义集体经济的生产责任制，调动了广大农民的生产积极性，解放和发展了农村生产力。家庭联产承包责任制得到了中央的支持和认可。不断推行和完善家庭联产承包责任制，使广大的农村地区和农民逐渐摆脱了贫困，走上了共同富裕的道路。

1983 年，中国农村基本上都确立了家庭联产承包责任制，中央一号文件《当前农村经济政策的若干问题》中指出，联产承包制是在党的领导下我国农民的伟大创造，是马克思主义农业合作化理论在我国实践中的新发展。1984 年，中央一号文件提出了延长土地承包期，土地承包期一般在 15 年以上，并且允许有偿转让土地使用权。自 1982 年到 1986 年的 5 个中央一号文件都强调了要稳定和完善家庭联产承包责任制。到 1986 年初，全国 99.6% 以上的农户都实行了"大包干"，家庭联产承包责任制在全国农村全面确立起来。此后，中央在此基础上针对进一步稳定土地关系出台了相关政策。

在这一阶段，中共中央同时推进了农产品价格改革。1978 年开始的农产品价格形成和流通体制的市场化改革，对 18 种主要农产品的收购价格实行平均提高五分之一多的调整，并放开有关农产品的价格和城乡农产品的交易。1985 年起，我国快速推进价格形成机制，进一步放开农产品价格中的国家定价，转而通过国家指导价对一些农产品进行管理，取消了粮食统购派购制度转而采用合同订购和市场收购，开始了农产品的价格双轨制。农产品价格改革使得农产品的价格得到了提高，进而增加了农民的收入，调动了农民的积极性，为农民脱离贫困并实现增收致富作出了贡献。

在农村生产力发展的基础上，经济体制的改革和人口管理的放松为农民提供了更多的发展机会。1979 年，国务院颁布《国务院关于发展社队企业若干问题的规定（试行草案）》，强调了要发展社队企业，支持乡镇企业发展，发展农村经济，增加农民收入，提高农民生活水平。20 世纪 70 年代后期，乡镇企业异军突起，迅速发展了起来。1984 年，发展农村商品生产是农村工作重点，国家鼓励农民向企业投资入股。乡镇企业的发展为提高农民收入提供了条件，扩展了农民的收入来源，为农村减贫事业作出了巨大贡献。1984 年，国家放松人口管理，允许农村人口自带口粮进城打工，推动了农村劳动力的向城市转移和脱贫致富。仅 1984 年一年，全国流动人口就猛增到 2000 万，并且此后出现更加迅猛的逐年上涨态势。农村劳动力的转移流动大大增加了农民农业收入外的打工收入，同时工业发展为农业生产提供了必要的生产资料，加速了农民脱贫致富的进程。

从 1980 年开始，中央政府开始开展一系列专项的扶贫工作，中央财政提供 5 亿元设立"支援经济不发达地区发展资金"来帮助老革命根据地、少数民族地区和边远贫困地区进行发展。1982 年 12 月，我国政府决定每年投入 2 亿元资金进行"三西"扶贫开发农业建设计划，设立了国务院"三西"地区农业建设领导小组，由农业部、国家经委、水电部、财政部、林业部、商业部、民政部、国家科委、中国科学院、国家计委等 10 多个部门的负责人组成领导小组，运用专项基金对甘肃省的定西等中部干旱地区、河西地区和宁夏回族自治区西海固地区进行扶贫开发，拉开了我国开发式扶贫的序幕，是我国区域性扶贫的实践，为我国今后的减贫工作提供了经验借鉴。1983—1992 年，通过基本农田改造、水土流失治理、农电线路架设、人畜饮水工程修建，并通过实施就地和易地搬迁安置，建设农产品加工点、农业综合服务中心、农业职业中学等，开展了"三西"农业建设。1984 年，中央开展了"以工代赈"的农村扶贫政策，国家投入建设农村小型基础设施工程，贫困农民参与工程建设，不仅能够完善农村地区基础设施建设，为贫困地区经济发展创造良好条件，还能为贫困农民带来劳务报酬，大大提高了农村贫困地区自我发展的能力和动力。1984 年 9 月，中共中央发布《关于尽快改变贫困地区面貌的通知》，对 18 个贫困地带进行重点帮扶，逐渐加大农村减贫力度。

　　土地制度改革、农业经营体制改革、农产品价格逐步放开、农村人口管制放松带来的农村富余劳动力向城市和其他产业转移以及乡镇企业的异军突起为农民产出和收入的提升、农村的发展提供了重要基础，利用经济增长的涓滴效应减贫，释放了巨大的改革红利造福于我国减贫事业。以当时的农村贫困标准衡量，1985 年中国农村贫困人口下降到 1.25 亿人，比 1978 年的 2.5 亿农村贫困人口减少近一半，农村贫困发生率从 1978 年末的 30.7% 下降到 1985 年末的 14.8%。若以现行农村贫困标准衡量，农村贫困人口从 1978 年末的 7.7 亿人减少到 1985 年末的 6.6 亿人，农村贫困发生率从 1978 年末的 97.5% 下降到 1985 年末的 78.3%。[1]农民人均纯收入在该时期内实现了 2.6 倍的增长，年均减贫人口在 1000 万人以上。1978 年到 1985 年，我国农业生产水平和农村居民生活水平得到了较大提升，农林牧渔业总产值从 1397 亿元增加到 3619.5 亿元；粮食总产量增加 7434.3 万吨，增加了 24.39%；粮食人均占有量从 319 公斤上升到

① 国家统计局：《扶贫开发持续强力推进　脱贫攻坚取得历史性重大成就——新中国成立 70 周年经济社会发展成就系列报告之十五》，http://www.stats.gov.cn/tjsj/zxfb/201908/t20190812_1690526.html。

360.7 公斤，增长了 13%；油料人均占有量从 5.5 公斤上升到 15 公斤，增长了 173%；猪牛羊肉人均占有量也达到了 16.75 公斤；农村居民人均年纯收入由 133.6 元提高到 397.6 元。[①]

第二节　有组织大规模扶贫开发

在改革开放带动下，我国东部地区取得了巨大的发展成就，一定程度上解决了我国普遍存在的贫困现象。但随之而来的是由于受到条件限制出现了区域发展不平衡的问题，造成了体制改革红利的效用递减，农民收入增长趋缓，贫困呈现出集中趋势。针对这一问题，我国开始了有组织、有计划、大规模的农村扶贫开发。

1985 年底，国务院将 1985 年农民年人均纯收入低于 150 元的县、低于 200 元的少数民族自治县、低于 300 元的革命老区县确定为国家重点扶持的贫困县，共确认了 331 个贫困县，实施区域性的开发式扶贫。

1986 年 5 月 16 日，为加强对贫困地区经济开发工作的指导，尽快改变这些地区的贫困面貌，国务院办公厅印发了《关于成立国务院贫困地区经济开发领导小组的通知》。国务院贫困地区经济开发领导小组下设办公室，简称"开发办"，负责日常工作。贫困地区经济开发领导小组由基础设施、农业、教育、卫生等部门构成，主要有开展组织调查研究、拟定贫困地区经济开发的方针政策和规划、协调解决开发建设中的重要问题、督促检查和总结交流经验的基本任务。省市县各级也建立了对应的扶贫机构，通过制定扶贫标准，规划重点扶贫区域，明确国家重点扶持的贫困县 592 个，设立扶贫专项资金，制定扶贫优惠政策，使扶贫工作组织化、制度化、专业化，改变单独依靠体制改革推动扶贫的思路，实

---

① 数据来源：国家统计局数据库，http://data.stats.gov.cn/。

现了由救济式扶贫向开发式扶贫的转变。

1991年11月，中国共产党第十三届中央委员会第八次全体会议审议并通过了《中共中央关于进一步加强农业和农村工作的决定》，把以家庭联产承包为主的责任制、统分结合的双层经营体制作为我国乡村集体经济组织的一项基本制度长期稳定下来，并不断充实完善。1993年11月，《中共中央、国务院关于当前农业和农村经济发展的若干政策措施》明确了在原定的耕地承包期到期之后再延长30年不变的政策。家庭联产承包责任制破除了农村分配原则的平均主义的弊端，通过"交够国家的，留足集体的，剩下的全是自己的"这一分配方式解决了农民缺乏生产积极性的问题，极大地解放了农民的生产力，粮食及其他农产品产量大幅增加，在很大程度上缓解了我国长期以来农产品短缺的经济发展难题。

截至1992年底，按照1978年农村贫困标准，我国仍然存在未解决温饱问题的8000万农村贫困人口，这部分贫困人口主要分布在中西部的深山区、石山区、荒漠区、高寒山区、黄土高原区、地方病高发区以及水库区，而且多为革命老区和少数民族地区，地域偏远、交通不便，教育落后并且经济发展缓慢，生态环境不协调，依然存在饮水困难、生活条件恶劣的情况，成为我国脱贫攻坚战的主要扶贫地区。尽管当时贫困人口只占全国农村总人口的8.87%，但是解决这些地区群众的温饱问题任务十分艰巨。

1993年，国务院贫困地区经济开发领导小组更名为国务院扶贫开发领导小组，进一步强调了对外贸易、劳动就业，并针对妇女儿童、残疾人等特殊贫困群体有了专门的机构参与。

1994年，国务院制定和发布了扶贫历史上第一个正式规划——《国家八七扶贫攻坚计划（1994—2000年）》（以下简称《八七计划》），明确了省负总责统筹推进扶贫工作的原则，争取在20世纪的最后7年，集中人力、物力、财力，动员社会各界力量，实现当时中国农村8000万贫困人口温饱问题的基本解决。《八七计划》提出了扶贫攻坚的奋斗目标：一是到 20 世纪末，使全国绝大多数贫困户年人均纯收入按 1990 年不变价格计算达到 500 元以上，扶持贫困户创造稳定解决温饱问题的基础条件；有条件的地方人均建成半亩到一亩稳产高产的基本农田，户均一亩林果园或一亩经济作物，户均向城镇企业或发达地区转移一个劳动力，户均一项养殖业或其他家庭副业，牧区户均一个围栏草场或一个"草库仑"；同时巩固和发展现有扶贫成果，减少返贫人口。二是加强基础设施建设，基本解决人畜饮水困难问题，实现绝大多数贫困乡镇有集贸市场，商品产地通公路，消灭无电县并使绝大多数贫困乡通电。三是改变文化、教育、卫生的落后状态，基本普及初等教育，积极扫除青壮年文盲；开展成人职业技术教育和技术培训，使多数青壮年劳力掌握一到两门实用技术；改善医疗卫生条件，防治和减少地方病，预防残疾；严格实行计划生育，把人口自然增长率控制在国家规定的范围内。

《八七计划》提出继续坚持开发式扶贫方针，并明确扶贫开发的基本途径和主要形式以及信贷、财税、经济开发方面的优惠政策，并对资金的管理使用、各部门的任务、社会动员、国际合作、组织与领导作出规定；1994 年起之后 7 年里每年再增加 10 亿元以工代赈资金、10 亿元扶贫专项贴息贷款等；鼓励贫困地区广大干部、群众发扬自力更生、艰苦奋斗的精神，在国家的扶持下，以市场需求为导向，依靠科技进步，开发利用当地资源，发展商品生产，解决温饱进而脱贫致富。

《八七计划》指出扶贫开发的基本途径主要有：在农业产业上重点发展投资少、见效快、覆盖广、效益高、有助于直接解决群众温饱问题的种植业、养殖业和相关的加工业、运销业；在农村非农业发展上积极发展能够充分发挥贫困地区资源优势、又能大量安排贫困户劳动力就业的资源开发型和劳动密集型的乡镇企业；在土地改革方面，通过土地有偿租用、转让使用权等方式，加快荒地、荒山、荒坡、荒滩、荒水的开发利用；针对农村过剩劳动力，有计划有组织地发展劳务输出，积极引导贫困地区劳动力合理、有序地转移；开展移民扶贫，对极少数生存和发展条件特别困难的村庄和农户，实行开发式移民。

扶贫开发主要有 7 种形式：一是依托资源优势，按照市场需求，开发有竞争力的名特稀优产品。实行统一规划，组织千家万户连片发展，专业化生产，逐步形成一定规模的商品生产基地或区域性的支柱产业。二是坚持兴办贸工农一体化、产加销一条龙的扶贫经济实体，承包开发项目，外联市场，内联农户，为农民提供产前、产中、产后的系列化服务，带动群众脱贫致富。三是引导尚不具备办企业条件的贫困乡村，自愿互利，带资带劳，到投资环境较好的城镇和工业小区进行易地开发试点，兴办二、三产业。四是扩大贫困地区与发达地区的干部交流和经济技术合作。五是在优先解决群众温饱问题的同时，帮助贫困县兴办骨干企业，改变县级财政困难状况，增强自我发展能力。六是在发展公有制经济的同时，放手发展个体经济、私营经济和股份合作制经济。七是对贫困残疾人开展康复扶贫。

《八七计划》对扶贫资金的管理使用也作出相应规定：资金形式主要有财政资金、信贷资金、以工代赈资金和"三西"专项建设资金。中央的财政、信贷和以工代赈等扶贫资金要集中投放在国家重点扶持的贫困县，有关省、区政府和中央部门的资金要与其配套使用，并以贫困县中的贫困乡作为资金投放和项目覆盖的目标。其他非贫困县的零星分散的贫困乡村和贫困农户，由地方政府安排资金扶持。银行扶贫贷款要用于经济效益较好、能还贷的开发项目；财政扶贫资金主要用于社会效益较好的项目；新增的以工代赈主要用于修筑公路，以及解决人畜饮水困难。要重点修筑县乡之间的公路和通往商品产地、集贸市场以及为扶贫开发项目配套的道路。三者要密切结合，提高资金使用的整体效益。同时，改革完善了扶贫资金的使用管理方式，建立了约束机制。

　　针对《八七计划》的实施，国家提供了信贷优惠政策、财税优惠政策、经济开发优惠政策这三种政策保障。信贷优惠政策要求对贫困户和扶贫经济实体使用扶贫信贷资金，要从实际出发，在保证有效益、能还贷的前提下，贷款条件可以适当放宽，要有一定灵活性。国有商业银行每年要安排一定的信贷资金，在贫困地区有选择地扶持一些效益好、能还贷的项目。对广东、福建、浙江、江苏、山东、辽宁沿海 6 省的贫困县，以及各省、区刚摘掉贫困县帽子的县，要增加地方财政和商业信贷的投入，一般不低于原来国家对这些县的扶持规模。财税优惠政策要求对国家确定的老少边穷地区新办的企业，其所得税可在 3 年内予以征后返还或部分返还。各级政府要把扶贫资金列入财政预算，保证用于扶贫开发。为减轻贫困地区农民由于生产资料价格放开和粮食提价而增加的负担，各省、自治区、直辖市可使用地方粮食风险基金给吃返销粮的贫困户以适当补贴。经济开发优惠政策要求中央和地方安排开发项目时，应向资源条件较好的贫困地区倾斜。中央和省、自治区在贫困地区兴办的大中型企业，要充分照顾贫困地区的利益，合理调整确定与当地的利益关系。国家制定和执行产业政策时，要考虑贫困地区的特殊性，给予支持和照顾。对贫困地区的进出口贸易，要坚持同等优先的原则，列入计划，重点支持。

　　要求计划部门，内贸和外贸部门，农林水部门，科教部门，交通、铁路、电力、地矿、煤炭、冶金、建材、化工、邮电等工交部门，劳动部门，民政部门，民族工作部门，文化卫生和计划生育部门以及财政、金融、工商、海关等部门，根据该计划分别制定本部门和本系统的八七扶贫攻坚实施方案，充分发挥各自职能和优势，在资金、物资、技术上向贫困地区倾斜。除此之外，要积极开展社会动员，通过聚集中央和地方党政机关有条件的企事业单位、各民主党派和工商联、各级工会、共青团、妇联、科协、残联的力量积极开展扶贫开发工作，并充分发挥中国扶贫基金会和其他种类民间扶贫团体的作用。不仅要求沿海较为发达的省都要对口帮助西部的一两个贫困省、自治区发展经济，还鼓励大中型企业，利用其技术、人才、市场、信息、物资等方面的优势，通过经济合作、技术服务、吸收劳务、产品扩散、交流干部等多种途径，并利用扶贫资金与之配套和联合开发，发展与贫困地区在互惠互利基础上的合作。要求大专院校、科研单位要充分发挥人才和技术优势，为贫困地区提供技术力量，提高贫困地区科技发展水平。

这一时期，我国还积极开展同扶贫有关的国际组织、区域组织、政府和非政府组织的交流，积极扩大和发展与国际社会在扶贫方面的合作，通过改善贫困地区的投资环境，以资源优势和优惠政策吸引海外客商到贫困地区兴办开发型企业，以国际力量推动我国开发式扶贫的进程。[①]

《八七计划》是 1994—2000 年我国扶贫开发工作的纲领，是中国有史以来第一个目标明确、对象明确、措施明确、期限明确的扶贫开发行动纲领，同时也是国民经济和社会发展计划的重要组成部分，为我国构建中国特色社会主义扶贫道路的制度框架作出了重要贡献。该计划的实施，是中国特色扶贫开发的重要里程碑，标志着我国扶贫开发工作进入了攻坚阶段。截至 2000 年底，除少数社会保障对象、生活在自然环境恶劣地区的特困人口和部分残疾人，我国农村贫困人口的温饱问题基本解决，基本上顺利实现了《八七计划》中的减贫目标。

在大规模扶贫开发阶段，在农村人口通过社会流动获得更多的社会财富空间的基础上，中国政府通过设立贫困地区发展专项资金、划定国家贫困县和集中连片贫困区等方式，采用财政与行政管理手段支持我国减贫工作的开展，这一区域瞄准的开发式扶贫方式取得了巨大成效。1978 年到 2000 年，我国贫困人口由 2.5 亿人缩减为 3000 万人，贫困发生率由 30.7% 下降到 3% 左右。其中 1986—2000 年，我国年均减贫人口

---

① 资料来源：根据《国家八七扶贫攻坚计划（1994—2000 年）》整理。

超过 700 万人，基本解决贫困人口温饱问题，同时我国的城乡差距也进一步缩小。2000 年底，我国贫困地区的行政村 95.5% 实现了通电，89% 实现了通路，69% 实现了通邮，67.7% 实现了通电话。1986—2000 年，我国农村贫困地区修建基本农田 9915 万亩，解决了 7725 万多人和 8398 万头大牲畜的饮水问题。1994—2000 年，中央和地方两级资金共投入 500 亿元。在我国实施《八七计划》期间，国家重点贫困县农业增加值增长 54%，年均增长 7.5%；工业增加值增长 99.3%，年均增长 12.2%；地方财政收入增加近 1 倍，年均增长 12.9%；粮食产量增长 12.3%，年均增长 1.9%；农民人均纯收入从 648 元增加到 1337 元，年均增长 12.8%。在《八七计划》实施后，我国贫困地区人口过快增长的势头得到初步控制，我国贫困地区人口自然增长率有所下降；贫困地区办学条件得到改善，592 个国家重点扶持贫困县中有 318 个实现基本普及九年义务教育和基本扫除青壮年文盲的目标，职业教育和成人教育发展迅速，有效地提高了劳动者素质；大多数贫困地区乡镇卫生院得到改造或重新建设，缺医少药的状况得到缓解；推广了一大批农业实用技术，农民科学种田的水平明显提高；群众的文化生活得到改善，精神面貌发生了很大变化。一些集中连片贫困地区的温饱问题和沂蒙山区、井冈山区、大别山区、闽西南地区等革命老区群众的温饱问题已经基本解决。

第三节　综合开发推动全面减贫

一、《中国农村扶贫开发纲要（2001—2010 年）》

2001 年，国务院印发了《中国农村扶贫开发纲要（2001—2010 年）》（以下简称《纲要》），提出尽快解决少数贫困人口温饱问题，进一步改善贫困地区的基本生产生活条件，巩固温饱成果，提高贫困人口的生活质量和综合素质，加强贫困乡村的基础设施建设，改善生态环境，逐步改变贫困地区经济、社会、文化的落后状况，为达到小康水平创造条件的总目标。

《纲要》提出，要充分认识扶贫开发的长期性、复杂性和艰巨性，继续把扶贫开发放在国民经济和社会发展的重要位置，强调从 2001 年到 2010 年，集中力量加快贫困地区脱贫致富的进程，把我国扶贫开发事业推向一个新的阶段，改善贫困地区基本生产生活条件，提高生活质量，提升贫困人口综合素质，为实现全面建成小康社会奠定基石。

《纲要》指出了该时段的扶贫方针：一要坚持开发式扶贫方针，以经济建设为中心，引导贫困地区群众在国家必要的帮助和扶持下，以市场为导向，调整经济结构，开发当地资源，发展商品生产，改善生产条件，走出一条符合实际的、有自己特色的发展道路。通过发展生产力，提高贫困农户自我积累、自我发展能力。二要坚持综合开发、全面发展。把扶贫开发纳入国民经济和社会发展计划，要加强水利、交通、电力、通信等基础设施建设，重视科技、教育、卫生、文化事业的发展，改善社区环境，提高生活质量，促进贫困地区经济、社会协调发展和全面进步。三要坚持可持续发展。扶贫开发必须与资源保护、生态建设相结合，与计划生育相结合，控制贫困地区人口过快增长，实现资源、人口和环境的良性循环，提高贫困地区可持续发展的能力。四要坚持自力更生、艰苦奋斗。充分发挥贫困地区广大干部群众的积极性、创造性，自强不息，不等不靠，苦干实干，主要依靠自身的力量改变贫穷落后面貌。五要坚持政府主导、全社会共同参与。各级党委和政府要适应发展社会主义市场经济的要求，加强对扶贫开发工作的领导，不断加大工作力度和投入力度。同时，要发挥社会主义的政治优势，积极动员和组织社会各界，通过多种形式，支持贫困地区的开发建设。

《纲要》将贫困地区尚未解决温饱问题的贫困人口作为扶贫开发的首要对象；同时，继续帮助初步解决温饱问题的贫困人口增加收入，进一步改善生产生活条件，巩固扶贫成果。并按照集中连片的原则，把贫困人口集中的中西部少数民族地区、革命老区、边疆地区和特困地区作为扶贫开发的重点，在上述四类地区确定扶贫开发工作重点县。要求各有关省、自治区、直辖市分别制定本地区的扶贫开发规划，落实任务，以县为基本单元、以贫困乡村为基础，明确奋斗目标、建设内容、实施措施、帮扶单位和资金来源。

针对该时期的扶贫途径，《纲要》提出：一要继续把发展种养业作为扶贫开发的重点，要集中力量帮助贫困群众发展有特色、有市场的种养业项目。要以增加贫困人口的收入为中心，依靠科技进步，着力优化品种、提高质量、增加效益；要以有利于改善生态环境为原则，加强生态环境的保护和建设，实现可持续发展。要帮助贫困户按照市场需求，选准产品和项目，搞好信息、技术、销售服务，确保增产增收。二要积极推进农业产业化经营，对具有资源优势和市场需求的农产品生产，要按照产业化发展方向，连片规划建设，形成有特色的区域性主导产业。积极发展"公司＋农户"和订单农业。引导和鼓励具有市场开拓能力的大中型农产品加工企业，到贫困地区建立原料生产基地，为贫困农户提供产前、产中、产后系列化服务，形成贸工农一体化、产供销一条龙的产业化经营。加强贫困地区农产品批发市场建设，进一步搞活流通，逐步形成规模化、专业化的生产格局。三要进一步改善贫困地区的基本生产生活条件，以贫困乡、村为单位，加强基本农田、基础设施、环境改造和公共服务设施建设，解决好贫困地区人畜饮水困难、道路建设和电力保障、通信设施、医疗卫生和适龄儿童教育等问题。四要加大科技扶贫力度，充分利用科技资源和科技进步的成果，调动广大科技人员的积极性，鼓励他们到贫困地区创业，加速科技成果转化。鼓励民间科研机构、各类农村合作组织和各类科研组织在扶贫开发中发挥更重要的作用。投入资金建立科技扶贫示范基地，注重示范效应，充分发挥科技在扶贫开发中的带动作用。五要努力提高贫困地区群众的科技文化素质，把农民科技文化素质培训作为扶贫开发的重要工作。切实加强基础教育，普遍提高贫困人口受教育的程度。实行农科教结合，普通教育、职业教育、成人教育统筹，有针对性地通过各类职业技术学校和各种不同类型的短期培训，增强农民掌握先进实用技术的能力。六要积极稳妥地扩大贫困地区劳务输出。加强贫困地区劳动力的职业技能培训，组织和引导劳动力健康有序流动。沿海发达地区和大中城市要按照同等优先的原则，积极吸纳贫困地区劳动力在本地区就业。七要稳步推进自愿移民搬迁。对极少数居住在生存条件恶劣、自然资源贫乏地区的特困人口，要结合退耕还林还草实行搬迁扶贫。要在搞好试点的基础上，制定具体规划，有计划、有组织、分阶段地进行；要坚持自愿原则，充分尊重农民意愿，不搞强迫命令；要因地制宜、量力而行、注重实效，采取多种形式，不搞一刀切；要十分细致地做好搬迁后的各项工作，确保搬得出来、稳得下来、富得起来。八要鼓励多种所有制经济组织参与扶贫开发。地方各级政府要创造良好的政策环境和投资条件，吸引多种所有制经济组织参与贫困地区的经济开发。①

《纲要》针对我国该时期的扶贫工作提供了增加财政扶贫资金、加强财政扶贫资金的管理来提高使用效率、继续安排并增加扶贫贷款、密切结合西部大开发来促进贫困地区发展、继续开展党政机关定点扶贫工作、做好沿海发达地区对口帮扶西部贫困地区的东西扶贫协作工作等政策保障，为我国顺利推进扶贫工作保驾护航。

《纲要》的实施取得了显著的减贫成效。按照 2010 年的农村贫困标准，即农民年人均纯收入 1274 元，中国农村贫困人口数量从 2000 年底

---

① 资料来源：《中国农村扶贫开发纲要（2001—2010 年）》。

的 9422 万减少到 2010 年底的 2688 万；农村贫困人口占农村人口的比重从 2000 年的 10.2% 下降到 2010 年的 2.8%，我国贫困人口大规模减少，全国范围内农村居民的温饱问题基本得到了解决。2001—2010 年，592 个国家扶贫开发工作重点县人均地区生产总值从 2658 元增加到 11170 元，年均增长 17%；农民人均纯收入从 2001 年的 1276 元增加到 2010 年的 3273 元，未扣除物价因素年均增长 11%，实现了贫困地区产业结构优化，特色优势产业快速发展，县域经济综合实力不断增强。从 2002 年至 2010 年，592 个国家扶贫开发工作重点县新增基本农田 5245.6 万亩，新建及改扩建公路里程 95.2 万公里。到 2010 年底，国家扶贫开发工作重点县农村饮用自来水、深水井农户达到 60.9%，自然村通公路比例为 88.1%、通电比例为 98%、通电话比例为 92.9%，农户人均住房面积 24.9 平方米，农户使用旱厕和水冲式厕所比重达 88.4%，贫困地区生产生活条件明显改善。到 2010 年底，国家扶贫开发工作重点县 7~15 岁学龄儿童入学率达到 97.7%，接近全国平均水平；青壮年文盲率为 7%，比 2002 年下降 5.4 个百分点，青壮年劳动力平均受教育年限达到 8 年。到 2010 年底，国家扶贫开发工作重点县参加新农合的农户比例达到 93.3%，有病能及时就医的比重达到 91.4%，乡乡建有卫生院，绝大多数行政村设有卫生室，贫困地区社会事业不断进步。2002—2010 年，国家扶贫开发工作重点县实施退耕还林还草 14923.5 万亩，新增经济林 22643.4 万亩。国家扶贫开发工作重点县饮用水水源受污染的农户比例从 2002 年的 15.5% 下降到 2010 年的 5.1%，获取燃料困难的农户比例从 45% 下降到 31.4%，贫困地区生态恶化趋势初步得到遏制。[①]

综合开发推动全面减贫阶段，依靠非农收入的增加，我国农民收入得到了大幅增长，贫困人口不断减少，农业劳动力的转移加速了城镇化

---

① 中华人民共和国国务院新闻办公室：《中国农村扶贫开发的新进展》，人民出版社，2011，第 11 页。

进程，是第三次"解放农民革命"。2006年全国取消农业税，结束了中国几千年来缴纳农业税的历史，促进了农民增收，保证了农民利益。农业税费改革和两免一补、新型农村合作医疗、新型农村养老保险、种粮补贴、农村低保等财政转移支付减轻了农民的负担，通过政府补贴增加了农民的收入，保障了农民的生活，推动了城乡基本公共服务均等化，为脱贫工作提供了强劲动力。同时，我国扶贫工作由区域性扶贫转向贫困村扶贫，扶贫对象更加细化，确定了约14.8万个贫困村，实现了整村推进、产业发展和劳动力转移，使得不同致贫原因的贫困群体能够共同分享扶贫利益，解决了不同个体能力的贫困群体分享扶贫利益的分化问题。在该阶段，我国建立了中央统筹、省负总责、县抓落实的管理机制，通过实施党政"一把手"负总责的工作责任制加强领导组织，同时政府开始引导社会力量参与扶贫工作，全面落实了坚持政府主导、全社会共同参与的基本方针，推动了社会大扶贫格局的形成。

中国共产党第十六次全国代表大会明确提出深入贯彻落实科学发展观，提出"多予、少取、放活""以工促农、以城带乡"的方针，统筹城乡发展，在依靠经济增长拉动和专项扶贫计划推动的基础上形成一个靠行业政策、区域政策和社会政策共同推动的大扶贫格局。2007年，我国建立了农村最低生活保障制度，对农村贫困人口进行兜底。2008年10月，中国共产党第十七届中央委员会第三次全体会议审议通过了《中共中央关于推进农村改革发展若干重大问题的决定》，对低收入人口全面实施扶贫政策，实行新的扶贫决定。2009年3月，温家宝总理在政府工作报告中指出实行新的扶贫标准，将标准提高到1196元，明确扶贫对象为4007万人，对农村低收入人口全面实施扶贫政策。

二、《中国农村扶贫开发纲要（2011—2020年）》

为了进一步加快贫困地区发展，促进共同富裕，实现到2020年全面建成小康社会的目标，2011 年 12 月，中共中央、国务院印发了《中国农村扶贫开发纲要（2011—2020 年）》（以下简称《纲要（2011—2020）》），确定了 14 个连片特困地区为扶贫开发主战场，提出了"两不愁三保障"的总体目标，到 2020 年，稳定实现扶贫对象不愁吃、不愁穿，保障其义务教育、基本医疗和住房安全。首次提出了贫困地区农民人均纯收入增长幅度高于全国平均水平，基本公共服务主要领域指标接近全国平均水平，扭转发展差距扩大趋势。

《纲要（2011—2020）》明确提出了 12 项扶贫任务。第一，在基本农田和农田水利、饮水安全、生产生活用电、交通、农村危房改造这 5 项基础设施方面，提出到 2015 年，贫困地区基本农田和农田水利设施有较大改善，保障人均基本口粮田；贫困地区农村饮水安全问题基本得到解决；全面解决贫困地区无电行政村用电问题，大幅度减少西部偏远地区和民族地区无电人口数量；提高贫困地区县城通二级及以上高等级公路比例，除西藏外，西部地区 80% 的建制村通沥青（水泥）路，稳步提高贫困地区农村客运班车通达率；完成农村困难家庭危房改造 800 万户。到 2020 年，农田基础设施建设水平明显提高；农村饮水安全保障程度和自来水普及率进一步提高；全面解决无电人口用电问题；实现具备条件的建制村通沥青（水泥）路，推进村庄内道路硬化，实现村村通班车，全面提高农村公路服务水平和防灾抗灾能力；贫困地区群众的居住条件得到显著改善。第二，在教育、医疗卫生、公共文化、社会保障、人口和计划生育这 5 个公共服务方面，提出到 2015 年，贫困地区学前三年教育毛入园率有较大提高，巩固提高九年义务教育水平，高中阶段教育毛入学率达到 80%，保持普通高中和中等职业学校招生规模大体相当，提高农村实用技术和劳动力转移培训水平，扫除青壮年文盲；贫困地区县、乡、村三级医疗卫生服务网基本健全，县级医院的能力和水平明显提高，每个乡镇有 1 所政府举办的卫生院，每个行政村有卫生室，新型农村合作医疗参合率稳定在 90% 以上，门诊统筹全覆盖基本实现，逐步提高儿童重大疾病的保障水平，重大传染病和地方病得到有效控制，每个乡镇卫生院有 1 名全科医生；基本建立广播影视公共服务体系，实现已通电 20 户以下自然村广播电视全覆盖，基本实现广播电视户户通，力争实现每个县拥有 1 家数字电影院，每个行政村每月放映 1 场数字电影，行政村基本通宽带，自然村和交通沿线通信信号基本覆盖；农村最低生活保障制度、五保供养制度和临时救助制度进一步完善，实现新型农村社会养老保险制度全覆盖；力争重点县人口自然增长率控制在 8‰以内，妇女总和生育率在 1.8 左右。到 2020 年，基本普及学前教育，义务教育水平进一步提高，普及高中阶段教育，加快发展远程继续教育和社区教育；贫困地区群众获得公共卫生和基本医疗服务更加均等；健全完善广播影视公共服务体系，全面实现广播电视户户通，自然村基本实现通宽带，健全农村公共文化服务体系，基本实现每个国家扶贫开发工作重点县（以下简称重点县）有图书馆、文化馆，乡镇有综合文化站，行政村有文化活动室，以公共文化建设促进农村廉政文化建设；农村社会保障和服务水平进一步提升；重点县低生育水平持续稳定，逐步实现人口均衡发展。第三，在产业发展方面要构建特色优势产业，到 2015 年，力争实现 1 户 1 项增收项目。到 2020 年，初步构建特色支柱产业体系。第四，在林业和生态建设方面要实现：到 2015 年，贫困地区森林覆盖率比 2010 年底增加 1.5 个百分点；到 2020 年，森林覆盖率比 2010 年底增加 3.5 个百分点。

《纲要（2011—2020）》中将在扶贫标准以下具备劳动能力的农村人口作为扶贫工作主要对象，确定连片特困地区，明确了 592 个贫困县。加大对六盘山区、秦巴山区、武陵山区、乌蒙山区、滇桂黔石漠化区、滇西边境山区、大兴安岭南麓山区、燕山—太行山区、吕梁山区、大别山区、罗霄山区和已明确实施特殊政策的西藏、涉藏工作重点省、新疆南疆三地州这 14 个连片特困地区作为扶贫攻坚主战场的投入和支持力度，加强对跨省片区规划的指导和协调，集中力量，分批实施。国务院各部门、地方各级政府加大统筹协调力度，集中实施一批教育、卫生、文化、就业、社会保障等民生工程，大力改善生产生活条件，培育壮大一批特色优势产业，加快区域性重要基础设施建设步伐，加强生态建设和环境保护，着力解决制约发展的瓶颈问题，促进基本公共服务均等化，从根本上改变连片特困地区面貌。

《纲要（2011—2020）》提出了专项扶贫、行业扶贫和社会扶贫的"三位一体"大扶贫格局。专项扶贫是指针对贫困地区和贫困人口实施的专项项目，包括"易地扶贫搬迁""整村推进""以工代赈""产业扶贫""就业促进""扶贫试点""革命老区建设"。行业扶贫要求各行业部门明确职责，要把改善贫困地区发展环境和条件作为本行业发展规划的重要内容，在资金、项目等方面向贫困地区倾斜，通过发展特色产业、开展科技扶贫、完善基础设施、发展教育文化事业、改善公共卫生和人口服务管理、完善社会保障制度、重视能源和生态环境建设多方面推进扶贫工作。社会扶贫是指加强中央和国家机关各部门、企业和事业单位等对贫困地区进行的"定点扶贫"，通过制定规划和东西部扶贫协作双方在资金支持、产业发展、干部交流、人员培训以及劳动力转移就业等方面积极配合，发挥贫困地区自然资源和劳动力资源优势，推进东部发达地区对西部贫困地区的发展援助、经济合作、人才交流等，并且发挥军队和武警、企业和社会组织在扶贫中的重要作用，积极参与地方扶贫开发，实现军地优势互补，推进集体经济发展和农民增收，开展志愿扶贫，构建扶贫志愿者服务网络。

《纲要（2011—2020）》明确了为我国扶贫工作提供的政策体系、财税支持、金融服务、产业扶持、土地使用、生态建设、人才保障等方面的一系列政策保障，把对少数民族、妇女儿童和残疾人作为扶贫开发的重点全体纳入规划，统一组织，同步实施，同等条件下优先安排。加大贫困地区基础设施建设、生态环境和民生工程等投入力度，加大村级公路建设、农业综合开发、土地整治、小流域与水土流失治理、农村水电建设等支持力度。

《纲要（2011—2020）》坚持开发式扶贫方针，实行扶贫开发和农村最低生活保障制度有效衔接。把扶贫开发作为脱贫致富的主要途径，鼓励和帮助有劳动能力的扶贫对象通过自身努力摆脱贫困；把社会保障作为解决温饱问题的基本手段，逐步完善社会保障体系。

2012 年 11 月，中国共产党第十八次全国代表大会在北京召开。党的十八大报告首次正式提出全面建成小康社会的宏伟目标。要实现经济持续健康发展，转变经济发展方式取得重大进展，在发展平衡性、协调性、可持续性明显增强的基础上，实现国内生产总值和城乡居民人均收入比 2010 年翻一番。坚持和完善农村基本经营制度，构建集约化、专业化、组织化、社会化相结合的新型农业经营体系。加快完善城乡发展一体化体制机制，促进城乡要素平等交换和公共资源均衡配置，形成以工促农、以城带乡、工农互惠、城乡一体的新型工农、城乡关系。

2012 年，我国粮食产量首次突破 1.2 万亿斤，达到 12245 亿斤的综合生产能力新台阶。[①] 我国农村贫困人口大幅度减少，以现行农村贫困标准衡量，2012 年末我国农村贫困人口降至 9899 万人，比 1985 年末减少 5.6 亿多人，下降了 85.0%，农村贫困发生率降至 10.2%，比 1985 年末下降了 68.1 个百分点，并且主要集中于老少边穷地区。[②] 我国通过制定《八七计划》和《纲要（2001—2010 年）》，逐渐加大扶贫工作的投入和力度，结合贫困地区的内在发展活力，并聚集社会各界参与到减贫事

① 国家统计局：《农村经济持续发展 乡村振兴迈出大步——新中国成立 70 周年经济社会发展成就系列报告之十三》，http://www.stats.gov.cn/tjsj/zxfb/201908/t20190807_1689636.html。

② 国家统计局：《扶贫开发持续强力推进 脱贫攻坚取得历史性重大成就——新中国成立 70 周年经济社会发展成就系列报告之十五》，http://www.stats.gov.cn/tjsj/zxfb/201908/t20190812_1690526.html。

业中，完善解决温饱问题。我国采取了减免农业税、实行粮食价格补贴等一系列惠农政策，逐渐实现大量农村剩余劳动力向城市或农村的工业和服务业产业转移，农村人口的非农产业转移为农村家庭的收入提高作出了重要贡献。我国农村居民人均可支配收入从1992年的784元增加到2012年的8389元，年均实际增长6.7%；人均消费支出从1992年的659元增加到2012年的6667元，年均实际增长6.9%；恩格尔系数从1992年的57.5%下降到2012年的35.9%，下降了21.6个百分点。[①] 在该阶段，我国的扶贫事业取得了巨大成就，农村贫困人口大幅减少，农民收入水平逐渐增加，农村地区基础设施大大改善，我国社会事业取得长足进步，最低生活保障制度逐步健全，在个人、企业和社会组织的参与下形成了综合开发推动全面减贫局面，探索出了中国特色的扶贫开发之路。

---

① 国家统计局：《人民生活实现历史性跨越　阔步迈向全面小康——新中国成立70周年经济社会发展成就系列报告之十四》，http://www.stats.gov.cn/tjsj/zxfb/201908/t20190809_1690098.html。

第四章
精准扶贫、精准脱贫阶段
（2013—2020 年）

进入 21 世纪后，除少数社会保障对象和生活在自然环境恶劣地区的特困人口，以及部分残疾人外，全国农村贫困人口的温饱问题基本得到解决，实现了贫困地区广大农民群众千百年来吃饱穿暖的愿望。2011 年颁布实施的《中国农村扶贫开发纲要（2011—2020 年）》，提高了扶贫标准，对 14 个集中连片特困地区进行了专门规划，增加了国家对连片特困地区中央扶贫资金支持力度，加快推进我国贫困人口脱贫致富。我国片区内覆盖的贫困人口仅占全国贫困人口的一半，在识别的 12.8 万个贫困村中，瞄准的贫困人口只有一半多。以区域为瞄准机制已经不适应中国持续进行的扶贫开发政策，必须提出更加有效的针对贫困户和贫困人口的精准瞄准机制。

第一节　精准扶贫提出的时代背景、内涵与路径

2012 年，党的十八大提出全面建成小康社会目标，全面脱贫成为我党的重要使命，革命老区、民族地区、边疆地区及连片特困地区成了脱贫攻坚工作的重中之重。习近平总书记心系贫困群众，多次走访考察，深刻认识到精准扶贫是全面脱贫、全面建成小康社会的必然选择。

"人民是历史的创造者，是决定党和国家前途命运的根本力量。必须坚持人民主体地位，坚持立党为公、执政为民，践行全心全意为人民服

务的根本宗旨，把党的群众路线贯彻到治国理政全部活动之中，把人民对美好生活的向往作为奋斗目标，依靠人民创造历史伟业。"[1]中国共产党自成立以来，始终把群众的利益放在首位，致力于消除贫困、改善民生的减贫事业。脱贫攻坚是以农村扶贫开发为中心的阶段性任务，体现了社会主义消除贫困、改善民生、逐步实现共同富裕的本质特征，体现了中国特色社会主义制度的优越性。[2]党的十八大以来，我国将脱贫攻坚摆到治国理政的重要高度，事关全面建成小康社会，事关实现第一个百年奋斗目标，把扶贫开发工作纳入"四个全面"战略布局，作为实现第一个百年奋斗目标的重点工作，我国扶贫开发工作进入新阶段。中国共产党十八届五中全会强调，顺利实现"十三五"时期的发展目标，全面建成小康社会，要坚持创新、协调、绿色、开放、共享的发展理念。我国积极探索从"大水漫灌"转向"精准滴灌"的创新扶贫路径，坚持走中国特色新型工业化、信息化、城镇化、农业现代化相互协调发展的"四化同步"道路，强化环境整治和生态扶贫的绿色发展理念，通过广泛动员社会参与来吸引资金、技术、人才、信息共同助力贫困地区经济发展，使贫困地区在国内外的开放发展中提高竞争能力，并从"全民共享、全面共享、共建共享、渐进共享"[3]四个层面落实共享发展理念，让贫困地区群众共享我国经济发展的巨大成果。

习近平总书记高度重视扶贫开发工作，指出："贫穷不是社会主义。如果贫困地区长期贫困，面貌长期得不到改变，群众生活长期得不到明显提高，那就没有体现我国社会主义制度的优越性，那也不是社会主

① 习近平：《决胜全面建成小康社会　夺取新时代中国特色社会主义伟大胜利——在中国共产党第十九次全国代表大会上的报告》，《人民日报》2017年10月28日。
② 韩广富、昝瑞语：《新时代中国特色脱贫攻坚道路的多维解读》，《厦门大学学报》2018年第3期。
③ "全民共享"指的是共享的覆盖面惠及全民，"全面共享"指的是共享的内容包含经济、政治、社会、文化、生态各个方面，"共建共享"指的是共享的实现途径要实现人民共同参与、共享成果，"渐进共享"指的是共享的推进进程要合理有序逐步推进。

义。"①习近平总书记多次深入贫困地区调研，就扶贫工作发表了一系列重要讲话，提出了精准扶贫、科学扶贫、内源扶贫、扶贫体制机制改革创新的重大理论和实践问题。2015年2月，在延安召开的陕甘宁革命老区脱贫致富座谈会上，习近平总书记提出"小康不小康，关键看老乡"。习近平总书记多次深入贫困地区进行调研，对全国31个省市区和全国14个集中连片特困地区都进行了考察。2012年12月底，习近平总书记在河北省保定市阜平县进行考察调研时指出："全面建成小康社会最艰巨最繁重的任务在农村特别是贫困地区，没有农村的小康特别是没有贫困地区的小康，就没有全面建成小康社会。"②2013年11月，习近平总书记在湖南省湘西十八洞村考察时首次提出了精准扶贫理念。习近平总书记强调："扶贫要实事求是，因地制宜。要精准扶贫，切忌喊口号，也不要定好高骛远的目标。""加快民族地区发展，核心是加快民族地区全面建成小康社会步伐。发展是甩掉贫困帽子的总办法，贫困地区要从实际出发，因地制宜，把种什么、养什么、从哪里增收想明白，帮助乡亲们寻找脱贫致富的好路子。"2014年3月在参加十二届全国人大二次会议贵州代表团审议时，习近平总书记指出："精准扶贫，就是要对扶贫对象实行精细化管理，对扶贫资源实行精确化配置，对扶贫对象实行精准化扶持，确保扶贫资源真正用在扶贫对象身上、真正用在贫困地区。"③

精准扶贫是习近平总书记深入实际、深入基层、深入群众，并通过对我国扶贫工作长期关注、思考、实践，结合我国的扶贫思想所提出的创新理念。2014年5月，国务院扶贫办制定了《建立精准扶贫工作机制实施方案》，目标任务是通过对贫困户和贫困村精准识别、精准帮扶、精准管理和精准考核，引导各类扶贫资源优化配置，实现扶贫到村到户，

---

① 中共中央党史和文献研究院编：《习近平扶贫论述摘编》，中央文献出版社，2018，第5页。
② 中共中央党史和文献研究院编：《习近平扶贫论述摘编》，中央文献出版社，2018，第4页。
③ 中共中央党史和文献研究院编：《习近平扶贫论述摘编》，中央文献出版社，2018，第58页。

逐步构建精准扶贫工作长效机制。

党的十八大以来，习近平总书记针对扶贫工作提出的新理念和新观点，特别是精准扶贫，是习近平新时代中国特色社会主义思想的重要组成部分。习近平总书记关于扶贫工作的重要论述，提高了我国扶贫开发理论和实践的高度，扩展了中国特色扶贫开发道路，是马克思主义反贫困理论在新时代的创新发展，作为打赢脱贫攻坚战强大的思想武器，具有十分重要的理论价值、实践价值和时代价值。[1]

第二节　精准扶贫的基本内涵与实现路径

"十三五"规划建议中提出，精准扶贫、精准脱贫是新时期扶贫工作的基本方略。精准扶贫、精准脱贫贵在精准，重在精准，要因人制宜、因地制宜，打赢脱贫攻坚战。精准扶贫的核心是要实现精准识别、精准施策、精准管理和精准考核这四个精准，要求扶贫对象精准、措施到户精准、项目安排精准、资金使用精准、因村派人的第一书记和驻村干部精准、脱贫成效精准，目的在于解决"扶持谁""谁来扶""怎么扶""如何退"四个方面的问题，重点实现由扶贫向脱贫的转变。

一、精准扶贫的主要内容

精准扶贫的总体目标是确保到 2020 年我国现行标准下农村贫困人口实现脱贫，贫困县全部摘帽，解决区域性整体贫困，做到"脱真贫、真脱贫"。稳定实现农村贫困人口不愁吃、不愁穿，义务教育、基本医疗和住房安全有保障。实现贫困地区农民人均可支配收入增长幅度高于全国平均水平，基本公共服务主要领域指标接近全国平均水平。

[1] 李军：《打赢脱贫攻坚战的强大思想武器》，《人民日报》2018 年 9 月 17 日。

2013 年 12 月 13 日，中共中央、国务院在印发的《关于创新机制扎实推进农村扶贫开发工作的意见》中首次提到建立健全贫困县考核机制、精准扶贫工作机制、干部驻村帮扶机制、财政专项扶贫资金管理机制、金融服务机制、社会参与机制"六大扶贫机制"，并提出了实施村级道路畅通、饮水安全、农村电力保障、危房改造、特色产业增收、乡村旅游扶贫、教育扶贫、卫生和计划生育、文化建设、贫困村信息化十项重点工作。国务院扶贫办 2014 年 4 月 2 日印发了《扶贫开发建档立卡工作方案》，6 月 2 日又印发了《扶贫开发建档立卡指标体系》，并首次建立全国统一标准的扶贫开发信息系统。

准确把握精准扶贫的六个基本内涵，掌握"精准"的核心要义。精准扶贫的基本内涵主要有六个方面，即扶贫对象精准、措施到户精准、项目安排精准、资金使用精准、因村派人精准、脱贫成效精准。在扶贫对象精准方面，我国从 2014 年开始，在全国范围内对贫困人口以户为单位进行逐户识别，并进行了包括家庭基本信息、生产条件、生活条件、收入、致贫原因、脱贫需求等内容的贫困户信息表登记，全国共识别出 12.8 万个贫困村、2948 万贫困户、8962 万贫困人口，以后每年更新一次。措施到户精准要求扶贫措施要根据贫困户的致贫原因、脱贫需求，做到精准到户。项目安排精准要求地方政府相关部门在安排扶贫项目时，要与贫困户和贫困人口挂钩。资金使用精准要求扶贫资金使用要精准到户到人，以提高贫困户扶贫资金的受益水平和扶贫资金的使用效果。因村派人精准要求针对政府识别出的 12.8 万个贫困村，每个贫困村派驻 1 名第一书记和 2~3 名驻村干部开展专门的帮扶工作，驻村干部一般来自乡镇、县、市、省的政府部门、国有企业、事业单位，也有的来自银行系统，类似于社会工作者。脱贫成效精准要求对每个脱贫户进行验收核查，做到真正脱贫。

坚持精准扶贫的六个基本原则，确保扶贫工作有序推进。有效实施精准扶贫方略具有六个基本原则：一是坚持党的领导，夯实组织基础。充分发挥各级党委总揽全局、协调各方的领导核心作用，严格执行脱贫攻坚"一把手"负责制，省市县乡村五级书记一起抓。切实加强贫困地区农村基层党组织建设，使其成为带领群众脱贫致富的坚强战斗堡垒。二是坚持政府主导，增强社会合力。强化政府责任，引领市场、社会协同发力，鼓励先富帮后富，构建专项扶贫、行业扶贫、社会扶贫互为补充的大扶贫格局。三是坚持精准扶贫，提高扶贫成效。扶贫开发贵在精准，重在精准，必须解决好扶持谁、谁来扶、怎么扶的问题，做到扶真贫、真扶贫、真脱贫，切实保证扶贫成果可持续性，让贫困人口有更多的获得感。四是坚持保护生态，实现绿色发展。牢固树立绿水青山就是金山银山的理念，把生态保护放在优先位置，扶贫开发不能以牺牲生态为代价，探索生态脱贫新路子，让贫困人口从生态建设与修复中得到更多实惠。五是坚持群众主体，激发内生动力。继续推进开发式扶贫，处理好国家、社会帮扶和自身努力的关系，发扬自力更生、艰苦奋斗、勤劳致富精神，充分调动贫困地区干部群众积极性和创造性，注重扶贫先扶智，增强贫困人口自我发展能力。六是坚持因地制宜，创新体制机制。突出问题导向，创新扶贫开发路径，由"大水漫灌"向"精准滴灌"转变；创新扶贫资源使用方式，由多头分散向统筹集中转变；创新扶贫开发模式，由偏重"输血"向注重"造血"转变；创新扶贫考评体系，由侧重考核地区生产总值向主要考核脱贫成效转变。

二、中央部署精准扶贫方略的主要思路

1. 明确精准扶贫的帮扶对象，解决"扶持谁"的问题

准确识别贫困人口，搞清贫困程度，找准致贫原因，是精准扶贫的第一步。在此基础上准确掌握贫困人口规模、分布情况、居住条件、就业渠道、收入来源等，方可精准施策、精准管理，是解决"扶持谁"的

关键所在。扶贫工作要到村到户，首先要了解哪一村贫，哪一户穷，摸清底数、建档立卡，这是精准扶贫的"第一战役"。建档立卡，要充分发扬基层民主，发动群众参与。可以开展到村到户的贫困状况调查和建档立卡工作，通过群众评议、入户调查、公示公告、抽查检验、信息录入等举措，透明公开，把识别权交给基层群众，让群众按他们自己的"标准"识别谁是穷人，以保证贫困户认定的透明公开、相对公平。做到民主评议和集中决策相结合，公开、公平、公正合理确定扶贫对象，确保真正的扶贫对象进入帮扶范围。在找准贫困对象的基础上，还要进一步找准致贫原因。从全国层面看，致贫原因主要包括：因基础设施落后致贫、因生存环境制约和自然灾害致贫、因上学致贫、因地方病和突发重病致贫、孤寡老人或因残疾失去劳动能力致贫等。对贫困对象和致贫原因的精准识别，有利于提高扶贫工作的针对性和有效性。根据贫困户的不同情况，坚持分类施策，因人因地施策，因贫困原因施策，因贫困类型施策。

2.明确精准扶贫的责任主体，解决"谁来扶"的问题

推进脱贫攻坚，要更好地发挥政府的作用，关键是责任落实到人。从中央到地方，各级党政领导要将脱贫攻坚的责任落到实处。加快形成中央统筹、省（自治区、直辖市）负总责、市（地）县抓落实的扶贫开发工作机制，做到分工明确、责任清晰、任务到人、考核到位，既各司其职、各尽其责，又协调运转、协同发力。同时，要最广泛地动员社会力量投入扶贫济困工作。在2015减贫与发展高层论坛上，习近平主席指出："我们坚持动员全社会参与，发挥中国制度优势，构建了政府、社会、市场协同推进的大扶贫格局，形成了跨地区、跨部门、跨单位、全社会共同参与的多元主体的社会扶贫体系。"[1]众人拾柴火焰高，专项扶贫、行业

---

[1] 中共中央文献研究室编：《十八大以来重要文献选编》（中），中央文献出版社，2016，第718~719页。

扶贫、社会扶贫等多方力量互为支撑，拓展了全新的扶贫格局。从各方"单打独斗"到整合资源"握拳出击"，这也是精准扶贫理念的重要体现。精准扶贫可以动员我国民营企业、社会组织和公民个人广泛参与到扶贫的行列中来，开创多维联动的社会扶贫新格局。

3. 明确精准扶贫的帮扶措施，解决"怎么扶"的问题

针对"怎么扶"的问题，习近平总书记提出要坚持实事求是原则，具体问题具体分析，运用科学有效手段精准识别扶贫对象，精准分析贫困地区环境和贫困人口具体情况，因地因人施策，因贫困原因施策，因贫困类型施策，实施好"五个一批"工程。早在2012年12月，习近平总书记在河北阜平看望慰问困难群众时就指出："治贫先治愚。"强调了教育扶贫的意义和价值。特别要注重山区贫困地区下一代的成长，把贫困地区孩子培养出来，这才是根本的扶贫之策。2013年11月，在赴湘西调研扶贫攻坚时，习近平总书记在花垣县十八洞村提出要做实三件事：一是发展生产要实事求是，二是要有基本公共保障，三是下一代要接受教育。2013年11月，在同菏泽市及县区主要负责同志座谈时，习近平总书记针对扶贫开发工作中的中央部署强调："紧紧扭住包括就业、教育、医疗、文化、住房在内的农村公共服务体系建设这个基本保障，编织一张兜住困难群众基本生活的安全网，坚决守住底线。"[1] 2015年3月，在参加十二届全国人大三次会议广西代表团审议时，习近平总书记指出："要帮助贫困地区群众提高身体素质、文化素质、就业能力，努力阻止因病致贫、因病返贫，打开孩子们通过学习成长、青壮年通过多渠道就业改变命运的扎实通道，坚决阻止贫困现象代际传递。"[2] 2017年6月，在山西

---

① 中共中央文献研究室编：《习近平关于社会主义经济建设论述摘编》，中央文献出版社，2017，第210页。

② 中共中央党史和文献研究院编：《习近平扶贫论述摘编》，中央文献出版社，2018，第133页。

召开深度贫困地区脱贫攻坚座谈会上，习近平总书记就山西问题谈了扶贫观点，再次强调："只要我们集中力量，找对路子，对居住在自然条件特别恶劣地区的群众加大易地扶贫搬迁力度，对生态环境脆弱的禁止开发区和限制开发区群众增加护林员等公益岗位，对因病致贫群众加大医疗救助、临时救助、慈善救助等帮扶力度，对无法依靠产业扶持和就业帮助脱贫的家庭实行政策性保障兜底，就完全有能力啃下这些硬骨头。"[①]这些论述反映了习近平总书记关于扶贫"怎么扶"的基本观点，为贫困地区脱贫攻坚指明了方向。

4."五个一批"是我国精准扶贫过程中的重要脱贫措施，"五个一批"的提出是一个循序渐进的过程

2015 年 6 月，习近平总书记到贵州省考察调研，与 7 省市党委主要负责人进行了座谈，首先提出"四个一批"的扶贫攻坚行动计划。"四个一批"指的是扶持生产和就业发展一批，通过移民搬迁安置一批，通过低保政策兜底一批，通过医疗救助扶持一批。2015 年 9 月，在给"国培计划（2014）"北京师范大学贵州研修班全体参训教师的回信中，习近平总书记写道："扶贫必扶智。让贫困地区的孩子们接受良好教育，是扶贫开发的重要任务，也是阻断贫困代际传递的重要途径。"[②]2015 年 10 月，习近平主席在减贫与发展高层论坛发言中，把生态补偿纳入"怎么扶"体系，正式提出实施"五个一批"工程。2015 年 11 月，在中央扶贫开发工作会议上，习近平总书记详细解释了"五个一批"，系统阐述了"怎么扶"的问题。

精准扶贫的基本途径是实施"五个一批"工程，即发展生产脱贫一

---

① 中共中央党史和文献研究院编：《习近平扶贫论述摘编》，中央文献出版社，2018，第 80 页。
② 中共中央党史和文献研究院编：《习近平扶贫论述摘编》，中央文献出版社，2018，第 133~134 页。

批、易地搬迁脱贫一批、生态补偿脱贫一批、发展教育脱贫一批、社会保障兜底一批，针对不同致贫原因的贫困人口进行精准帮扶，实现真正脱贫。将扶贫资源聚焦贫困地区，瞄准贫困人口，扶贫措施精准到户和人，采取"滴灌式"扶贫。

（1）发展生产脱贫一批。对贫困人口中有劳动能力、有耕地或其他资源，但缺少资金来源、缺少产业支撑、缺少专业技能的，要立足当地资源，因地制宜，实现就地脱贫。对这类贫困地区和贫困人口，要把脱贫攻坚重点放在改善生产生活条件上，着重加强基础设施和技术培训、教育医疗等公共服务建设，特别是要解决好基础工程项目入村入户的"最后一公里"问题。要支持贫困地区农民在本地或外地务工、创业。引导和支持所有的有劳动能力的人依靠自己的双手开创美好明天。农村贫困人口如期脱贫，离不开农业稳定发展和农民收入的持续增长。农业生产稳定发展、劳动生产率稳步提升、农民增收渠道不断拓宽，农业人口转移力度加大，农民的经营性收入、工资性收入和财产性收入日益提高，是推进扶贫开发从"输血"到"造血"，实现精准脱贫的根基。

（2）易地搬迁脱贫一批。对生存条件恶劣、自然灾害频发的地方，通水、通路、通电等成本很高，贫困人口很难实现就地脱贫，要在坚持群众自愿的前提下，实施易地搬迁。一是通过整合相关项目资源、提高补助标准、用好城乡建设用地增减挂钩政策、发放贴息贷款等方式，拓宽资金来源渠道，解决好扶贫移民搬迁所需资金问题。二是做好规划，合理确定搬迁规模，区分轻重缓急，明确搬迁目标任务和建设时序，按规划、分年度、有计划组织实施。三是根据当地资源条件和环境承载能力，科学确定安置点，尽量搬迁到县城和交通便利的乡镇级中心村，促进就近就地转移。四是想方设法为搬迁人口创造就业机会，保障他们有稳定收入，同当地群众享受同等的基本公共服务，确保搬得出、稳得住、能致富。

（3）生态补偿脱贫一批。对生存条件差，但生态系统重要、需要保护修复的地区，结合生态环境保护和治理，通过建立生态补偿机制，帮助贫困地区和贫困人口脱贫。一是加大生态保护修复力度，增加重点生态功能区转移支付，扩大政策实施范围。结合国家生态保护区管理体制改革，可以让有劳动能力的贫困人口就地转成护林员等生态保护人员，用生态补偿和生态保护工程资金的一部分作为其劳动报酬。二是加大贫困地区新一轮退耕还林还草范围，合理调整基本农田保有指标。

（4）发展教育脱贫一批。授人以鱼，不如授人以渔。治贫先治愚，扶贫先扶智，让贫困地区的孩子们接受良好教育，是扶贫开发的重要任务，也是阻断贫困代际传递的治本之策。国家教育经费要继续向贫困地区倾斜、向基础教育倾斜、向职业教育倾斜。一是重点做好职业教育培训，使贫困家庭的子女通过接受职业教育掌握一技之长，促进劳动力就业创业。就业是民生之本，也是脱贫之要。唯有教育培训可以提升就业能力。二是帮助贫困地区改善办学条件，推进农村中小学校标准化和寄宿制学校建设，加强贫困地区教师队伍建设。为贫困地区乡村学校定向培养一专多能教师，制定符合基层实际的教师招聘引进办法，建立省级统筹乡村教师补充机制，推动城乡教师合理流动和对口支援。全面落实集中连片特困地区乡村教师生活补助政策。三是探索率先从建档立卡的贫困家庭学生开始实施普通高中教育免学杂费，落实中等职业教育免学杂费政策。加大对贫困学生的资助力度，完善资助方式。四是对农村贫困家庭幼儿特别是留守儿童给予特殊关爱，探索建立贫困地区学前儿童教育公共服务体系。

（5）社会保障兜底一批。对贫困人口中完全或部分丧失劳动能力的人，由社会保障来兜底。要统筹协调农村扶贫标准和农村最低保障标准，按照国家扶贫标准综合确定各地农村最低保障指导标准，标准低的地区要逐步提高到国家扶贫标准，实现"两线合一"。此外，要加大其他形式的社会救助力度，加强农村最低生活保障和城乡居民养老保险、五保供养等社会救助制度的统筹衔接。与此同时，要大力加强医疗保险和医疗救助。一是建立健全医疗保险和医疗救助制度，对因病致贫或因病返贫的群众给予及时有效的救助。二是新型农村合作医疗、大病保险政策、门诊统筹和财政补贴都要向贫困人口倾斜。三是加大医疗救助、临时救助、慈善救助等帮扶力度，使重特大疾病救助覆盖全部贫困人口。四是实施健康扶贫工程，加强贫困地区传染病、地方病、慢性病防治工作，全面实施贫困地区重大公共卫生项目，保障贫困人口享有基本医疗卫生服务。

"五个一批"工程是习近平总书记在实际工作中不断探索得出的精准扶贫的基本途径，形成了习近平总书记关于精准扶贫的方法论，对于贫困地区、贫困户因地制宜、因人制宜进行精准施策，实现精准脱贫具有重要指导意义和价值。

5. 明确精准扶贫的退出机制，解决"怎么退"的问题

针对"如何退"的问题，我国建立了扶贫工作成效考核机制、第三方评估机制以及问责机制。我国扶贫工作成效考核机制要求在2016—2020年，针对中西部22个省份，每年由国务院扶贫开发领导小组对省级党委和政府的扶贫工作成效进行一次考核。考核的内容主要包括年度减贫计划的完成情况、财政扶贫资金的增长情况、贫困地区农民人均纯收入的增长情况、贫困识别准确率、贫困退出准确率、贫困人口对帮扶工作的满意度等，通过落实教育、健康、社保、产业扶贫、金融扶贫、易地搬迁、危房改造等政策，达到实现贫困人口不愁吃、不愁穿，饮水安全、义务教育、基本医疗和住房安全有保障的考核结果。扶贫工作成效第三方评估机制是指为了客观评估地方政府的扶贫政绩，由第三方评估机构每年对省级党委和政府扶贫工作成效进行独立评估。2016年实施了

第一次第三方试评估。2017 年，在总结第三方试评估的基础上，在全国 22 个与中央签订 2020 年前脱贫责任状的省份，正式开展了第三方评估。评估的内容主要是"两不愁三保障"实现情况、贫困识别准确率、贫困退出准确率，以及群众对扶贫工作的满意度。第三方评估坚持独立、客观、公正、科学的原则，以确保评估工作的真实可靠。问责机制是指根据对省级党委和政府扶贫工作成效的考核和第三方评估，国务院扶贫开发领导小组对考核和评估成绩靠后的省级党委、政府主要负责人进行约谈，并要求地方根据考核评估发现的主要问题进行整改。这样，考核、评估和问责机制共同形成了扶贫工作的"指挥棒"，引导、鞭策贫困地区的干部把核心工作放在扶贫上，以实现 2020 年脱贫目标，全面建成小康社会，让贫困人口有更多的获得感。[①]

第三节　精准扶贫、精准脱贫的实践与成效

一、我国精准扶贫、精准脱贫的实践

精准扶贫是一项系统工程，强调要注重"造血"与"输血"并重的内生与外生的系统性，要注重城乡统筹和东西部统筹脱贫的地域协调的系统性，要注重多措并举的扶贫方式的系统性，要注重聚集社会合力扶贫的扶贫力量的系统性，体现精准脱贫的系统优势。

习近平总书记指出，脱贫攻坚必须目标明确，有的放矢，把扶贫力

---

① 资料来源：中共中央办公厅、国务院办公厅：《关于建立贫困退出机制的意见》（厅字〔2016〕16 号），2016 年，中央政府门户网站，http://www.gov.cn。中共中央办公厅、国务院办公厅：《省级党委和政府扶贫开发工作成效考核办法》，2016 年 2 月，中央政府门户网站，http://www.gov.cn。王小林、张晓颖：《迈向 2030：中国减贫与全球贫困治理》，社会科学文献出版社，2017，第 11 页。

量集中在硬骨头上。2015 年 6 月，习近平总书记到贵州省考察，在部分省区市扶贫攻坚与"十三五"时期经济社会发展座谈会上强调，扶贫开发工作已进入啃硬骨头、攻坚拔寨的冲刺期。精准脱贫形势逼人，扶贫攻坚形势不等人。全面建成小康社会最艰巨、最繁重的任务在农村，特别是在贫困地区，我们必须把握时间节点，努力补齐短板；要科学谋划好"十三五"时期扶贫开发工作，确保贫困人口到 2020 年如期脱贫，并提出扶贫开发"贵在精准，重在精准，成败之举在于精准"。2015 年 10 月，在党的十八届五中全会上，习近平总书记再次强调，脱贫攻坚最突出的短板在于农村还有 7000 多万贫困人口。2015 年 11 月，在中央扶贫开发工作会议上，习近平总书记强调，坚持精准扶贫、精准脱贫关键是要找准路子、构建好的体制机制，在精准施策上出实招、在精准推进上下实功、在精准落地上见实效。

2015 年 11 月，中共中央、国务院颁布了《关于打赢脱贫攻坚战的决定》，提出了总体目标：到 2020 年稳定实现农村贫困人口不愁吃、不愁穿，义务教育、基本医疗和住房安全有保障；实现贫困地区农民人均可支配收入增长幅度高于全国平均水平，基本公共服务主要领域指标接近全国平均水平，扭转发展差距扩大趋势；确保我国现行标准下农村贫困人口实现脱贫，贫困县全部摘帽，解决区域性整体贫困。

《关于打赢脱贫攻坚战的决定》指出，扶贫开发贵在精准，重在精准，必须解决好扶持谁、谁来扶、怎么扶的问题，做到扶真贫、真扶贫、真脱贫，切实提高扶贫成果可持续性，让贫困人口有更多的获得感。突出问题导向，创新扶贫开发路径，由"大水漫灌"向"精准滴灌"转变；创新扶贫资源使用方式，由多头分散向统筹集中转变；创新扶贫开发模式，由偏重"输血"向注重"造血"转变；创新扶贫考评体系，由侧重考核地区生产总值向主要考核脱贫成效转变。抓好精准识别、建档立卡这个关键环节，为打赢脱贫攻坚战打好基础，为推进城乡发展一体化、逐步实现基本公共服务均等化创造条件。按照扶持对象精准、项目安排精准、资金使用精准、措施到户精准、因村派人精准、脱贫成效精准的要求，使建档立卡贫困人口中有 5000 万人左右通过产业扶持、转移就业、易地搬迁、教育支持、医疗救助等措施实现脱贫，其余完全或部分丧失劳动能力的贫困人口实行社保政策兜底脱贫。对建档立卡贫困村、贫困户和贫困人口定期进行全面核查，建立精准扶贫台账，实行有进有出的动态管理。根据致贫原因和脱贫需求，对贫困人口实行分类扶持。建立贫困户脱贫认定机制，对已经脱贫的农户，在一定时期内让其继续享受扶贫相关政策，避免出现边脱贫、边返贫现象，切实做到应进则进、应扶则扶。制定严格、规范、透明的国家扶贫开发工作重点县退出标准、程序、核查办法。重点县退出，由县提出申请，市（地）初审，省级审定，报国务院扶贫开发领导小组备案。重点县退出后，在攻坚期内国家原有扶贫政策保持不变，抓紧制定攻坚期后国家帮扶政策。加强对扶贫工作绩效的社会监督，开展贫困地区群众扶贫满意度调查，建立对扶贫政策落实情况和扶贫成效的第三方评估机制。评价精准扶贫成效，既要看减贫数量，更要看脱贫质量，不提不切实际的指标，对弄虚作假搞"数字脱贫"的，要严肃追究责任。

在精准扶贫方略的实施过程中，我国开展了增收就业类、公共服务类、基础设施类和生态建设类多项扶贫专项工程。

1. 增收就业类扶贫专项工程

一是发展特色产业脱贫。制定贫困地区特色产业发展规划。出台专项政策，统筹使用涉农资金，重点支持贫困村、贫困户因地制宜发展种养业和传统手工业等。实施贫困村"一村一品"产业推进行动，扶持建设一批贫困人口参与度高的特色农业基地。加强贫困地区农民合作社和龙头企业培育，发挥其对贫困人口的组织和带动作用，强化其与贫困户的利益联结机制。支持贫困地区发展农产品加工业，加快一、二、三产业融合发展，让贫困户更多分享农业全产业链和价值链增值收益。加大对贫困地区农产品品牌推介营销支持力度。依托贫困地区特有的自然人文资源，深入实施乡村旅游扶贫工程。二是引导劳务输出脱贫。加大劳务输出培训投入，统筹使用各类培训资源，以就业为导向，提高培训的针对性和有效性。加大职业技能提升计划和贫困户教育培训工程实施力度，引导企业扶贫与职业教育相结合，确保贫困家庭劳动力至少掌握一门致富技能，实现靠技能脱贫。进一步加大就业专项资金向贫困地区转移支付力度。支持贫困地区建设县乡基层劳动就业和社会保障服务平台，建立和完善输出地与输入地劳务对接机制。大力支持家政服务、物流配送、养老服务等产业发展，拓展贫困地区劳动力外出就业空间。加大对贫困地区农民工返乡创业政策扶持力度。三是探索资产收益扶贫。在不改变用途的情况下，财政专项扶贫资金和其他涉农资金投入设施农业、养殖、光伏、水电、乡村旅游等项目形成的资产，具备条件的可折股量化给贫困村和贫困户，尤其是丧失劳动能力的贫困户。支持农民合作社和其他经营主体通过土地托管、牲畜托养和吸收农民土地经营权入股等方式，带动贫困户增收。扶持贫困地区水电、矿产等资源开发，赋予土地被占用的村集体股权，让贫困人口分享资源开发收益。

2. 公共服务类扶贫专项工程

一是着力加强教育脱贫。国家教育经费向贫困地区、基础教育倾斜。健全学前教育资助制度，帮助农村贫困家庭幼儿接受学前教育。稳步推进贫困地区农村义务教育阶段学生营养改善计划。加大对乡村教师队伍建设的支持力度，特岗计划、国培计划向贫困地区基层倾斜。全面落实连片特困地区乡村教师生活补助政策，建立乡村教师荣誉制度。合理布局贫困地区农村中小学校，改善基本办学条件，提高义务教育巩固率。

普及高中阶段教育，率先从建档立卡的家庭经济困难学生实施普通高中免除学杂费、中等职业教育免除学杂费，让未升入普通高中的初中毕业生都能接受中等职业教育。加强有专业特色并适应市场需求的中等职业学校建设，提高中等职业教育国家助学金资助标准。努力办好贫困地区特殊教育和远程教育。建立保障农村和贫困地区学生上重点高校的长效机制，加大对贫困家庭大学生的救助力度。对贫困家庭离校未就业的高校毕业生提供就业支持。实施教育扶贫结对帮扶行动计划。二是开展医疗保险和医疗救助脱贫。实施健康扶贫工程，保障贫困人口享有基本医疗卫生服务，努力防止因病致贫、因病返贫。对贫困人口参加新型农村合作医疗个人缴费部分由财政给予补贴。新型农村合作医疗和大病保险制度对贫困人口实行政策倾斜，将贫困人口全部纳入重特大疾病救助范围，使贫困人口大病医治得到有效保障。建立贫困人口健康卡。对贫困人口大病实行分类救治和先诊疗后付费的结算机制。采取针对性措施，加强贫困地区传染病、地方病、慢性病等防治工作。全面实施贫困地区儿童营养改善、新生儿疾病免费筛查、妇女"两癌"免费筛查、孕前优生健康免费检查等重大公共卫生项目。加强贫困地区计划生育服务管理工作。三是实行农村最低生活保障制度兜底脱贫。完善农村最低生活保障制度，对无法依靠产业扶持和就业帮助脱贫的家庭实行政策性保障兜底。加大农村低保省级统筹力度，低保标准较低的地区要逐步达到国家扶贫标准。尽快制定农村最低生活保障制度与扶贫开发政策有效衔接的实施方案。进一步加强农村低保申请家庭经济状况核查工作，将所有符合条件的贫困家庭纳入低保范围，做到应保尽保。加大临时救助制度在贫困地区落实力度。有条件、有需求地区可以实施"以粮济贫"。四是健全留守儿童、留守妇女、留守老人和残疾人关爱服务体系。对农村"三留守"人员和残疾人进行全面摸底排查，建立翔实完备、动态更新的信息管理系统。加强儿童福利院、救助保护机构、特困人员供养机构、残疾人康复托养机构、社区儿童之家等服务设施和队伍建设，不断提高管理服务水平。建立家庭、学校、基层组织、政府和社会力量相衔接的留守儿童关爱服务网络。加强对未成年人的监护。健全孤儿、事实无人抚养儿童、低收入家庭重病重残等困境儿童的福利保障体系。加大贫困残疾人康复工程、特殊教育、技能培训、托养服务实施力度。针对残疾人的特殊困难，全面建立困难残疾人生活补贴和重度残疾人护理补贴制度。对低保家庭中的老年人、未成年人、重度残疾人等重点救助对象，提高救助水平，确保基本生活。引导和鼓励社会力量参与特殊群体关爱服务工作。

3. 基础设施类扶贫专项工程

一是实施易地搬迁脱贫。对居住在生存条件恶劣、生态环境脆弱、自然灾害频发等地区的农村贫困人口，加快实施易地扶贫搬迁工程。要紧密结合推进新型城镇化，编制实施易地扶贫搬迁规划，支持有条件的地方依托小城镇、工业园区安置搬迁群众，帮助其尽快实现转移就业，享有与当地群众同等的基本公共服务。积极整合交通建设、农田水利、土地整治、地质灾害防治、林业生态等支农资金和社会资金，支持安置区配套公共设施建设和迁出区生态修复。为符合条件的搬迁户提供建房、生产、创业贴息贷款支持。二是加快交通、水利、电力建设。推动国家铁路网、国家高速公路网连接贫困地区的重大交通项目建设。大幅度增加中央投资投入中西部地区和贫困地区的铁路、公路建设。加强贫困地区重大水利工程、病险水库水闸除险加固、灌区续建配套与节水改造等水利项目建设。实施农村饮水安全巩固提升工程，全面解决贫困人口饮水安全问题。小型农田水利、"五小水利"工程等建设向贫困村倾斜。对贫困地区农村公益性基础设施管理养护给予支持。加快推进贫困地区农网改造升级，全面提升农网供电能力和供电质量。

4. 生态建设类扶贫专项工程

结合生态保护脱贫。国家实施的退耕还林还草、天然林保护、防护林建设、石漠化治理、防沙治沙、湿地保护与恢复、坡耕地综合整治、退牧还草、水生态治理等重大生态工程，在项目和资金安排上进一步向贫困地区倾斜，提高贫困人口参与度和受益水平。加大贫困地区生态保护修复力度，增加重点生态功能区转移支付。结合建立国家公园体制，创新生态资金使用方式，利用生态补偿和生态保护工程资金使当地有劳动能力的部分贫困人口转为护林员等生态保护人员。合理调整贫困地区基本农田保有指标，加大贫困地区新一轮退耕还林还草力度。开展贫困地区生态综合补偿试点，健全公益林补偿标准动态调整机制，完善草原生态保护补助奖励政策，推动地区间建立横向生态补偿制度。

除此之外，我国实施精准扶贫方略还应该加大"互联网＋"扶贫力度；重点支持革命老区、民族地区、边疆地区、连片特困地区脱贫攻坚。强化政策保障，健全脱贫攻坚支撑体系，加大财政扶贫投入力度和金融扶贫力度；完善扶贫开发用地政策，支持贫困地区根据第二次全国土地调查及最新年度变更调查成果，调整完善土地利用总体规划；发挥科技、人才支撑作用，加大科技扶贫力度，解决贫困地区特色产业发展和生态建设中的关键技术问题。广泛动员全社会力量，合力推进脱贫攻坚，健全东西部扶贫协作机制，加大东西部扶贫协作力度，建立精准对接机制，使帮扶资金主要用于贫困村、贫困户；健全定点扶贫机制，进一步加强和改进定点扶贫工作，建立考核评价机制，确保各单位落实扶贫责任；健全社会力量参与机制，鼓励支持民营企业、社会组织、个人参与扶贫开发，实现社会帮扶资源和精准扶贫有效对接。

在精准脱贫的执行过程中，通过构建中央统筹、省负总责、市县抓落实，省市县乡村五级书记抓扶贫的责任体系，配合《关于打赢脱贫攻坚战的决定》（2015 年 11 月 29 日）、《"十三五"脱贫攻坚规划》和中共中央国务院发布的 13 个配套文件、"1+N"的政策措施等政策体系，在全社会支持扶贫工作的大背景下形成了财政资金和社会资金共同支撑的投入体系。同时，精准脱贫工作体系通过精准识别、精准帮扶、精准管理和精准考核，达到扶贫对象精准、项目安排精准、资金使用精准、措施到户精准、因村派人精准、脱贫成效精准六项要求，按照发展生产脱贫一批、易地搬迁脱贫一批、生态补偿脱贫一批、发展教育脱贫一批、社会保障脱贫一批，解决好扶持谁、谁来扶、怎么扶和如何退的问题。精准脱贫要求落实好全面从严治党、督查巡视，抓作风建设，抓党建促脱贫的监督体系，并按照省级党委和政府扶贫开发工作成效考核办法、东西部扶贫协作考核办法、中央定点扶贫考核办法三个考核办法和省际交叉考核、第三方评估、财政扶贫资金绩效评价、媒体暗访即社会评价四种考核方式组成的考核体系，来执行好精准脱贫工作的各项任务。

2017 年 10 月，中国共产党第十九次全国代表大会顺利召开，本次会议是在全面建成小康社会的决胜阶段召开的重要会议，具有重大意义。党的十九大报告再次强调要确保我国到 2020 年，在现行标准下实现农村贫困人口的脱贫，实现贫困县全部摘帽，解决区域性整体贫困，做到"脱真贫、真脱贫"，启动实施"打赢脱贫攻坚战三年行动"。在精准脱贫时期，我国扶贫工作成效显著，大量的扶贫干部和扶贫工作队进驻贫困村，奋斗在脱贫攻坚战的一线，为我国全面建成小康社会不懈奋斗。全社会的力量都团结了起来，为解决人民日益增长的美好生活需要和不平衡不充分发展之间的矛盾这一我国社会主要矛盾而努力，为实施精准扶贫、精准脱贫，打赢脱贫攻坚战贡献力量，为全面建成小康社会贡献力量。

二、实施精准扶贫、精准脱贫的成效

实施精准扶贫以来，我国取得了巨大的脱贫成就，创造了属于世界的中国脱贫成效纪录。

1. 我国农村贫困人口大幅减少，贫困发生率大幅下降。党的十八大以来，我国精准扶贫、精准脱贫成绩斐然。按现行农村贫困标准，2013—2018 年我国农村每年减贫人数均保持在 1000 万以上，累计减贫 8239 万人，年均减贫 1373 万人，6 年累计减贫幅度达到 83.2%，2018 年比 2012 年末的贫困发生率下降了 8.5%。[①] 按照 2010 年农村贫困标准，1978 年末我国农村贫困人口 7.7 亿人，2018 年末农村贫困人口减少至 1660 万人，较 2012 年末减少了 8239 万人；改革开放 40 年以来，我国共实现了 7.54 亿农村贫困人口的脱贫，贫困发生率由 1978 年的 97.5% 下降到了 2018 年的 1.7%，为全面建成小康社会奠定了坚实基础。[②] 2019 年我国脱贫攻坚依然取得了明显的成效，按照每人每年 2300 元（2010 年不变价）的农村贫困标准计算，年末农村贫困人口 551 万人，比上年末减少 1109 万人；贫困发生率降至 0.6%，比上年下降 1.1 个百分点。[③] 2019 年我国有 340 个贫困县摘帽，已经连续七年每年脱贫人数在 1000 万以上。[④] 并且，我国的脱贫标准是不断提高的，按照 2010 年年收入 2300 元的不变价格计算，2019 年的贫困标准提高到 3218 元。除此之外，我国在控制返贫方面也

① 国家统计局：《扶贫开发持续强力推进　脱贫攻坚取得历史性重大成就——新中国成立 70 周年经济社会发展成就系列报告之十五》，http://www.stats.gov.cn/tjsj/zxfb/201908/t20190812_1690526.html。

② 国家统计局：《人民生活实现历史性跨越　阔步迈向全面小康——新中国成立 70 周年经济社会发展成就系列报告之十四》，http://www.stats.gov.cn/tjsj/zxfb/201908/t20190809_1690098.html。

③ 国家统计局：《中华人民共和国 2019 年国民经济和社会发展统计公报》，http://www.stats.gov.cn/tjsj/zxfb/202002/t20200228_1728913.html。

④ 国家统计局：《国家统计局局长就 2019 年全年国民经济运行情况答记者问》，http://www.stats.gov.cn/tjsj/sjjd/202001/t20200117_1723470.html。

取得了较为瞩目的成就。2016 年我国返贫人口 68.4 万人，2017 年为 20.8 万人，2018 年下降到 5.8 万人，2019 年则减少到了 5400 人。[①] 在不断推进全面建成小康社会的发展进程中，我国脱贫人口的自我发展能力不断增强，返贫人数逐年下降，这在一定程度上说明了精准扶贫、精准脱贫方略的高度正确性，反映了我国脱贫攻坚工作的扎实稳干，体现了中国共产党带领全国人民"脱真贫、真脱贫"的坚定决心。2020 年底，中国现行标准下绝对贫困全部消除，自党的十八大以来的 9899 万农村贫困人口全部脱贫，832 个贫困县全部摘帽，12.8 万个贫困村全部退出贫困行列。[②] 我国作为世界上减贫人口最多的国家，也成为世界上率先完成联合国千年发展目标的国家，在顺利完成我国脱贫任务的同时，也为世界减贫事业作出了巨大贡献。此外，到 2020 年底，我国累计选派了 25.5 万个驻村工作队、300 多万名第一书记和驻村干部，参与了扶贫一线的奋战。

2. 我国粮食总产量稳步提升，粮食安全有保障。新中国成立之初，我国 5.4 亿人口，粮食产量 2264 亿斤，人均粮食占有量约为 209 公斤，难以满足人们的粮食需求；改革开放之初我国 9.6 亿人口，1978 年粮食产量 6095 亿斤，人均粮食占有量约 317 公斤。2015 年，我国粮食总产量达到 1.3 万亿斤。2018 年达到 13158 亿斤，连续 5 年站稳 1.3 万亿斤台阶，比 1949 年增长 4.8 倍，人均占有粮食 472 公斤，稳定超过国际公认的 400 公斤安全线。[③] 2018 年，我国粮食经营亩单产 375 斤，是 1949 年的 6 倍，粮食作物耕种综合集结化率超过 80%。2019 年我国粮食产量依然稳定在 1.3 万亿斤以上，达到 1.3277 万亿斤，创下我国粮食产量历史

[①] 国务院扶贫开发领导小组：《国务院联防联控机制介绍脱贫攻坚和民政服务工作情况》，http://www.cpad.gov.cn/art/2020/4/1/art_624_117361.html。

[②] 中华人民共和国国务院新闻办公室：《人类减贫的中国实践》，人民出版社，2021，第 13 页。

[③] 国家统计局：《农村经济持续发展　乡村振兴迈出大步——新中国成立 70 周年经济社会发展成就系列报告之十三》，http://www.stats.gov.cn/tjsj/zxfb/201908/t20190807_1689636.html。此处数据依照原文，未作单位统一。

最高水平。中国用全球 9% 的耕地养活了全球 20% 的人口，创造了世界农业发展奇迹。

3. 我国农村居民人均可支配收入逐年增长。在集中连片地区打赢脱贫攻坚战的过程中，我国农民收入状况得到极大改善，2018 年全国农村居民人均可支配收入 14617 元，扣除物价之后，比 1949 年增加了 40 倍；与 2013 年的 9430 元相比，年均实际增长 7.7%。2018 年人均消费支出为 12124 元，与 2013 年的 7485 元相比，年均实际增长 8.5%；恩格尔系数从 2013 年的 34.1% 下降到 2018 年的 30.1%，下降 4.0 个百分点，农村居民的生活水平有了极大的提高。[①] 2018 年贫困地区人均可支配收入为 10371 元，是 2012 年的 1.99 倍，年均增长达到了 12.1%，贫困地区的增速高于全国平均水平。2019 年，全国农村居民人均可支配收入提高到 16021 元，全年贫困地区农村居民人均可支配收入 11567 元，比上年增长 11.5%，扣除价格因素，实际增长 8.0%。[②] 与此同时，我国建档立卡贫困户人均纯收入由 2015 年的 3416 元增加到 2019 年的 9808 元，年均增幅 30.2%，在解决好"两不愁三保障"问题的同时大大提高了人民的生活质量和水平。截至 2020 年底，我国累计针对 1021 万名贫困妇女和妇女骨干通过各类技能培训提高了就业素质和能力，并且约有 500 多万名贫困妇女依靠手工业、种养殖业、家政行业、电商等从业渠道实现了脱贫增收。我国贫困地区农村居民人均可支配收入从 2013 年的 6079 元增长到了 2020 年的 12588 元，年均增长了 11.6%。[③]

4. 我国农村基础设施建设有保障。农村地区实现了通电、通路、通

① 国家统计局：《人民生活实现历史性跨越　阔步迈向全面小康——新中国成立 70 周年经济社会发展成就系列报告之十四》，http://www.stats.gov.cn/tjsj/zxfb/201908/t20190809_1690098.html。
② 国家统计局：《中华人民共和国 2019 年国民经济和社会发展统计公报》，http://www.stats.gov.cn/tjsj/zxfb/202002/t20200228_1728913.html。
③ 中华人民共和国国务院新闻办公室：《人类减贫的中国实践》，人民出版社，2021，第 15 页。

宽带，基本实现了新型农村合作医疗、农村社会养老保险、农村义务教育的全覆盖，农村人均健康水平和寿命均获得了提高。2018年，我国农村居民住宅外道路为水泥或柏油路面的户比重为75.4%，比2013年提高24.0个百分点；农村居民有管道供水入户的户比重为79.7%；83.6%的农村居民户所在的自然村实现了垃圾集中处理；65.3%的农村居民户所在的自然村实现了饮用水集中净化处理；农村居民使用卫生厕所的户比重提高到了56.0%。[①] 2019年，我国具备条件的建制村全部通硬化路；卫生室和村医覆盖全部村落，实现了所有行政村都有持证上岗医生和卫生室；90%的自然村都有了幼儿园，10.8万所义务教育薄弱学校的办学条件得到改善；农网供电可靠率达到99%，深度贫困地区贫困村通宽带比例达到98%；960多万贫困人口通过易地扶贫搬迁解决了住房安全问题。普遍解决了我国长期以来的贫困地区群众出行难、用电难、上学难、看病难、通信难等老大难问题，实现了义务教育、基本医疗、住房安全等方面的保障。自实施农村饮水安全和巩固提升工程以来到2020年底，我国累计解决了2889万贫困人口的饮水安全问题，农村饮用水量和水质全部达标，共计3.82亿农村人口受益；自实施贫困村通动力电工程以来，23个省份839个县约17万个行政村均获得了覆盖，大电网覆盖范围内贫困村通动力电比例达到了100%。截至2020年底，贫困地区新改建公路110万公里，新增铁路里程3.5万公里。2013年至2021年，我国累计有790万户2568万贫困人口摆脱了危房，住房安全得到了有效保障。截至2020年底，我国贫困县九年义务教育巩固率达到94.8%，农村贫困家庭子女义务教育阶段辍学问题得到根本保障，实现了动态清零；在持续完善县乡村三级医疗卫生服务体系、实施大病集中救治、慢性病签约管理、重病

[①] 国家统计局：《人民生活实现历史性跨越　阔步迈向全面小康——新中国成立70周年经济社会发展成就系列报告之十四》，http://www.stats.gov.cn/tjsj/zxfb/201908/t20190809_1690098.html。

兜底保障的发展进程中，我国 98% 的贫困县至少有一所二级以上医院，99.9% 以上的贫困人口都参加了基本医疗保险；6098 万贫困人口参加了城乡居民基本养老保险，基本实现了应保尽保。[①]

5. 我国为世界减贫事业贡献了中国智慧和中国力量。在中国共产党的领导下，我国不断探索符合中国国情的脱贫模式，特别是在精准扶贫方略实施以来，取得了卓越的脱贫成效，中国在全球减贫事业中体现了大国责任，为构建人类命运共同体作出了重要贡献。自 1981 年末到 2015 年末，我国贫困发生率累计下降 87.6 个百分点，年均下降 2.6 个百分点，大大超过了全球年均下降的 0.6 个百分点，我国减贫速度大大快于全球减贫速度。[②] 到 2019 年末，全世界 76 亿人中还有 13 亿贫困人口，而中国仅有 551 万贫困人口，并且我国扶贫标准为 2.3 美元 /（人·天），高于国际贫困标准 1.9 美元 /（人·天）。从改革开放到全面建成小康社会的这段时期内，在现行贫困标准下，我国带领 7.7 亿农村贫困人口告别了贫困，在世界银行国际贫困标准下，中国减贫人口占到了同期全球减贫人口总数的 70% 以上。除此之外，据世界银行研究报告，我国共建"一带一路"将使相关国家 760 万人摆脱极端贫困、3200 万人摆脱中度贫困。[③] "消除贫困是人类的共同使命。中国在致力于自身消除贫困的同时，始终积极开展南南合作，力所能及向其他发展中国家提供不附加任何政治条件的援助，支持和帮助广大发展中国家特别是不发达国家消除贫困。"[④] 中国在完成自身减贫目标的过程中，积极开展国际减贫合作，通过资金援助、专业人员援助、医疗援助、"一带一路"倡议等多种方式，帮助发

---

① 中华人民共和国国务院新闻办公室：《人类减贫的中国实践》，人民出版社，2021，第 21 页。
② 国家统计局：《扶贫开发持续强力推进　脱贫攻坚取得历史性重大成就——新中国成立 70 周年经济社会发展成就系列报告之十五》，http://www.stats.gov.cn/tjsj/zxfb/201908/t20190812_1690526.html。
③ 中华人民共和国国务院新闻办公室：《人类减贫的中国实践》，人民出版社，2021，第 62 页。
④ 中共中央文献研究室编：《十八大以来重要文献选编》（中），中央文献出版社，2016，第 721 页。

展中国家实现脱贫任务；通过为发展中国家官员举办培训和邀请发展中国家减贫工作者来华参观访问，帮助其提高减贫能力；通过举办全球扶贫大会、减贫与发展高层论坛、中国—东盟社会发展与减贫论坛、中非减贫与发展会议等，让世界人民共享减贫成果。作为首个并提前 10 年完成联合国千年发展目标中减贫目标的发展中国家，我国不仅取得了扶贫开发的伟大成就，向世界充分证明了中国共产党治国理政的执政能力和中国特色社会主义制度的优越性，同时也向广大发展中国家提供了借鉴经验，为全球减贫事业贡献了中国方案。

三、我国精准扶贫成效的巩固提升

我国扶贫开发取得的伟大成就，不仅表现在贫困人口的减少和贫困地区的发展，更重要的是，我们探索了一条符合中国国情的扶贫开发道路，成为中国特色社会主义理论体系的组成部分，对于我国顺利实现全面建成小康社会和第一个百年奋斗目标具有决定性意义。新中国成立以来，中国共产党带领全国人民走上了减贫之路，并走向了共同富裕。2019 年，我国进一步压实省级党委和政府责任，顺利实现了脱贫攻坚的年度减贫目标，深度贫困地区脱贫攻坚也成效显著，从总体上解决了"两不愁三保障"的问题。我国扶贫开发取得的伟大成就，不仅促进了贫困地区的经济社会发展，缓解了农村贫困状况，优化了国民经济结构，而且巩固了我们党的执政基础，巩固了中国特色社会主义制度，在几十年国际风云激烈变幻中，保持我们党和我国社会主义制度岿然不动，充分展现了中国共产党领导和中国特色社会主义制度的政治优势。

在决胜全面建成小康社会的关键时刻，我们面对的不仅是剩下的最难啃的"硬骨头"，还有巩固成效、防止返贫的难题，以及新冠肺炎疫情带来的"加试题"。中国共产党在脱贫攻坚战役的决战时刻，面对复杂形势，没有丝毫停顿、大意、放松，而是紧绷全面打赢脱贫攻坚这一根弦，加快推进未脱贫地区的扶贫进程，最终按时按量完成了脱贫目标，并逐步进入了集结各有关部门的力量，完善好各项巩固脱贫成效的政策措施，防止返贫现象发生的新阶段。虽然到2020年2月底，全国832个贫困县中已经有601个宣布摘帽，179个正在进行退出检查，我国区域性整体贫困基本得到解决，但当时还有52个未摘帽县，2707个贫困村未出列，建档立卡贫困人口未全部脱贫，并且已脱贫人口中有近200万人存在返贫风险，边缘人口中还有近300万存在致贫风险。①据国务院扶贫办公布的数据资料显示，2019年底，为确保我国剩余52个贫困县在2020年顺利实现贫困人口脱贫和贫困县摘帽，我国针对这52个未脱贫县和贫困人口在1000人以上以及贫困发生率超过10%的共计1113个贫困村印发了《关于开展挂牌督战工作的指导意见》，通过对保障教育医疗住房饮水、实现贫困家庭劳动力新增转移就业和公益岗位新增就业以及兜底无劳动能力家庭、落实易地扶贫搬迁入住和后续帮扶、动态监测不稳定贫困户和边缘户帮扶情况、整改中央巡视"回头看"和扶贫成效考核及各地"大排查"等出现的问题五个方面进行挂牌督战，在2020年6月底前解决挂牌督战中显示出的义务教育阶段辍学374人、未解决住房安全的2.2万户8.3万人、未解决饮水安全的4044户15300人以及易地扶贫搬迁未入住的2万户10万人的脱贫问题。

2020年3月27日，中共中央政治局召开的会议审议了《关于2019年脱贫攻坚成效考核等情况的汇报》和《关于中央脱贫攻坚专项巡视"回头看"情况的综合报告》，充分肯定了我国脱贫攻坚成效考核和专项巡视"回头看"工作，并指出我国夺取脱贫攻坚全面胜利还要付出更加艰苦的努力，针对局部地方、有的方面还有薄弱环节和工作不足的情况，各地区、部门要增强责任感、使命感和紧迫感，保持定力耐力，防止松懈、厌战思想，发扬连续作战的优良作风，坚持目标标准、坚持精准方

① 习近平:《在决战决胜脱贫攻坚座谈会上的讲话》，人民出版社，2020，第3、8页。

略、坚持从严从实，保持脱贫攻坚政策总体稳定，继续加大投入力度、工作力度、帮扶力度，全面查缺补漏，加快补齐短板弱项，巩固脱贫成果，坚决打赢脱贫攻坚战，确保如期全面建成小康社会。会议还强调脱贫攻坚已经进入决战倒计时，必须提高政治站位，较真碰硬狠抓工作落实，要强化政治担当，压实整改主体责任，党委（党组）领导班子特别是书记要以上率下亲自抓，把脱贫攻坚成效考核发现的问题和专项巡视"回头看"指出的问题、"不忘初心、牢记使命"主题教育检视出的问题等统筹起来，把问题整改和脱贫攻坚日常工作结合起来，一体整改落实到位；要强化日常监督，盯住整改形式主义、官僚主义问题不放，严肃查处不担当不作为乱作为、搞数字脱贫和虚假脱贫等问题，把全面从严治党要求贯穿脱贫攻坚全过程；要强化组织保障，深入推进抓党建促脱贫，全面提升贫困地区基层党组织作用，注重在脱贫攻坚一线考察、识别干部；要强化成果综合运用，举一反三促进工作，结合考核、巡视发现的共性问题，完善工作机制，增强工作合力，研究做好脱贫攻坚和乡村振兴战略、"十四五"规划衔接。[1]

脱贫攻坚战是一场硬仗，中国共产党迎难而上，带领全国人民走出了一条中国特色减贫道路，我国顺利完成了到2020年全部现行标准下的农村贫困人口的脱贫任务，实现了全面建成小康社会的第一个百年奋斗目标。我国在国内生产总值方面将基本跨越"中等收入陷阱"，并实现收入差距的进一步缩小以及十几亿人口生活水平的普遍提升，城乡区域协调发展将得到更好的统筹，体现出社会公平正义。[2]

---

[1] 新华网：《中共中央政治局召开会议　中共中央总书记习近平主持会议》，http://www.xinhuanet.com/politics/2020-03/27/c_1125778940.htm。
[2]《中国共产党领导脱贫攻坚的经验与启示》，当代世界出版社，2020，第12页。

第二部分

中国式减贫的基本经验

中国共产党的领导是中国特色社会主义最本质的特征，是中国特色社会主义制度的最大优势。中国脱贫攻坚取得巨大成就的根本原因是坚持中国共产党的领导，坚持中国特色社会主义制度。

　　脱贫攻坚弘扬了中华民族扶贫济困的优良传统，并赋予了其新的时代内涵。消除贫困体现了全面建成小康社会的基本要求，提升了经济发展的公平性、有效性和协同性；消除贫困、实现共同富裕，保障了国家的长治久安，体现了社会主义的本质要求和中国共产党的价值追求，彰显了中国特色社会主义制度的优越性；消除贫困是中国智慧和中国方案的成功实践，形成了中国特色社会主义扶贫体系和反贫困机制，积累了中国式减贫的基本经验。

第五章
中国共产党领导的制度优势

坚持中国共产党的领导，强化组织保证，充分发挥各级党委总揽全局、协调各方的作用，是我国脱贫攻坚取得决定性胜利的根本所在。中国共产党秉承全心全意为人民服务的宗旨，始终坚持以人民为中心的扶贫开发思想，坚持共同富裕的减贫目标，坚持以人为本的减贫工作原则，坚持实事求是、与时俱进的减贫工作路线。在中国共产党的领导下，中国的扶贫开发工作不断加强顶层设计，创新体制机制，建立和完善领导责任、政策体系、资金投入体系、工作体系、监督和考核执行体系等，彰显了中国特色社会主义制度的显著优势。

2017 年 2 月 21 日，在中共中央政治局第三十九次集体学习中，习近平总书记针对脱贫攻坚指出：在实践中，我们形成了不少有益经验，概括起来主要是加强领导是根本、把握精准是要义、增加投入是保障、各方参与是合力、群众参与是基础。2018 年 2 月 12 日，在四川成都召开的打好精准脱贫攻坚战座谈会上，习近平总书记结合脱贫攻坚的伟大实践，将脱贫攻坚的宝贵经验概括为坚持党的领导，强化组织保证；坚持精准方略，提高脱贫成效；坚持加大投入，强化资金支持；坚持社会动员，凝聚各方力量；坚持全面从严治党，促进真抓实干；坚持群众主体，激发内生动力。中国式减贫的基本经验随着我国扶贫工作的进一步推进不断得到深化，逐步变得更加成熟。

第一节 "五级书记抓扶贫"的领导责任体系

坚持中国共产党的领导,强化组织保证,充分发挥各级党委总揽全局、协调各方的作用,是我国脱贫攻坚取得决定性胜利的根本所在。习近平总书记指出:"切实落实领导责任。坚持党的领导,发挥社会主义制度可以集中力量办大事的优势,这是我们的最大政治优势。"[①]中国共产党采用脱贫攻坚"一把手"责任制,通过"五级书记抓扶贫"的责任体系,为中国减贫事业做好了强大的政治保证。

第一,科学制定"五级书记抓扶贫"的扶贫工作机制。我国在推进精准脱贫的执行过程中,想要更好地发挥政府的作用,关键是要将责任落实到人,要"发挥各级党委领导作用,建立并落实脱贫攻坚一把手责任制,实行省市县乡村五级书记一起抓,为脱贫攻坚提供坚强政治保障"[②]。从中央到地方,我国各级党政领导将脱贫攻坚的责任落到了实处。通过构建中央统筹、省(自治区、直辖市)负总责、市(地)县抓落实的省市县乡村"五级书记抓扶贫"的扶贫开发工作机制,形成各级党组织扶贫领导和协调组织的体系,并对五级书记的扶贫工作开展考核,做到分工明确、责任清晰、任务到人、考核到位,既各司其职、各尽其责,又协调运转、协同发力,充分将我国扶贫的方针政策落实到各级部门的经济社会发展之中,为我国扶贫工作的开展提供了稳定客观的实施条件。

第二,明确定位各级政府部门的扶贫开发责任。中共中央、国务院《关于打赢脱贫攻坚战的决定》中明确指出,在脱贫攻坚进程中,要切实加强党的领导,为脱贫攻坚提供坚强政治保障,强化脱贫攻坚领导责任制,实行中央统筹、省(自治区、直辖市)负总责、市(地)县抓落实的

---

① 中共中央党史和文献研究院编:《习近平扶贫论述摘编》,中央文献出版社,2018,第35页。
② 中共中央党史和文献研究院编:《习近平扶贫论述摘编》,中央文献出版社,2018,第44页。

工作机制，坚持以片区为重点、精准到村到户。党中央、国务院主要负责统筹制定扶贫开发大政方针，出台重大政策举措，规划重大工程项目；省（自治区、直辖市）党委和政府对扶贫开发工作负总责，抓好目标确定、项目下达、资金投放、组织动员、监督考核等工作；市（地）党委和政府要做好上下衔接、域内协调、督促检查工作，把精力集中在贫困县如期摘帽上；县级党委和政府承担主体责任，书记和县长是第一责任人，做好进度安排、项目落地、资金使用、人力调配、推进实施等工作。在"五级书记抓扶贫"的责任体系下，要层层签订脱贫攻坚责任书，扶贫开发任务重的省（自治区、直辖市）党政主要领导要向中央签署脱贫责任书，每年要向中央作关于扶贫脱贫进展情况的报告。我国中西部22个省份党政主要负责同志向中央签署了脱贫攻坚责任书、立下了"军令状"，脱贫攻坚期内保持贫困县党政正职稳定。省（自治区、直辖市）党委和政府要向市（地）、县（市）、乡镇提出要求，层层落实责任制。中央和国家机关各部门要按照部门职责落实扶贫开发责任，实现部门专项规划与脱贫攻坚规划有效衔接，充分运用行业资源做好扶贫开发工作。

　　第三，认真落实"五级书记抓扶贫"的责任体系。在"五级书记抓扶贫"的责任体系中，要将"五级书记一起抓"落到实处，省市主要抓统筹、抓政策引领；县乡村三级则主要抓实施，将政策规划落到实处。《中国共产党章程》中明确规定："党的基层组织是党在社会基层组织中的战斗堡垒，是党的全部工作和战斗力的基础。"在"五级书记抓扶贫"的责任体系要求下，我国扶贫工作通过加强贫困乡镇领导班子建设，有针对性地选配政治素质高、工作能力强、熟悉"三农"工作的干部担任贫困乡镇党政主要领导，确保精准扶贫政策能在基层高效开展落实。通过明确农村"两委"的职责，协调农村"两委"的关系，抓好以村党组织为领导核心的村级组织配套建设，选好配强村级领导班子，突出抓好村党组织带头人队伍建设，充分发挥党员先锋模范作用，并且抓好农村党支部书记这一"关键少数",他们是乡村建设的"领头羊",是履行职责的第一责任人,确保了农村基层扶贫工作的顺利高效开展。根据贫困村的实际需求,精准选配第一书记,精准选派驻村工作队,提高县以上机关派出干部比例。通过集中整顿软弱涣散村党组织,提高贫困村党组织的创造力、凝聚力、战斗力,发挥好工会、共青团、妇联等群团组织的作用,同时不断地加大对驻村干部的考核力度,开展扶贫领域腐败和作风问题专项治理,建立全方位监督体系,做到不稳定脱贫不撤队伍。在脱贫攻坚斗争中,全国累计选派了25.5万个驻村工作队、300多万名第一书记和驻村干部,他们同近200万名乡镇干部和数百万村干部一道奋战在扶贫一线,其间,还有1800多名同志将生命定格在了脱贫攻坚征程上,他们用工作成绩和感人事迹生动地诠释了共产党人的初心使命。

第二节　从中央到地方系统配套的政策体系

自新中国成立以来,中国共产党一直高度重视我国长期存在的贫困问题。坚持中国共产党对我国减贫事业的全面领导,是我国扶贫取得巨大成效的关键原因,是我国长期以来顺利开展减贫工作的根本政治保障。我国各项扶贫方针政策都是在中国共产党的领导下,并紧紧围绕党中央的重大战略部署提出来的。

党中央通过行政指令、制度改革、宏观调控、政策激励等手段,确保扶贫工作全面部署到位,形成了从中央到地方自上而下的体制机制,用党组织坚强的领导力量为脱贫攻坚的前进方向掌舵。在党的领导下,中央总负责、各级扶贫开发机构层层落实责任、省市县乡共同发力,扶贫开发自上而下直达基层的体系充分发挥了制度优势和体制优势,体现了社会主义的优越性。[①]

第一，明确政府领导的责任体系。坚持政府主导的扶贫开发不仅完善了减贫工作的组织保障，通过贫困地区的扶贫成果直接关系到政府各部门绩效考核的方式，在组织结构上形成了有效的激励和约束机制，还为我国减贫工作提供了充分的政策支持。我国采取中央、省、市、县四级财政转移支付体系，将有关资金、技术、人才等扶贫资源的相关政策和工作层层落实，精准对接到贫困地区。通过加强政府领导，建立健全了从中央到地方的扶贫工作领导机构和工作机构，实行各级政府扶贫工作首长负责制和资金、任务、权力、责任"四个到省"的扶贫工作责任制。我国 1982 年设立国务院三西地区农业建设领导小组；1986 年设立国务院贫困地区经济开发领导小组；1993 年调整为国务院扶贫开发领导小组；2015 年，国务院扶贫开发领导小组成员单位扩展到 40 多个政府部门和相关单位，助力我国打赢脱贫攻坚战。在中央政府设置减贫专门机构的同时，各省、市和县级政府也相应地设置了扶贫开发领导小组和办公室，形成了自上而下的多部门减贫机构体系，按照中央统筹、省负总责、市县抓落实的领导责任制开展扶贫工作。

第二，落实自上而下的政策体系。我国在精准脱贫的实施过程中，形成了中共中央国务院《关于打赢脱贫攻坚战的决定》（2015 年 11 月 29日）、国务院《"十三五"脱贫攻坚规划》和中共中央国务院发布的 13 个配套文件、"1+N"的政策措施等政策体系。"1+N"脱贫攻坚政策文件涉及产业发展、易地搬迁、劳务输出、交通水利、健康教育、金融保险、农村危房改造、科技创新、土地增减挂钩、水电矿产资源开发的资产收益等多方面的扶贫政策。我国从中央到地方系统配套的政策体系层层传导、层层落实，通过打好政策组合拳来解决扶贫中的难题，强化脱贫攻坚支撑体系。通过中央进行集中统一决策，地方执行中央指令，保证了

① 公丕宏、公丕明：《论中国特色社会主义扶贫实践和理论》，《上海经济研究》2017 年第 9 期。

扶贫开发政策在全国范围内的统一性,确保了各级单位层层推动,实现国家政策的有效贯彻落实。中央和地方分工明确、权责明晰,在逐级政策体系的指导下,提高了减贫的工作效率。同时,地方在执行减贫政策的过程中,自上而下的政策体系确保了地方实施减贫工作的权威性,有利于动员社会多方力量共同推进扶贫进程。

第三,确保多方发力的政策保障。我国完成脱贫攻坚任务除了大方向指引和财政资金的直接支持外,还需要相应的政策支撑,其中包括经济发展政策、产业发展政策、区域合作政策、土地政策、教育政策、交通政策、融资政策、社会保障政策等,这些政策在整个精准脱贫工作中产生了重要作用。

一是实施促进经济发展政策。为推动我国经济增长,我国采取了土地改革、劳动力转移就业、普遍获得的基础设施三个方面的政策。(1)在土地改革方面,我国在1980年前后实施了家庭联产承包责任制,土地所有权由集体所有,农户享有土地的使用权和收益权,提高了农业活动中的积极性,解放了农村生产力,促进了农民收入的增长。(2)在劳动力转移就业方面,我国在1984年后就逐步放松了人口管理,允许农村人口向城市流动,推动了农村劳动力的转移,实现了农村人口的致富,在推进我国城镇化进程的同时,也推进了我国农村人口大规模的减贫。在脱贫攻坚时期,我国也通过引导劳务输出实现脱贫目标。加大劳务输出培训投入,支持贫困地区建设县乡基层劳动就业和社会保障服务平台,引导和支持用人企业在贫困地区建立劳务培训基地,开展好订单定向培训,建立和完善输出地与输入地劳务对接机制。(3)在普遍获得的基础设施方面,我国开展了基础设施类扶贫专项工程。对居住在生存条件恶劣、生态环境脆弱、自然灾害频发等地区的农村贫困人口,加快实施易地扶贫搬迁工程;加快交通、水利、电力建设,推动国家铁路网、国家高速公路网连接贫困地区的重大交通项目建设,实现绝大多数贫困乡镇和有集贸市场、商品产地的地方通公路，基本解决人畜饮水困难问题，保障了饮水安全，消灭无电县并使绝大多数贫困乡通电，加强了对农村水电建设等方面的支持力度。

二是实施公共服务保障政策。为了阻断贫困的代际传递，我国采取了教育、卫生和社会保障三项重要的民生保障社会政策。（1）我国实施了教育扶贫政策，通过加强教育来促进脱贫，通过实施教育扶贫工程，让贫困家庭子女都能接受公平有质量的教育，阻断贫困代际传递。国家教育经费向贫困地区、基础教育倾斜。健全学前教育资助制度，稳步推进贫困地区农村义务教育阶段学生营养改善计划。加大对乡村教师队伍建设的支持力度，推动城乡教师合理流动和对口支援。改善贫困地区农村中小学校基本办学条件，加快标准化建设，加强寄宿制学校建设，提高义务教育巩固率。普及高中阶段教育，率先从建档立卡的家庭经济困难学生实施普通高中免除学杂费、中等职业教育免除学杂费，让未升入普通高中的初中毕业生都能接受中等职业教育。加强有专业特色并适应市场需求的中等职业学校建设，提高中等职业教育国家助学金资助标准。我国还针对民族地区建立了专门的教育政策，扩展民族地区免费教育年限，制定专门的教育援藏、教育援疆政策，开展民族贫困地区的东西部对口帮扶，实施少数民族预科和少数民族高层骨干人才培养计划。（2）我国实施了健康扶贫政策。开展医疗保险和医疗救助脱贫，实施健康扶贫工程，保障贫困人口享有基本医疗卫生服务，努力防止因病致贫、因病返贫。对贫困人口参加新型农村合作医疗个人缴费部分由财政给予补贴。新型农村合作医疗和大病保险制度对贫困人口实行政策倾斜，将贫困人口全部纳入重特大疾病救助范围，使贫困人口大病医治得到有效保障。建立贫困人口健康卡。（3）我国实施了社会保障制度。通过实行农村最低生活保障制度实现兜底脱贫。对无法依靠产业扶持和就业帮助脱贫的家庭实行政策性保障兜底。加大农村低保省级统筹力度。进一步加强农村低保申请家庭经济状况核查工作，将所有符合条件的贫困家庭纳入低保范围，做到应保尽保。加大临时救助制度在贫困地区落实力度，在有条件、有需求地区实施"以粮济贫"。

三是推动形成"三位一体"大扶贫格局。"三位一体"是指专项扶贫、行业扶贫、社会扶贫等多方力量、多措并举的有机结合和互为支撑的扶贫格局。（1）专项扶贫，包括易地扶贫搬迁、整村推进、以工代赈、产业扶贫、就业促进、革命老区建设、"雨露计划"、"春风行动"等。如："以工代赈"的专项扶贫政策，即通过国家投入建设农村小型基础设施工程，贫困农民参与工程建设，实现农村地区基础设施建设的完善，为贫困地区经济发展创造良好条件，为贫困农民带来劳务报酬，大大提高了农村贫困地区自我发展的能力和动力。2014年以来，对扶贫对象实施扶贫贷款贴息和小额信贷政策，向建档立卡贫困户提供5万元以下、3年以内，免担保、免抵押、基准利率放贷、财政贴息、县级用财政扶贫资金建立风险补偿金的信用贷款，主要用于支持有意愿贷款的建档立卡贫困户发展产业、增加收入。（2）行业扶贫，明确部门职责、发展特色产业、开展科技扶贫、完善基础设施、发展教育文化事业、改善公共卫生和人口服务管理、完善社会保障制度、重视能源和生态环境建设等。（3）社会扶贫，加强包括中央国家机关在内的各级党政机构、国有企业的定点扶贫和对口帮扶，推进东西部扶贫协作，发挥军队和武警部门的作用，动员企业和社会各界参与扶贫等。

第三节　全社会支持扶贫的资金投入体系

坚持加大资金投入，强化资金支持，是我国顺利实现脱贫的基础保障。针对扶贫资金投入的问题，习近平总书记强调："要加大中央和省级财政扶贫投入，坚持政府投入在扶贫开发中的主体和主导作用，增加金融资金对扶贫开发的投放，吸引社会资金参与扶贫开发。要积极开辟扶贫开发新的资金渠道，多渠道增加扶贫开发资金。"[1]在扶贫开发工作的持续推进中，我国积极动员全社会支持扶贫工作，形成了财政资金、金融资金、社会资金共同支持的资金投入体系。

第一，不断加大财政资金投入力度。中国共产党和中国政府深刻认识到财政投入在解决贫困问题中的关键作用，充分运用财政投入这一扶贫政策手段，不断完善财政扶贫的治理逻辑，构建起了精准合理的财政扶贫治理体制机制。中共中央、国务院在《关于打赢脱贫攻坚战的决定》中决定加大财政扶贫投入力度。政府投入在扶贫开发中具有主体和主导作用，我国积极开辟扶贫开发中新的资金渠道，确保政府扶贫投入力度与脱贫攻坚任务相适应。通过中央财政持续加大对贫困地区的转移支付力度，中央财政专项扶贫资金规模实现了较大幅度增长，实现了一般性转移支付资金、各类涉及民生的专项转移支付资金和中央预算内投资进一步向贫困地区和贫困人口倾斜，保障了扶贫工作的巨大资金需求。2019年中央财政专项扶贫资金投入共计1260.95亿元，4年间每年净增加200亿元，省市县投入达到2000多亿元。自2013年精准扶贫方略实施以来到2019年，我国中央财政专项扶贫资金投入总额达到3850亿元，年均增长21%，省一级专项扶贫资金年均增长达到了30%以上。自提出并开展打赢脱贫攻坚战8年来，中央、省、市、县财政专项扶贫资金累计投入近1.6万亿元，其中中央财政累计投入6601亿元。我国政策规定农业综合开发、农村综合改革转移支付等涉农资金要明确一定比例用于贫困村，并要提高贫困县扶贫资金项目审批权限，提高县级统筹使用自主权。2016年国务院印发《关于支持贫困县开展统筹整合使用财政涉农资

---

[1] 中共中央党史和文献研究院编：《习近平扶贫论述摘编》，中央文献出版社，2018，第88~89页。

金试点的意见》，2017 年试点在全国 832 个贫困县全面推开。2016—2019 年，我国贫困县整合财政涉农资金累计 1.1 万亿元。各部门安排的各项惠民政策、项目和工程，要最大限度地向贫困地区、贫困村、贫困人口倾斜。各省（自治区、直辖市）要根据本地脱贫攻坚需要，积极调整省级财政支出结构，切实加大扶贫资金投入，保障脱贫攻坚任务的如期完成。

第二，严格落实精准高效资金投放。我国从 2016 年起通过扩大中央和地方财政支出规模，增加对贫困地区水、电、路、气、网等基础设施建设和提高基本公共服务水平方面的投入。2016 年我国中央财政专项扶贫资金达到 667 亿元，省级财政专项扶贫资金达到 493.5 亿元，总专项扶贫资金首次达到 1000 亿元以上，实现了大幅度的扶贫资金投入增长。建立健全脱贫攻坚多规划衔接、多部门协调长效机制，整合目标相近、方向类同的涉农资金。按照权责一致原则，支持连片特困地区县和国家扶贫开发工作重点县围绕本县突出问题，以扶贫规划为引领，以重点扶贫项目为平台，把专项扶贫资金、相关涉农资金和社会帮扶资金捆绑集中使用。严格落实国家在贫困地区安排的公益性建设项目取消县级和西部连片特困地区地市级配套资金的政策，并加大中央和省级财政投资补助比重。在扶贫开发中推广政府与社会资本合作、政府购买服务等模式。地方政府为符合条件的贫困人口代缴养老保险，将贫困人口纳入城镇居民基本医疗保险、大病保险和医疗救助的保障范围，防止出现因病致贫和因病返贫的现象。党的十八大以来，我国综合保障体系逐步健全，贫困县农村低保标准全部超过国家扶贫标准，1936 万贫困人口纳入农村低保或特困救助供养政策，2000 多万贫困患者得到分类救治，2400 多万困难和重度残疾人拿到了生活和护理补贴。

第三，持续开发金融资金支持方式。金融资金对推动贫困地区经济发展具有关键作用，是实现长效脱贫的动力所在。首先，我国不断加大金融扶贫力度，鼓励和引导商业性、政策性、开发性、合作性等各类金融机构加大对扶贫开发的金融支持。国家运用多种货币政策工具，向金融机构提供长期的、低成本的资金，用于支持扶贫开发。通过定向降准、再贴现、差别存款准备金率、支持农业和小微企业再贷款、差异化监管等货币政策工具吸引金融资源向贫困地区转移，增强贫困地区金融机构活力，降低贫困地区的社会融资成本，满足贫困地区农户和小微企业的融资需求，并组织开展金融扶贫示范县、支农再贷款示范区等金融扶贫攻坚行动，通过探索构建金融扶贫主办行制度保障贫困地区的金融机构能够精准对接特色产业、扶贫项目和新型农业经营主体的金融需求。通过设立扶贫再贷款，实现了比支农再贷款更优惠的利率，重点支持贫困地区发展特色产业以及贫困人口就业创业。自打响脱贫攻坚战以来，我国土地增减挂钩指标跨省域调剂和省域内流转资金 4400 多亿元，扶贫小额信贷累计发放 7100 多亿元，扶贫再贷款累计发放 6688 亿元，金融精准扶贫贷款发放 9.2 万亿元。其次，通过运用适当的政策安排，动用财政贴息资金及部分金融机构的富余资金，对接政策性、开发性金融机构的资金需求，拓宽扶贫资金来源渠道。针对我国的易地扶贫搬迁政策，国家开发银行和中国农业发展银行发行了政策性金融债，按照微利或保本的原则发放长期贷款，中央财政给予 90% 的贷款贴息。国家开发银行、中国农业发展银行分别设立"扶贫金融事业部"，依法享受税收优惠。中国农业银行、邮政储蓄银行、农村信用社等金融机构通过延伸服务网络，创新金融产品，增加了贫困地区的信贷投放。通过"过桥贷款"撬动信贷资金投入以支持还款来源稳定的扶贫项目，并按照省（自治区、直辖市）负总责的要求完善和支持省级扶贫开发的投融资主体。我国财政按照基础利率贴息支持金融机构为贫困户提供了低利率免抵押免担保的小额信贷用于发展生产，并为贫困户提供了低保费费率的农业保险，为农业生产保驾护航。我国优先支持贫困地区村镇银行和小额贷款公司等金融机构的设立和农民资金互助组织的发展，积极开展农民合作社信用合作试点，同时还扩大了创业担保贷款、助学贷款、妇女小额贷款、康复扶贫贷款的规模。再次，发展普惠金融，增强贫困地区的金融服务水平。普惠金融在提升金融服务的覆盖率、满足人民群众日益增长的金融需求、提升人民群众对金融服务的满意度，以及实现农民、小微企业、城镇低收入群体和老弱病残人员按照合理价格便捷获取金融服务和共享金融发展成果方面发挥着至关重要的作用。我国农村金融创新改革步伐不断加快，通过降低银行准入门槛鼓励运用民间资本成立民营银行，发展民间融资，促进市场竞争，在贫困地区设立了村镇银行、小额贷款公司等中小微金融机构。普惠金融机构体系中包含了大中小型金融机构，力争提供全方位的金融供给。贫困地区不断创新各类产权金融产品，不断扩大抵押物品的种类和范围，还针对不同的贫困群体设计了更加贴合其实际情况的金融服务和产品，使得金融产品汇集了各个贫困地区和贫困人口的金融需求。与此同时，政府鼓励贫困地区符合条件的企业通过各类债券性融资工具拓宽直接融资渠道。为完善贫困地区支付环境，逐步通过手机网络支付等新型支付方式发展非现金支付工具，并通过进一步落实银行卡助农取款和农民工银行卡特色服务等业务，不断提升贫困地区的金融服务质量。

除此之外，按照金融扶贫的可持续性原则，要建立健全风险分散补偿机制，做好金融风险防控。政府支持贫困地区设立扶贫贷款风险补偿基金，并出资设立融资担保机构开展扶贫担保业务，发展扶贫小额贷款保证保险，补助贫困户保证保险保费，支持贫困户发展农业生产。商业性担保机构积极扩展符合贫困地区特点的担保业务，建立各类产权流转交易和抵押登记服务平台，做好金融机构经营风险的防范化解，促进贫困地区金融机构的良性经营。中央财政通过以奖代补支持贫困地区特色农产品保险发展，扩大了农业保险的覆盖面，并不断支持贫困地区开展特色农产品价格保险，有条件的地区还给予了一定的保费补贴，贫困地区抵押物担保范围也得到了有效拓展。

第四，积极扩大社会资金参与形式。在中央扶贫政策安排下，先富裕起来的地区提供的对口贫困地区的帮扶资金、企业捐赠资金、彩票公益金等共同构成了我国的扶贫社会资金。但随着扶贫攻坚越往后，难度逐渐提高，所需要的资金规模越来越高，这个时候就必须多渠道开发社会资金，比如采取 PPP 项目、扶贫彩票、公共捐款等方式，在脱贫攻坚的决胜时期，充分发挥资本市场支持贫困地区发展的作用，使得脱贫攻坚获得多渠道、多样化的资金投入。脱贫攻坚战期间，我国东部 9 省市共向扶贫协作地区投入财政援助和社会帮扶资金 1005 亿多元，东部地区企业赴扶贫协作地区累计投资 1 万多亿元。

我国通过建立社会保险、社会救助、社会福利制度，并通过慈善机构和社会的帮扶形成扶贫综合保障体系，在全社会支持扶贫工作的大背景下形成了财政资金和社会资金共同支撑的投入体系，构建并完善了精准多元的财政扶贫体系和多位一体的金融扶贫机制。全社会支持扶贫的资金投入体系通过汇集多方力量的资金投入，保障了脱贫攻坚中的资金支持，使得我国扶贫工作能够持续推进。

第四节　明确扶贫机制与实施方案的工作体系

坚持精准扶贫、精准脱贫方略中的"精准"要求，明确扶贫机制与实施方案，体现了实事求是的思想路线，是我国实现快速高效减贫的核心保障。2014 年 5 月，国务院扶贫办制定了《建立精准扶贫工作机制实施方案》，设立了通过对贫困户和贫困村精准识别、精准帮扶、精准管理和精准考核，从而引导各类扶贫资源优化配置，以实现扶贫到村到户，并逐步构建精准扶贫工作长效机制的目标任务。

第一，坚持实行精准方略，切实提高脱贫时效。我国制定了抓好六个精准扶贫的要求，即扶持对象精准、项目安排精准、资金使用精准、措施到户精准、因村派人（第一书记、驻村干部）精准、脱贫成效精准，确保各项政策好处落到扶贫对象身上。按照贫困地区和贫困人口的具体情况，通过实施"五个一批"，规定了五种脱贫方式与路径，即通过"发展生产脱贫一批、易地搬迁脱贫一批、生态补偿脱贫一批、发展教育脱贫一批、社会保障兜底一批"的工程，解决好"怎么扶"的问题。截至2019年底，我国共计设置了3.9万个安置点，建成了260万套安置房，完成了960万人的易地扶贫搬迁工作，实现了930万人的顺利入住。同时，精准扶贫方略还提出了"扶持谁、谁来扶、怎么扶、如何退"四个关键问题，形成了明确扶贫机制与实施方案的工作体系，坚决杜绝"大水漫灌"式扶贫，采取因村因户因人施策的方式，通过"靶向治疗"和"精准滴灌"，从根源上解决了千年来的贫困问题。

第二，分类扶持贫困人口，精准对接扶贫需求。我国通过健全精准扶贫工作机制，保障了脱贫攻坚工作的顺利实施。我国按照扶持对象精准、项目安排精准、资金使用精准、措施到户精准、因村派人精准、脱贫成效精准的要求，使建档立卡贫困人口中有5000万人左右通过产业扶持、转移就业、易地搬迁、教育支持、医疗救助等措施实现了脱贫。针对其余完全或部分丧失劳动能力的贫困人口，则实行社保政策兜底脱贫。对建档立卡贫困村、贫困户和贫困人口，我国定期进行全面核查，建立精准扶贫台账，实行"有进有出"的动态管理。

第三，严格退出考核机制，坚决防范返贫风险。通过建立贫困户脱贫认定机制，对已经脱贫的农户，在一定时期内让其继续享受扶贫相关政策，避免出现边脱贫、边返贫现象，切实做到"应进则进、应扶则扶"。同时抓紧制定了严格、规范、透明的国家扶贫开发工作重点县退出标准、程序、核查办法。规定了重点县的退出，要由县提出申请，市（地）初审，省级审定，报国务院扶贫开发领导小组备案。重点县退出后，在攻坚期内国家原有扶贫政策保持不变，抓紧制定了攻坚期后国家帮扶政策，防止出现返贫现象。我国通过加强对扶贫工作绩效的社会监督，主动开展贫困地区群众扶贫满意度调查，建立对扶贫政策落实情况和扶贫成效的第三方评估机制，严格了退出机制。我国通过脱贫质量来评价精准扶贫成效，而不是仅仅关注脱贫的数量，对贫困县退出工作中出现的弄虚作假搞"数字脱贫"的情况严肃追究责任。

明确扶贫机制与实施方案的工作体系保障了我国的脱贫攻坚工作按照体系要求从多个维度同时顺利开展，切实将扶贫工作落到了实处，确保了精准脱贫的有序和顺畅执行，实现了扶贫主体和扶贫对象的精准对接，提高了我国扶贫工作的效率，强化了我国扶贫开发的成果，体现了精准扶贫的优势所在。

第五节　全面从严治党督查巡视的监督体系

"抓好党建促脱贫攻坚，是贫困地区脱贫致富的重要经验。""开展督查巡查，及时发现解决问题，对推动中央脱贫攻坚决策部署扎实落地具有重要作用。"[1]精准脱贫战略要求落实好全面从严治党、督查巡视，抓作风建设，抓党建促脱贫的监督体系。在脱贫攻坚方略的实施过程中，中央针对扶贫开发各项工作出台了脱贫攻坚督查巡查工作办法等一系列监督措施，逐步建立起了我国的脱贫攻坚监督体系。

第一，经常监督巡查，确保脱贫过程扎实。全面从严治党是党的十八大以来党中央作出的重大战略部署，是"四个全面"战略布局的重

---

[1] 中共中央党史和文献研究院编：《习近平扶贫论述摘编》，中央文献出版社，2018，第42、115页。

要组成部分，也是全面建成小康社会、全面深化改革、全面依法治国顺利推进的根本保证。习近平总书记强调，要把全面从严治党要求贯穿脱贫攻坚全过程，强化作风建设，确保扶贫工作务实、脱贫过程扎实和脱贫结果真实。中共中央、国务院《关于打赢脱贫攻坚战的决定》中指出，要严格扶贫考核督查问责。要出台中央对省（自治区、直辖市）党委和政府扶贫开发工作成效考核办法，建立年度扶贫开发工作逐级督查制度，选择重点部门、重点地区进行联合督查，对落实不力的部门和地区，国务院扶贫开发领导小组要向党中央、国务院报告并提出责任追究建议，对未完成年度减贫任务的省份要对党政主要领导进行约谈。各省（自治区、直辖市）党委和政府出台了对贫困县扶贫绩效考核办法，大幅度提高了减贫指标在贫困县经济社会发展实绩考核指标中的权重，建立了扶贫工作责任清单。加快落实了对限制开发区域和生态脆弱的贫困县取消地区生产总值考核的要求，落实了贫困县约束机制，严禁铺张浪费，厉行勤俭节约，严格控制"三公"经费，坚决刹住穷县"富衙""戴帽"炫富之风，杜绝不切实际的形象工程。建立起了重大"涉贫事件"的处置、反馈机制，在处置典型事件中发现问题，不断提高扶贫工作水平。通过加强农村贫困统计监测体系建设，提高了监测能力和数据质量，实现了数据共享。国务院扶贫开发领导小组在全国各地开展了脱贫攻坚督查巡查，中央巡视以脱贫攻坚为重点，我国八个民主党派中央分别负责开展八个中西部省区的脱贫攻坚民主监督。国务院扶贫办配合人大、政协、民主党派、纪检监察、审计、检察开展扶贫监督工作，并设立了"12317"举报电话，接受全社会监督。

第二，监督资金使用，确保扶贫款项到位。针对扶贫资金的使用，我国注重加强财政监督检查和审计、稽查、评估、考核和问责等工作，建立了扶贫资金违规使用责任追究制度，并充分发挥市场机制和社会组织的作用，提高资源配置效率。我国涉农资金在脱贫攻坚中坚持按照

"多规划衔接、多部门协调、同目标结合"的原则进行整合，并以扶贫项目为平台集中捆绑使用相关涉农资金、专项扶贫资金和社会帮扶资金，同时还在扶贫开发中不断推广政府和社会资本合作、政府购买等模式，实现了财政资源的多元化立体式整合。针对贫困地区的公益性建设项目，国家取消了县级和西部连片特困地区地市级配套资金的政策，并加大了中央和省级财政投资补助。纪检监察机关坚决从严惩处扶贫领域虚报冒领、截留私分、贪污挪用、挥霍浪费等违法违规问题，不断推进扶贫开发领域反腐倡廉建设，集中整治和加强预防在扶贫领域中的职务犯罪。我国在贫困地区建立了扶贫公告公示制度，强化社会监督，保障了扶贫资金的专款专用。

全面从严治党是确保扶贫成效的关键，在我国全面建成小康社会、实现全面脱贫的关键时期，发挥了不同行业主管部门、驻村帮扶干部、乡镇基层扶贫干部等各方面的监督监管作用，始终强化作风建设，加强农村基层党组织建设，构建了全面从严治党督查巡视的监督体系，保证了扶贫过程的扎实推进，保证了脱贫攻坚按质按量顺利完成。

第六节　严格规范的脱贫成果考核体系

精准扶贫，目的在于精准脱贫。已脱贫的农户精准有序退出也是非常重要的环节。在这方面，要通过细致调查、群众评议，明确已真正稳定脱贫的户和人，既不能使尚未脱贫的人退出，也不能让已稳定脱贫的人继续"戴帽"。所以，构建严格规范的脱贫成果考核体系尤为重要。针对扶贫工作的检查监督考核，习近平总书记指出："要实施最严格的考核评估，坚持年度脱贫攻坚报告和督查制度，加强督查问责，对不严不实、弄虚作假的严肃问责。"①我国精准脱贫的考核体系由三个考核办法和四种考核方式组成，通过该考核体系来执行好精准脱贫工作的各项任务。三个考核办法即省级党委和政府扶贫开发工作成效考核办法、东西部扶贫协作考核办法、中央定点扶贫考核办法。四种考核方式即省际交叉考核、第三方评估、财政扶贫资金绩效评价、媒体暗访或社会评价财政资金。

第一，制定省级党委和政府扶贫开发工作成效考核办法。我国在脱贫成果考核中切实贯彻执行中央对省（自治区、直辖市）党委和政府扶贫开发工作成效考核办法。中共中央办公厅、国务院办公厅《省级党委和政府扶贫开发工作成效考核办法》要求中西部 22 个省（自治区、直辖市）党委和政府扶贫开发工作成效的考核，要围绕落实精准扶贫、精准脱贫基本方略，坚持立足实际、突出重点，针对主要目标任务设置考核指标，注重考核工作成效。在考核过程中坚持客观公正、群众认可，规范考核方式和程序，充分发挥社会监督作用。考核工作应该坚持结果导向、奖罚分明，实行正向激励，落实责任追究，促使省级党委和政府切实履职尽责，改进工作，坚决打赢脱贫攻坚战。省级党委和政府扶贫开发工作成效的考核于每年年底开始实施，次年 2 月底前完成，通过省级总结、第三方评估、数据汇总、综合评级、沟通反馈的步骤，进行对建档立卡贫困人口数量减少、贫困县退出、贫困地区农村居民收入增长情况、建档立卡贫困人口识别、退出精准度、对驻村工作队和帮扶责任人帮扶工作满意度的考核，以及依据财政专项扶贫资金绩效考评办法，考核各省（自治区、直辖市）扶贫资金安排、使用、监管和成效等；对于考核中出现问题的情况则由国家扶贫开发领导小组提出处理意见，必要时组织对扶贫开发工作成效不佳的省级党委和政府进行约谈，有效促进了全国脱贫攻坚的开展。

第二，制定东西部扶贫协作考核办法。《东西部扶贫协作考核办法》

---

① 习近平：《在深度贫困地区脱贫攻坚座谈会上的讲话》，《人民日报》2017 年 9 月 1 日。

中规定了自 2017 年起到 2020 年由国务院扶贫开发领导小组每年统一组织一次东西部扶贫协作的考核工作,通过省市总结、交叉考核和综合评议的考核步骤,对东部地区和西部地区在帮扶行动中的组织领导、人才支援、资金支持、产业合作、劳务协作、携手奔小康六个方面进行考核,激励了扶贫协作中先进的地区,并对后进省份起到了鞭策作用,推动了东西部扶贫协作的各地区深入贯彻落实精准扶贫、精准脱贫的基本方略,有利于下一步扶贫工作的开展,加大了对后进地区的帮扶力度,提升了各地区帮扶水平,促进了西部贫困地区顺利脱贫。

第三,制定中央定点扶贫考核办法。国务院扶贫开发领导小组自 2017 年到 2020 年,根据《中央单位定点扶贫工作考核办法》,通过单位总结、分类考核、综合评议的方法,对承担定点扶贫的中央单位的帮扶成效、组织领导、选派干部、督促检查、基层满意情况和工作创新六个方面进行每年一次的严格考核,进一步压实了中央单位的帮扶责任,推动加大了帮扶力度,实现中央单位的帮扶进一步向深度贫困地区倾斜,向农村基层延伸。

第四,建立财政扶贫资金绩效评价。财政扶贫资金绩效评价在突出脱贫成效,强化监督管理,保证财政专项扶贫资金管理使用的安全性、规范性和有效性方面发挥了重要作用。遵循聚焦精准、突出成效,科学规范、公正公开,分类分级、权责统一,强化监督、适当奖励的原则,对资金投入、资金拨付、资金监管、资金使用成效等方面的情况进行评价,并将资金绩效评价结果纳入省级党委和政府扶贫工作成效考核,作为财政专项扶贫资金分配的因素之一。财政扶贫资金绩效评价帮助各省根据绩效评价结果,及时总结经验,认真改进不足,提高管理水平和资金使用效益。

第五,建立第三方评估。贫困县摘帽需进行第三方评估,第三方评估由国务院扶贫开发领导小组委托有关科研机构和社会组织,采取专项调查、抽样调查和实地核查等方式，对相关考核指标进行评估。第三方评估工作紧紧围绕"两不愁三保障"的总体要求，重点评估"三率一度"，漏评率低于1%，错退率要低于2%，综合贫困发生率低于3%，群众满意度高于90%。第三方主要按照中央和国家机关落实《关于打赢脱贫攻坚战的决定》中的政策措施情况开展评估，及时把控脱贫攻坚中存在的问题，以便于制定解决方案，并通过激励先进的方式推进脱贫攻坚工作的开展。

严格规范的脱贫成果考核体系为我国贫困县和贫困人口的脱贫把好了质量关，既严格了脱贫的成效考核，帮助实现贫困地区真脱贫和脱真贫，确保了扶贫成果的真实有效，又为防止我国脱贫人口返贫提供了保障，有利于不断监督和激励各级政府部门单位和地区的扶贫工作，帮助国家不断改进扶贫政策和措施。

第六章
持续改革开放的市场因素

第一节　深化农业农村改革，增强贫困地区发展能力

第一，深化农村土地制度改革。1950年，我国颁布了《中华人民共和国土地改革法》，开展了土地所有制改革，使得农村土地占有关系发生了改变，解放了农村地区长期以来被束缚的生产力。1980年左右，我国逐步开始实施家庭联产承包责任制，开启了农村经济改革，大大解放和发展了农村生产力，消除了平均主义的弊端，利用经济增长的涓滴效应推动减贫。两次农村土地改革都释放了生产要素活力、提升了生产率，使农民在农业经营中可以增加收入，改善了农民生活，推动了我国的减贫事业，在农业农村改革历史上占据着重要地位。1952年，我国在全国范围完成了土地改革，粮食总产量从1949年的11318万吨增加到16392万吨。1984年中央一号文件提出延长土地承包期15年，1993年国家明确在第一轮土地承包到期后再延长30年，2019年国家再次明确在第二轮土地承包到期后再延长30年。在实行"三权分置"和允许土地流转的土地政策背景下，农村土地延包政策和农村土地承包经营权确权登记颁证保障了农民长期稳定的土地流转收入，提高了土地承包经营权抵押贷款额度，为贫困地区农民脱贫致富提供了强有力的支持。

第二，深化农村经济体制改革。1956年，我国在社会主义改造中完成了对农业、手工业、资本主义工商业的改造，确立了以公有制为基础的社会主义基本经济制度，推动了农村地区的经济发展。1978年，我国开展了农产品价格形成和流通体制的市场化改革，逐步取消农产品统购

派购制度，允许农产品在市场流通，提高了农民的收入，改善了农村地区的贫困问题。1983年，我国开始逐渐废除实行了25年的人民公社体制，建立了乡镇政府和农民委员会。在所有制改革的背景下，我国大力发展乡镇企业和非农产业，乡镇企业在20世纪70年代后期取得了巨大的发展，为农民创收提供了平台。此后，我国进一步采取了深化土地制度改革、农村经营制度改革、取消农业税等措施，激发了广大贫困人口的积极性、主动性和创造性。我国允许贫困县剩余的建设用地指标采取跨省交易的方式来进行有偿转让，在深度贫困地区，2019年实现了600亿元的城乡用地指标交易资金。

第三，深化农业农村结构性改革。通过深化贫困地区结构性改革来增强脱贫发展能力，要求要贯彻协调发展理念，促进总量与结构、数量与质量、速度和效益的有机统一。推进结构性改革是惠农强农的必然路径，要不断增强贫困地区经济持续增长动力，推动贫困地区生产力水平实现整体跃升。我国积极推进农业供给侧结构性改革，从供给端发力，提高农业供给体系质量和效率，通过减少无效和低端供给、扩大有效和中高端供给，增强了供给结构对需求变化的适应性和灵活性，提高了全要素生产率。除此之外，我国还推进了贫困地区资源收益分配结构性改革、调整完善了资源开发收益分配政策，更多地让贫困群众分享改革的成果。

第四，深化农村公共服务改革。由于贫困地区在居民收入、公共服务、社会事业等方面与其他地区存在较大差距，解决农村贫困人口脱贫和区域性整体贫困问题就需要补上公共服务短板，我国加大贫困地区公共服务供给，在重大工程、重大项目方面向集中连片特困地区倾斜，解决制约发展的突出矛盾和问题，增强其经济社会发展支撑能力，为贫困群众发展生产、改善生活创造有利条件。

在逐步深化农业农村改革的过程中，释放出了巨大的改革红利，增强了贫困地区发展能力。我国东部地区首先取得了巨大的发展成就，实现了收入的极大提升和地区的快速发展。中西部地区奋起直追，在不断地推进改革中，也实现了农村贫困地区的极大发展。

第二节　大力发展特色产业，打造扶贫开发新引擎

产业扶贫能够将土地、资本、劳动力等生产要素有机结合起来，是"输血式扶贫"向"造血式扶贫"转换的关键举措，有利于贫困群众主动参与脱贫致富，有效保障了脱贫成果的长期稳定性和抗逆性。[①] 我国积极推进贫困地区特色产业发展，通过创新培育发展新动力、塑造更多发挥先发优势的引领型发展，来打造脱贫发展引擎。产业扶贫是我国开发式扶贫的重点工作，通过产业扶贫建立起来的特色产业增强了贫困地区的发展能力，构建了贫困地区的经济支撑体系，形成了推动我国减贫工作顺利开展的新引擎，同时还增加了贫困群众的收入来源，为群众的富裕生活提供了经济基础保障。到 2019 年 10 月，我国累计开展 98 万多个扶贫产业项目，惠及 92% 的贫困户。截至 2020 年 10 月，全国 832 个贫困县累计开展产业扶贫项目超过 100 万个，建成各类产业扶贫基地超过 30 万个，产业扶贫成为脱贫攻坚中政策力度最大、覆盖面最广、带动人口最多的扶贫举措。

第一，大力发展农村特色产业。贫困地区要真正脱贫，需要有产业支撑，没有产业支撑的扶贫很难保证不返贫。发展特色产业，实施产业扶贫，是落实精准扶贫和实现贫困群众增收脱贫的关键措施。结合贫困地区的自然资源和外部投入的生产要素来发展特色产业脱贫，是我国减贫之路上形成贫困地区经济支柱的重要方式。我国制定了贫困地区特色产业发展规划，政府通过出台一系列专项政策，增加财政资金的投入，

---

① 《中国共产党领导脱贫攻坚的经验与启示》，当代世界出版社，2020，第 7 页。

通过贴息贷款的方式促成金融企业向贫困地区倾斜，统筹使用涉农资金，重点支持贫困村、贫困户因地制宜发展种养业和传统手工业等，并结合实际制定贫困地区特色产业发展规划，加大政策扶持力度，来实施贫困村"一村一品"产业推进行动，进而扶持建设一批贫困人口参与度高、受益度高的特色农业基地，通过产业发展带动贫困人口脱贫致富。比如在荒山荒漠面积广阔、光照资源丰富的地区，发展光伏发电，农户用电不花钱，多余的电还能卖钱。我国贫困地区在此基础上通过培育农民合作社和龙头企业，强化与贫困户的利益联结机制，来带动贫困人口脱贫增收。

第二，推进农村产业结构优化升级。合理的产业结构是贫困地区长远发展的基础，我国持续优化贫困地区产业结构，大力发展具有地方特色和市场前景广阔的优势产业。通过支持贫困地区发展农产品加工业，积极开发新产业、新业态，推动乡村旅游文化产业、健康养老产业的发展，承接产业转移，加快一、二、三产业融合发展，让贫困户更多分享农业全产业链和价值链增值收益。贫困地区依托特有的自然人文资源，深入实施乡村旅游扶贫工程，运用旅游带来的创收实现了脱贫目标。

第三，加快推进农业产业现代化建设。我国大力推进农业现代化，加快现代科技在贫困地区的推广应用，让农业经营有效益，让农业成为有奔头的产业。通过积极培育贫困地区农民合作组织，鼓励企业从事农业产业化经营，探索企业与贫困农户建立利益联结机制，促进贫困农户稳定增收。进一步探索将财政资金投入设施农业、规模养殖等项目形成的资产折股量化给贫困村和农户，让他们分享农业现代化的红利。

第三节　推动市场体系建设，多渠道增加贫困群体收入

第一，深化经济体制改革，注重市场机制建立。我国减贫工作在发挥好政府主导作用的同时，还注重市场机制的建立。改革开放以来，我国通过经济体制改革，实现了由计划经济体制向市场经济体制的转变，逐步放开商品流通市场，以市场需求为导向建立农产品价格机制，调整农产品生产，鼓励和引导了乡镇企业的建设，推动了农村地区的产业发展，拓宽了农民群众的就业渠道，增加了贫困群体的收入。在市场体系下，农村劳动力得以向城镇流动，实现了大量农业人口的非农就业，在提高农村贫困人口收入方面具有重要作用，为贫困人口增加收入创造了有利条件。

第二，发挥市场资源配置作用，促进农村市场体系建设。政府通过相应的政策引导扶贫资源流向贫困地区，并为贫困地区构建了公共基础设施和基本保障体系。但是为了防止过度干预和效率低下的情况发生，政府充分明确了市场在资源配置中的决定性作用，通过不断的探索和发展，通过价格机制、供求机制、竞争机制、激励机制和约束机制等市场决定资源配置的机制，引导劳动力、资本、土地、技术等生产要素投入到我国的扶贫工作当中，形成带动贫困地区发展的产业，并结合贫困地区的内生资源，促进当地经济总量增长，优化产业结构，推动市场体系建设，多渠道增加贫困群体收入。

第三，完善扶贫开发用地政策。土地在经济社会发展中发挥着极其重要的作用，同时更是农村经济发展的关键要素，土地使用规划合理、产权划定明晰，能够激发土地要素的生产潜力，提高人民收入水平，带动贫困地区的经济快速发展。《中国农村扶贫开发纲要（2011—2020年）》中确定了14个集中连片特困地区，针对这些地区间普遍存在的贫困区土

地资源集中与由于缺乏资金和技术导致土地资源开发利用率低和产业化程度低及产业不配套现象显著问题并存、土地绝对量大与土地闲置现象严重和集约利用程度低问题并存、耕地面积分布广泛与中低产田占比高和农田基础设施不完善问题并存的特殊矛盾，我国不断调整土地利用总体规划，完善扶贫开发用地政策。一是在贫困地区优先开展国土资源管理制度改革试点工作，推进国土资源管理制度改革。积极开展工矿废地、城镇低效率用地和低丘缓坡荒滩等未利用地的开发工作，开展土地流转试点，允许农业用地在承包期内转包、转让、入股、合作、租赁、互换，鼓励农民承包地向种粮大户、家庭农场、工业园区等流转，发展农业适度规模经营，实现农用地和农村建设用地的集中，通过集聚效应发挥规模优势，提高农业生产率，促成农民增收和农业发展，推动贫困地区实现农业农村现代化。二是通过城乡建设用地增减挂钩促进城乡用地结构的整体化。中央和省级在土地整治工程和项目安排、高标准基本农田建设计划和补助金分配时要向贫困地区倾斜，并完善集中连片特困地区和重点贫困县的易地扶贫搬迁政策，允许城乡建设用地增减挂钩指标的省域内调拨。三是通过加强贫困地区的土地供给管控，合理规划用地需求，集中保障安居工程用地需要，提高贫困人口住房水平。四是关注贫困地区低效利用、不合理利用和闲置土地综合整治问题，持续开展土地整治工程，提高土地利用效率。优化区域田、水、路、林的格局，开展耕地保护和集约利用，有效整治城镇工矿建设用地、农村建设用地，盘活存量建设用地供应，统筹推进城乡发展。五是加大贫困地区高标准基本农田建设力度，优化贫困地区农业生产条件。不断加强基础设施建设，在贫困地区划定基本农田集中区，实现耕地的集中连片和优化耕地的多功能布局。不断加大贫困地区农田建设投入，给予相应的政策倾斜，开发后备土地，提高耕地的数量和质量，优化粮食生产区建设，调整农业产业结构体系，在增加农业产出的同时提高农业产出质量，实现贫困地区的高质量发展。

我国基于贫困地区的资源禀赋和脱贫的现实需求，形成了以市场功能为核心的扶贫开发机制。各类市场主体通过资本投资和人才、技术、产品、服务的投入，结合和运用贫困地区丰富的自然资源和相对廉价的劳动力进行产业建造和开发，为贫困人口提供了更加充足的就业机会，拓宽了就业渠道，创造了巨大的经济价值，促进了贫困地区脱贫任务的实现。

第四节　加强基础设施建设，夯实长远发展根基

基础设施是贫困地区经济发展与脱贫的根基，要着力增强基础设施发展的整体性、协调性，处理好局部和全局、当前和长远、重点和非重点的关系，优先解决通路、通水、通电等问题，打通经济动脉，畅通农业农村发展的血脉，切实改善贫困地区的生产生活条件。我国通过不断加强贫困地区基础设施建设，夯实脱贫发展根基。中共中央、国务院在《关于打赢脱贫攻坚战的决定》中明确提出，要加强贫困地区基础设施建设，加快破除发展瓶颈制约。

第一，加强交通水电基础设施建设。在交通、水利、电力建设方面，我国不断推动国家铁路网、国家高速公路网连接贫困地区的重大交通项目建设，提高国道省道技术标准，构建贫困地区外通内联的交通运输通道。通过大幅度增加中央投资投入中西部地区和贫困地区的铁路、公路建设，继续实施车购税对农村公路建设的专项转移政策，提高贫困地区农村公路建设补助标准，加快完成具备条件的乡镇和建制村通硬化路的建设任务，加强农村公路安全防护和危桥改造，推动一定人口规模的自然村通公路，解决了群众行路难、运输难问题。在水利方面加强了贫困

地区重大水利工程、病险水库水闸除险加固、灌区续建配套与节水改造等水利项目建设。实施农村饮水安全巩固提升工程，全面解决贫困人口饮水安全问题。在电力建设上大力扶持贫困地区农村水电开发。加快推进贫困地区农网改造升级，全面提升农网供电能力和供电质量，制定贫困村通动力电规划，提升贫困地区电力普遍服务水平。增加贫困地区年度发电指标。提高贫困地区水电工程留存电量比例。加快推进光伏扶贫工程，支持光伏发电设施接入电网运行，发展光伏农业。

第二，加强信息网络基础设施建设。在信息基础设施建设方面，我国不断完善电信普遍服务补偿机制，推进"互联网+"扶贫。加快信息化步伐，把互联网思维引入到脱贫攻坚中，加大财政投入，运用PPP、委托经营等方式，实现贫困村宽带网络全覆盖。实施电商扶贫工程，加快贫困地区物流配送体系建设。支持电商企业拓展农村业务，加强贫困地区农产品网上销售平台建设。加强贫困地区农村电商人才培训。对贫困家庭开设网店给予网络资费补助、小额信贷等支持。开展互联网为农便民服务，提升贫困地区农村互联网金融服务水平，扩大信息进村入户覆盖面。

第三，加强住房条件改善和人居环境整治。在住房和人居环境方面，我国不断加快农村危房改造和人居环境整治。加快推进贫困地区农村危房改造，探索采用贷款贴息、建设集体公租房等多种方式，切实保障贫困户基本住房安全。加大贫困村生活垃圾处理、污水治理、改厕和村庄绿化美化力度。继续推进贫困地区农村环境连片整治。加大贫困地区以工代赈投入力度，支持农村山水田林路建设和小流域综合治理。以整村推进为平台，加快改善贫困村生产生活条件。

第四，加强农村文化教育基础设施建设。在文化基础设施建设方面，我国充分发挥"文化育民、文化富民"的积极作用，促进贫困地区经济社会全面发展。构建固定设施、流动设施和数字设施有机结合、相互补充的设施网络体系，并对县级公共图书馆、文化馆等公共文化设施"填平补齐"、消除空白，以县为基本单位推动落实基本公共文化服务项目普遍达标、全面覆盖。

第五，加强特殊地区基础设施和民生工程建设。针对革命老区、民族地区、边疆地区、连片特困地区脱贫攻坚，我国出台了加大脱贫攻坚力度支持革命老区开发建设指导意见，加快实施重点贫困革命老区振兴发展规划，扩大革命老区财政转移支付规模。加快推进民族地区重大基础设施项目和民生工程建设，实施少数民族特困地区和特困群体综合扶贫工程，出台人口较少民族整体脱贫的特殊政策措施。改善边疆民族地区义务教育阶段基本办学条件，加强民族地区师资培训。中央通过加大投入力度，采取特殊扶持政策，推进西藏、涉藏工作重点省和新疆南疆四地州脱贫攻坚。

我国通过加大贫困地区基础设施和基本公共服务的投入，切实保障了贫困人口的生存权和发展权，有助于实现人民的共同富裕和每个人的自由发展，有助于夯实贫困地区的长远发展根基。

第七章
内生动力被激发的人的因素

第一节　激励考核机制下的干部队伍建设

毛泽东曾指出："政治路线确定之后，干部就是决定的因素。"[1] 由此可见干部在党的一切工作中发挥着关键作用，在我国脱贫攻坚中亦是如此。所以优化干部队伍建设对于我国实现全面脱贫具有影响。"把党政领导班子和领导干部的主要精力聚焦到脱贫攻坚上来。要把脱贫攻坚实绩作为选拔任用干部的重要依据，在脱贫攻坚第一线考察识别干部，激励各级干部到脱贫攻坚战场上大显身手。"[2]

第一，加强扶贫开发队伍建设。中共中央、国务院《关于打赢脱贫攻坚战的决定》明确提出，要加强扶贫开发队伍建设，稳定和强化各级扶贫开发领导小组和工作机构。扶贫开发任务重的省（自治区、直辖市）、市（地）、县（市）扶贫开发领导小组组长由党政主要负责同志担任，强化各级扶贫开发领导小组决策部署、统筹协调、督促落实、检查考核的职能。加强与精准扶贫工作要求相适应的扶贫开发队伍和机构建设，完善各级扶贫开发机构的设置和职能，充实配强各级扶贫开发工作力度。扶贫任务重的乡镇要有专门干部负责扶贫开发工作。加强贫困地区县级领导干部和扶贫干部思想作风建设，加大培训力度，全面提升扶贫干部队伍能力水平。贫困地区受限于经济发展水平，人才需求要以本地区经济社会和产业发展实际需要为依据，而不是单方面追求引进"高

---

[1]《毛泽东选集》第 2 卷，人民出版社，1991，第 526 页。

[2] 中共中央党史和文献研究院编：《习近平扶贫论述摘编》，中央文献出版社，2018，第 101~102 页。

精尖"人才，要明确好人才需求定位。贫困地区对于基层干部、资源深度开发、实用技术、产品营销和企业管理方面的人才缺口较大，要着重引进和发展培养。重视本地人力资源的开发培养，通过开展贫困地区创业致富带头人培训工程等打通人才培养渠道，探索人才培养模式，促进地区长期稳步发展。注重高文化层次和高基本素质的乡村干部和精英人才的跟班学习和挂职实践锻炼，通过与科研院所建立稳定培训关系、整合教育资源定期组织职业培训，培养农村专业技术人才，促进农村剩余劳动力转移。通过定点帮扶实现政府、科研院校、企业、社会组织等多类主体与农业农户、涉农企业在技术指导、咨询交流、帮助支持等方面的密切联系，集社会之合力促进贫困地区发展。

第二，强化扶贫干部队伍建设。在扶贫干部队伍建设方面，要注重发挥科技、人才支撑作用，破除科技应用和人才应用的壁垒，实现贫困地区脱贫致富。创业式科技扶贫带动了城乡生产要素的融合，三次产业相融合的创业式扶贫带动了就业，推动了外部资源向贫困地区的集聚。国家通过财税优惠和税费减免方式鼓励国有、民营企业在适宜片区内办厂经营；通过鼓励发展农民专业合作社降低企业在片区经营的组织成本，努力形成"一乡一业"的发展；有效结合贫困地区的特色产业和"大学农业技术推广模式"，与科研院所形成对口帮扶，实现特色农产品深加工和特色产业链延伸，提高乡村主导产业的科技含量，为返乡农民工和农村新兴劳动力就业创业提供技能支持。我国科技扶贫项目的选择以辐射带动周边贫困地区为首要依据，扶贫项目的政府支持以带动贫困人口的数量和分布为先决条件，产业选择以产业对周边地区的经济增长带动能力为重要基础，结合科技扶贫规划与业绩指标考核是调动扶贫干部队伍积极性的关键所在。我国通过加大科技扶贫力度，解决贫困地区特色产业发展和生态建设中的关键技术问题；通过加大技术创新引导专项基金对科技扶贫的支持，加快先进适用技术成果在贫困地区的转化。在扶贫过程中，我国深入推行科技特派员制度，支持科技特派员开展创业式扶贫服务，强化贫困地区基层农技推广体系建设，加强新型职业农民培训；并大力实施边远贫困地区、边疆民族地区和革命老区人才支持计划，贫困地区本土人才培养计划，积极推进贫困村创业致富带头人培训工程，为干部队伍建设积蓄专业过硬的人才。此外，通过加大政策激励力度，鼓励各类人才扎根贫困地区基层建功立业，对表现优秀的人员在职称评聘等方面给予倾斜，提高干部队伍在扶贫中的积极性。

第三，完善人才队伍激励考核机制。通过制定支持性政策，鼓励各类人才扎根贫困地区基层。通过建立省市扶贫单位人才扶贫蹲点制、高效毕业生派驻帮扶制、挂职主要领导职务帮扶制、项目挂钩帮扶责任制等绿色通道，实施贫困地区本土人才培养计划，扩大贫困地区人才队伍。通过工资奖金、工作环境、家庭生活、成长经历等方面的利益保障机制，激励贫困地区人才队伍的工作热情。在我国实施脱贫攻坚进程中，军队和武警部队要发挥优势，积极参与地方扶贫开发。改进县级干部选拔任用机制，统筹省（自治区、直辖市）内优秀干部，选好配强扶贫任务重的县党政主要领导，把扶贫开发工作实绩作为选拔使用干部的重要依据。脱贫攻坚期内贫困县县级领导班子要保持稳定，对表现优秀、符合条件的可以就地提级。加大选派优秀年轻干部特别是后备干部到贫困地区工作的力度，有计划地安排省部级后备干部到贫困县挂职任职，各省（自治区、直辖市）党委和政府也要选派厅局级后备干部到贫困县挂职任职。各级领导干部要自觉践行党的群众路线，切实转变作风，把严的要求、实的作风贯穿于脱贫攻坚始终。

第二节 "要我脱贫"到"我要脱贫"的内生动力

我国贫困地区和贫困人口的发展能力和内生动力较弱,老少边穷地区贫困问题集中,贫困人口普遍存在受教育程度低、健康水平低的"两低"情况,自我发展能力弱。建档立卡贫困村缺乏集体经济,内生发展动力严重不足。贫困人口的贫困因素较多,因病致贫、因学致贫问题突出,缺资金、缺技术问题普遍,因病返贫、因灾返贫、因市场风险返贫问题常见。虽然中央财政投入扶贫的资金总量一直在增加,但同脱贫攻坚的需求相比仍显不足。但需要明确的是,党和政府有责任帮助贫困群众致富,但不能大包大揽,否则再多的扶贫资金也只能管一时,不能管长久。要想实现贫困地区的长效脱贫,关键要依靠人民群众,发挥群众动力在脱贫攻坚中的基础作用。习近平总书记强调加大内生动力培育力度,"要注重调动贫困群众的积极性、主动性、创造性,注重培育贫困群众发展生产和务工经商的基本技能,注重激发贫困地区和贫困群众脱贫致富的内在活力,注重提高贫困地区和贫困群众自我发展能力"[1]。在精准脱贫攻坚中要"坚持扶贫和扶志、扶智相结合,正确处理外部帮扶和贫困群众自身努力关系,培育贫困群众依靠自力更生实现脱贫致富意识"[2]。

第一,明确贫困群众主体地位。"贫困群众是扶贫攻坚的对象,更是脱贫致富的主体。党和政府有责任帮助贫困群众致富,但不能大包大揽。"[3] 扶贫不是慈善救济,而是要激发内生动力。弘扬自力更生奋斗进取精神,激发脱贫发展内生动力,才是实现永久脱贫的根本保证。我国政府通过持续加大帮扶力度,加大投入力度,并且继续推进开发式扶贫,着力践行以人民为中心的发展理念,根据现有条件把能做的事情尽量做

---

① 习近平:《在深度贫困地区脱贫攻坚座谈会上的讲话》,《人民日报》2017年9月1日。
② 习近平:《在打好精准脱贫攻坚战座谈会上的讲话》,《求是》2020年第9期。
③ 中共中央党史和文献研究院编:《习近平扶贫论述摘编》,中央文献出版社,2018,第134页。

起来，积小胜为大胜，调动贫困地区和贫困人口积极性，不断朝着全体人民共同富裕的目标前进。

第二，激发贫困群众主观能动性。中国特色减贫强调要发挥贫困人口自身的主观能动性，维护好贫困人口的减贫主体地位，不断提高贫困人口的自身脱贫致富能力，最终实现脱贫。[1] 激发贫困地区和贫困人口的内生动力，提高其主动减贫的积极性，要从以下方面着手：一是尊重扶贫对象的主体地位。贫困群众是扶贫攻坚的对象，更是脱贫致富的主体，在政策和资金倾斜的情况下，如果不注重调动群众积极性、主动性、创造性，会助长"等靠要"思想。扶贫的根本出路是增强贫困群众的"造血"能力和贫困人口自我发展能力，脱贫致富终究要靠自己的辛勤劳动实现。要引导和促进所有能劳动的人自力更生，自主就业、创业，激发内生动力，增强贫困人口自我发展能力和自身"造血"能力，鼓励他们依靠自己的双手开创美好的明天。二是充分调动贫困地区干部群众的积极性和创造性，重视发挥广大基层干部群众的首创精神。要做好对贫困地区干部群众的宣传、教育、培训、组织工作，引导他们树立"宁愿苦干、不愿苦熬"的观念，支持他们积极探索，为他们创造"八仙过海、各显神通"的环境和条件，激励其不断创新适合当地发展的扶贫工作机制。三是振奋贫困地区和困难群众的精神风貌。扶贫既要富口袋，也要富脑袋。人穷志不能短，没有脱贫志向，再多扶贫资金也只能管一时、不能管长久。要坚持以促进人的全面发展的理念指导扶贫开发，弘扬艰苦奋斗精神，丰富贫困地区文化活动，加强贫困地区社会建设。

第三，培育贫困地区"造血"发展能力。对一个生命体来说，输血可短期应急救命，造血才可长期生存壮大。对贫困地区和贫困人口来说，亦是如此。贫困地区产业发展需要资本投入，这是提升"造血"能力的

---

[1] 蒋永穆、江玮、万腾：《中国特色减贫思想：演进主线与动力机制》，《财经科学》2019 年第1 期。

必要条件。因此，加强对农村贫困地区的金融服务，创新农村金融模式，对助力贫困地区产业发展至关重要。要在深化农村土地制度改革进程中，将土地资源变资本，资本变资金，资金变效益，农村金融能够发挥巨大作用。金融部门应提高对农村扶贫的信贷投入比例，加强对金融扶贫贷款的绩效考核，鼓励和支持金融机构网点向贫困地区延伸；支持贫困地区设立村镇银行、小额贷款公司、农村资金互助社等新型金融服务机构。在严格规范土地用途、保护耕地和确保农民利益的前提下，应鼓励工商资本进入贫困地区投资。我国加大中央和省级财政扶贫投入，发挥政策性金融、开发性金融、商业性金融和合作性金融的互补作用，整合各类扶贫资源，拓宽资金来源渠道。创新扶贫开发政策，完善资源开发收益分享机制，提高贫困地区的内生动力。同时实施贫困地区人才支持计划和本土人才培养计划，提高贫困地区的发展能力。

第四，坚持开发式扶贫和精准扶贫。我国减贫之路最开始实行救济式扶贫，在改革开放后逐渐形成开发式扶贫的方式。通过专项扶贫、产业扶贫、教育扶贫等方式逐渐激发贫困人口参与脱贫的内生动力和发展能力。我国 1986 年提出了开发式扶贫方针，20 世纪 90 年代末开始推行"参与式"整村推进模式，党的十八大以来又开始实施精准扶贫方略。在内生动力被逐渐激发的条件下，贫困地区的乡镇企业和特色产业获得了极大的发展壮大，贫困人口积极参与当地企业和产业的发展，并通过进城务工和在农村的非农业劳动，实现了劳动力的转移，增加了致富渠道，提高了收入，缓解了长期以来的贫困问题。

河北省阜平县是一个典型的革命老区、贫困山区。2012 年底，习近平总书记到阜平县看望困难群众后，要求推动阜平县脱贫致富、加快发展。此后，河北省委、省政府出台相关政策，明确把阜平县作为全省扶贫攻坚示范区。河北乾元农业科技开发公司承担的荒山改造项目，就是探索产业扶贫新模式，改"输血"为"造血"的有益尝试。该项目总面积

4000 多亩，总投资 5200 多万元，包括土地平整工程、灌溉与排水工程、输配电工程、田间道路工程、农田防护与生态环境保护工程等一系列工程项目，搞绿色农业和生态旅游。对农民而言，既可以通过土地入股的方式增加财产性收入，又可以通过打工获得工资性收入。对企业而言，既可以通过种植业和旅游业获得经营收入，履行企业社会责任，又可以通过"占补平衡"获得建设用地指标。2017 年，阜平县的骆驼湾村和顾家台村都实现了整村脱贫，2019 年人均可支配收入分别达到了 13620 元和 16109 元，在 7 年间分别实现了 14 倍和 16 倍的增长。这是政府、农民、企业和社会多赢的模式，通过不断创新推进开发式扶贫的实施，引导贫困群众充分发挥"我要脱贫"的内生动力，为阜平县的长效脱贫奠定了基础。

第三节 "扶弱济贫"社会责任下的全社会参与

习近平总书记指出："扶贫开发要切实强化社会合力，要动员和凝聚全社会力量广泛参与。只要群众对幸福生活的憧憬还没有变成现实，我们就要毫不懈怠团结带领群众一起奋斗。"① 扶贫开发作为一项系统性工程，要保障各方力量各司其职并发挥各自专长，形成强大的扶贫合力。坚持社会参与，是我国减贫事业中一道亮丽的风景线。

第一，鼓励多方力量参与，形成社会扶贫合力。中共中央、国务院在《关于打赢脱贫攻坚战的决定》中明确提出要健全社会力量参与机制。在"扶弱济贫"社会责任下，我国积极鼓励支持民营企业、社会组织、个人参与扶贫开发，实现社会帮扶资源和精准扶贫有效对接。引导社会扶贫重心下移，自愿包村包户，做到贫困户都有党员干部或爱心人士结对帮扶。针对吸纳农村贫困人口就业的企业，国家按规定给予其享受税

①《习近平在内蒙古考察时讲话》，《人民日报》2014 年 1 月 30 日。

收优惠、职业培训补贴等就业支持政策。除此之外，还要充分发挥各民主党派、无党派人士在人才和智力扶贫上的优势和作用。鼓励工商联系统组织民营企业开展"万企帮万村"精准扶贫行动。通过政府购买服务等方式，鼓励各类社会组织开展到村到户精准扶贫。完善扶贫龙头企业认定制度，增强企业辐射带动贫困户增收的能力。鼓励有条件的企业设立扶贫公益基金和开展扶贫公益信托。2019 年，共有 9.99 万家民营企业参加了"万企帮万村"行动，对 11.66 万个贫困村共计 1334 万贫困人口开展了精准帮扶行动。

第二，加强帮扶责任宣传，营造社会扶贫氛围。政府采取了各种形式深入宣传，帮助社会各方面了解贫困地区和贫困人口，在全社会营造出普遍参与扶贫济困工作的舆论氛围，进而广泛动员，引导民营经济、民间组织等参与扶贫，充分发挥社会的力量。我国在扶贫宣传方面，通过发挥好"10·17"全国扶贫日社会动员作用，推动实施扶贫志愿者行动计划和社会工作专业人才服务贫困地区计划。在全社会扶贫的大背景下着力打造扶贫公益品牌，全面及时公开扶贫捐赠信息，提高社会扶贫公信力和美誉度，构建社会扶贫信息服务网络，探索发展公益众筹扶贫。

第三，强化东西部扶贫机制，发挥对口援助优势。健全东西部扶贫协作机制在社会大扶贫的格局下具有重要意义。"东西部扶贫协作和对口支援，是推动区域协调发展、协同发展、共同发展的大战略，是加强区域合作、优化产业布局、拓展对内对外开放新空间的大布局，是实现先富帮后富、最终实现共同富裕的大举措。"[1]我国注重加大东西部扶贫协作力度，建立精准对接机制，使帮扶资金主要用于贫困村、贫困户。东部地区根据财力增长情况，逐步增加对口帮扶财政投入，并列入年度预算。强化以企业合作为载体的扶贫协作，鼓励东西部按照当地主体功能定位

---

[1] 中共中央党史和文献研究院编：《习近平扶贫论述摘编》，中央文献出版社，2018，第101~102 页。

共建产业园区，推动东部人才、资金、技术向贫困地区流动，为西部提供资金、人才和产业引进等多方面的帮扶支持。启动实施经济强县（市）与国家扶贫开发工作重点县"携手奔小康"行动，东部各省（直辖市）在努力做好本区域内扶贫开发工作的同时，更多发挥县（市）作用，与扶贫协作省份的国家扶贫开发工作重点县开展结对帮扶。同时建立东西部扶贫协作考核评价机制，考核监督东西部扶贫协作的成效。

广泛动员全社会力量参与贫困地区的开发建设，为我国扶贫事业的推进注入了更加强劲的力量，体现了中国特色社会主义制度的优势。我国鼓励各类企业通过资源开发、产业培育、市场开拓、村企共建等形式到贫困地区投资兴业、培训技能、吸纳就业、捐资助贫，引导一批大型企业在贫困地区包县包村扶贫，鼓励社会团体、基金会、民办非企业单位等各类组织积极支持贫困地区开发建设。2019 年全国有 42000 多家社会组织开展了共计 6 万个扶贫项目，为脱贫攻坚提供了强大的社会支持。针对各类企业和社会组织到贫困地区投资兴业、带动贫困群众就业增收的情况，严格落实税收、土地、金融等相关支持政策。开展多种类型的公益活动，引导广大社会成员和港澳同胞、台湾同胞、华侨及海外人士，通过爱心捐赠、志愿服务、结对帮扶等多种形式参与贫困地区扶贫开发。

在"扶弱济贫"的社会责任下，通过健全组织动员机制，推动社会扶贫资源动员规范化、配置精准化、使用专业化，引导社会扶贫重心下移，做好社会帮扶资源和精准扶贫有效衔接，我国实现了全社会参与扶贫的大格局。通过健全定点扶贫机制，进一步加强和改进定点扶贫工作，建立考核评价机制，确保各单位落实扶贫责任，深入推进中央企业定点帮扶贫困革命老区县"百县万村"活动，完善定点扶贫牵头联系机制，使协同社会多方力量参与扶贫工作的优势得以充分展现。

第三部分

"兰考之问"
——精准脱贫奔小康的兰考实践

20 世纪 60 年代，作为"县委书记的好榜样"，焦裕禄这个名字响彻了神州大地，成为中国共产党永不磨灭的好干部的代表，焦裕禄精神也鼓舞着一代代优秀的共产党人。然而，作为焦裕禄精神发源地，共和国历史上很少有一个像兰考这样的县，汇聚着全国乃至全世界的目光，却戴着一顶"国家级贫困县"的帽子。这里经济发展相当滞后，直到 2013 年底还有 7.94 万贫困人口。2014 年，时任兰考县委书记的王新军在一次民主生活会上提出了一个问题——"守着焦裕禄精神 50 年了，为什么兰考贫穷落后仍没有根本改观？"这一问振聋发聩，惊醒了兰考人民，后来被称为"兰考之问"。

　　此后，兰考县开启了实现精准脱贫奔小康的脱贫之路。2017 年 2 月，兰考县率先通过国家专项评估检查，由省级政府批准退出，成为全国第一批摘掉贫困县帽子的国家级贫困县。

第八章
焦裕禄精神的诞生与弘扬

兰考县位于河南省东北部，地处豫东平原西北部，海拔66米，总面积1116平方公里，总人口85万人，乡村人口77.29万人，城镇常住人口25.39万人，城镇化率39.53%，是开封、菏泽、商丘三角地带的中心部位，是河南省"一极两圈三层"中"半小时交通圈"的重要组成部分。兰考县是河南省开封市的下辖县，同时也是河南省的直管县，下辖3个街道、7个镇和6个乡，454个行政村（社区）。2002年，兰考县被确定为国家级扶贫开发工作重点县；2011年，被确定为大别山连片特困地区重点县。

第一节　兰考之殇

兰考县恶劣的气候环境条件导致了其干旱和水土流失问题频发，兰考人民经历着众多自然灾害和风沙的袭击，同时，土地沙化严重影响了当地土地的利用率和产量，低洼易涝地和沙碱地约占全部耕地面积的15%，严重影响了当地的经济发展和人民生活，农村地区呈现出一片萧条的贫困景象。

虽然兰考县境内黄河流域长度仅为25公里，但黄河每年携带的泥沙有16亿吨，其中4亿吨沉积在下游的河床，而由于兰考县处在九曲黄河的最后一道弯，黄河流到兰考就形成了"地上悬河"，所以决口危险一触即发。在1171年至1949年间，兰考县有迹可循的古道就有11条，断堤

50多处，形成了上百个风口①，曾经历了143次决口和8次大的改道，成了当地人民生命和财产安全的最大威胁。据《兰考县志》记载，自1644年至新中国成立的305年间，兰考发生涝灾90多次；自清咸丰至解放战争的100多年间，兰考被风沙掩埋的村庄有63个。②1949年，兰考县97万亩耕地中，低洼易涝地和沙碱地分别占到了12万多亩和33万多亩，全县粮食亩产仅38.5公斤。每一次发生黄河决堤，就会有无数的百姓被洪水卷走，房屋、土地、财产被破坏殆尽，并且兰考县整体地势较低、地下水位较高、盐碱含量也较高，所以洪水走后，盐碱严重，加之冬春经常席卷而来的8级大风，兰考人民在风沙、内涝和盐碱"三害"的威胁下苦不堪言，要实现经济社会全面良好发展更是天方夜谭。

兰考夜晚的小街道伸手不见五指，秋季连日的雨水，常常使得庄稼绝收，牲口冻死，有的村落曾一连7季绝收。兰考人民过着食不果腹的生活，一亩地平均打4公斤麦子，连麦种都收不回来，粮食极度紧缺。黄河多次决口，风沙、盐碱和内涝横行，日日黄沙飞扬，沙土覆盖了被褥，盐碱侵蚀了锅台，田地颗粒无收，村民只能逃荒要饭，是兰考苦难记忆的真实描述。兰考地区曾流行着一首展现了人民穷苦生活的歌谣："冬春风狂沙，夏秋水汪汪。一年劳动半年糠，交租纳税恨官堂。携老扶幼去逃荒，卖了儿和女，饿死爹和娘。"③

新中国成立后，兰考人民在中国共产党的领导下，一步步从环境整治开始，逐渐走上了减贫之路。1949年2月，兰考县修建了陈（留）兰（封）黄河修防段，当年就对东坝头至下界的黄河大堤进行维修加固，对

---

① 求是网：《百城千县万村调研行　红色兰考的新时代蝶变》，http://www.qstheory.cn/laigao/ycjx/2020-11/29/c_1126800139.htm。

②《50年没脱贫，兰考3年怎么干成？"把背离焦裕禄精神的人拿下，让愿意弘扬的人上来！"》，2021年3月15日。来源：瞭望智库微信公众号。

③ 国家知识产权局直属机关党委编著：《伟大的中国精神》，知识产权出版社，2015，第183页。

东坝头 10 座险工工程进行了抢险施工。1952 年 10 月 30 日，毛泽东主席第一次出京巡视，亲临兰考视察黄河，察看了东坝头和杨庄险工，询问了"治黄"职工的劳动生活情况，随后发出"要把黄河的事情办好"的伟大号召。1958 年，兰考建成了第一座引黄灌溉工程——三义寨人民跃进渠。1975 年至 1977 年进行大复堤，兰考黄河大堤普遍加高培厚，顶宽 8~10 米，有力地提高了堤防工程的抗洪能力。而今的黄河大堤已成为郁郁葱葱、巍然壮观的"水上长城"，成为确保黄河防洪安全的重要屏障。

当时兰考的自然环境严重影响了当地的经济和产业发展，连基本农业生产都得不到保障，粮食产量的极度缺乏使得兰考人民长期过着"饿肚子"的生活，农民收入的低下也加剧了贫困现象的发生，兰考人民曾一度生活在水深火热之中。直到焦裕禄到来，才使得兰考县的环境有所改善。

第二节　焦裕禄精神

焦裕禄（1922 年 8 月 16 日—1964 年 5 月 14 日），山东淄博博山北崮山村人，出身于贫农家庭，从小贫困的生活和艰苦的劳动培养了他吃苦耐劳、艰苦卓绝的精神。1962 年，焦裕禄被调到河南省兰考县担任县委书记，1964 年因肝癌病逝于郑州，终年 42 岁。兰考县焦裕禄展览馆前的广场上矗立着一座焦裕禄的雕像，他身披外套、裤脚挽起、双手叉腰，目光炯炯有神地侧头注视着兰考这片自己热爱的土地。

1962 年 12 月 6 日，焦裕禄临危受命来到兰考县报到，从此便将一生心血奉献给了这片土地，深深铸就了永世长存的"焦裕禄精神"。焦裕禄刚到兰考时，兰考遭受着严重的内涝、风沙、盐碱三害，灾荒压头，风沙肆虐，21 万亩麦子被打毁，洪水漫灌，23 万亩庄稼被淹死，盐碱地上 10 万亩禾苗绝产，全县的粮食产量下降到历史最低水平，亩产不足 22 公斤，老百姓食不果腹，全县 36 万人中有 10 万人外出逃荒，近 20 万人成为灾民，人口逐渐外流。当时为了防止灾民到处逃荒，兰考县还专门设立了"劝阻办公室"。兰考县领导干部开始发愁，甚至有领导干部总结了当时所面临的"十二愁"，吃也愁，穿也愁，住也愁，烧也愁，前也愁，后也愁，黑也愁，白也愁，进门愁，出门愁，愁来愁去没有头。

面对兰考荒凉凄惨的景象，身体欠佳的焦裕禄不仅没有退缩，反而迎难而上，表示："现在正是兰考困难的时候，组织把这副担子交给我，是对我的信任。我相信，那里有党的领导，有 36 万要求革命的人民，什么困难都可以克服，我一定完成党交给的任务！"并且十分坚定打赢兰考之战的信心和决心，说道："感谢党把我派到最困难的地方去工作，越是困难的地方越能锻炼人。请组织放心，不改变兰考面貌，我决不离开那里！"

为尽快熟悉兰考的实际情况，焦裕禄在到达兰考县的当晚，就参加了县三级干部会议，会议一结束，又立马骑着自行车下乡。为了激发兰考县干部奋斗的决心，焦裕禄带领县委委员来到人满为患的火车站体察逃荒灾民的苦楚，并召开了车站观感交流会。风雪车站夜见到的兰考人民拖家带口艰难逃荒的场景，时时提醒着县委委员要有所作为，践行为人民服务的宗旨，唤起了人们的政治自觉和斗争精神，成为兰考之变的开始。作为书记的焦裕禄看到兰考饱受"三害"的侵蚀，他立志要查明兰考受灾原因。在到任不到一个月的时间内，焦裕禄就把"劝阻办公室"改为"除三害办公室"，下设治水组、治碱组和治沙组，"除三害办公室"从全县抽调 120 多名干部、技术员和农民，成立调查队，在全县开展了大规模的"除三害"运动。① 他发挥着共产党人艰苦奋斗、全心全意为人民服务的精神，率领"三害"调查队，奋战在整治兰考县的第一线，同

---

① 夏先清、杨子佩：《焦桐如柱，兰考换了新天》，《经济日报》2021 年 3 月 3 日。

全县干部群众一起与残酷的自然灾害作斗争。焦裕禄在新上任 4 个月时就立下了"三年改变兰考面貌！三年是宽限，三年改变不了我死不瞑目"的军令状。

在当时兰考除"三害"的斗争中，焦裕禄率领干部、群众进行了小面积的翻淤压沙、翻淤压碱、封闭沙丘试验，仅用了一年多的时间，就带领兰考人民探索出了战胜自然灾害的途径，改变了兰考县的贫困面貌，同时也留下了宝贵的精神财富。焦裕禄以点带面，全面铺开，总结出了整治"三害"的具体策略，探索出了大规模栽种泡桐的办法。焦裕禄在兰考的 475 天里，蹬着自行车走访、蹲点调研了全县 149 个生产大队中的 120 多个，里程长达 5000 余里，摸清"三害"底细，并对此制定改造计划，探索出了"三害"的治理措施。①

（1）关于治沙问题，焦裕禄作出了总结：沙区没有林，有地不养人，这是基本情况；有林就有粮，没林饿断肠，这是重要性；以林促农，以农养林，农林相依，密切配合，这是方针；造林防沙，百年大计，育草封沙，当年见效，翻淤压沙，立竿见影，三管齐下，效果良好，这是方法。焦裕禄经过勘测了解了所有"三害"的面积、分布情况以及对农作物的危害，总结出了"贴膏药""扎针"的治理风沙的方法。"贴膏药"就是把淤泥翻上来压住沙丘，这一方式治理风沙效果很好，在近半年的时间里，兰考县危害最大的一些沙丘都被黄河淤土封盖住了，"翻淤压沙"也逐渐在全县推广开来。"扎针"就是大规模栽种泡桐，这种树木能够在沙窝里生长，并且生长周期短，能挡风压沙，还能年年生根发新苗，方便移栽，旱天能散发水分，涝天能吸收水分。如今，焦裕禄在整治"三害"其间带领群众种植的泡桐树面积已经达 40 万亩以上，以兰考县泡桐为制作原料的民族乐器和家具深受人们喜爱，远销海内外市场，在兰考县

① 国家知识产权局直属机关党委编著：《伟大的中国精神》，知识产权出版社，2015，第 185 页。

减贫脱贫工作中也发挥了巨大作用，成了帮助当地脱贫致富的"绿色银行"，还成了河南省的特色产业，带动了当地的就业。

（2）关于治水问题，焦裕禄也作出了总结：兰考地形复杂、坡洼相连，河系紊乱，这是客观情况；以排为主，灌、滞、涝、改兼施，这是方针；舍少救多，舍坏救好，充分协商，互为有利，上下游兼顾，不使水害搬家，这是政策；夏秋两季观察，冬春干燥治理，再观察再治理，观察治理相结合，这是方法。赵垛楼村由于遭受水涝的影响，连续几季基本绝收，村民们顶着瓢泼大雨通过挖河渠和排水沟，最终取得了成功，获得了好收成，终于卖出了4万公斤余粮。焦裕禄继续带着兰考人民挖河修闸，终于成功治理了水患。

（3）关于治碱问题，焦裕禄同样作出了总结：分清轻重，区别对待，这是方针；翻淤压碱，开沟淋碱，打埂躲碱，台田试种，引进耐碱作物，这是方法。焦裕禄通过向有经验的农民主动请教，了解了盐碱地分为盐碱、白不咸碱、卤碱、马尿碱等种类，他甚至用舌头尝的方式来辨别盐碱种类和土的含碱量，并不断尝试使用翻淤压碱、开沟淋碱、打埂躲碱、台田试种、引进耐碱作物等方法治理盐碱。为了深入了解"三害"，焦裕禄事必躬亲，带头在起风沙时去查风口和探流沙，在下大雨时去查看洪水流势，最终得以成功开创水利工程"引黄淤灌"[①]，将20多万亩盐碱地改造成良田。

兰考县的干部群众在焦裕禄精神的鼓舞下，共同为整治兰考而努力奋斗，使得兰考的内涝、风沙、盐碱"三害"得到了有效治理。自1963年7月起，焦裕禄带领风沙勘察队千里跋涉，在41天时间里查明了全县共有风口84处，标定了沙丘1600座，测得了沙荒地24万亩、受风沙危

---

① "引黄淤灌"是针对黄河下游地区进行的工程，将含沙量大的黄河水引入黄河堤坝后面的低洼地区进行沉淀，清水用于灌溉，淤积下来的泥沙使低洼地区地势提高，是一举多得的工程措施。

害耕地 30 万亩；到 1963 年底，兰考县共造林 21014 亩，四旁植树 146 万亩，打防风带 186 条，堵风口 83 处，改造盐碱地 9 万亩，新挖和疏浚较大河道上百条，基本恢复了水的自然流系，涵养了弭灾丰产的生态，为农业生产和经济发展提供了环境保障。[①] 在兰考治理期间，焦裕禄将兰考人民的冷暖疾苦放在心上，虽然承受着肝癌带来的病痛折磨，却依然亲力亲为，鞠躬尽瘁，他在笔记中写道："我想，作为一个革命战士，就要像松柏一样，无论在烈日炎炎的夏天，还是在冰天雪地的严冬，永不凋谢，永不变色；还要像杨柳一样，栽在哪里活在哪里，根深叶茂，茁壮旺盛；要像泡桐那样，抓紧时间，迅速成长，尽快地为人民贡献出自己的力量。"在临终前，焦裕禄依然心系兰考人民，他说："请把我运回兰考，埋在沙丘上。活着我没有治好沙丘，死了也要看着你们把沙丘治好。"1966年，焦裕禄被河南省人民政府追授"革命烈士"称号。

此后，兰考人民继承着焦裕禄艰苦奋斗的精神，延续着焦裕禄的治理道路，继续为改善兰考的环境、减少兰考的贫困、提高兰考人民的生活水平而不懈努力，为兰考今后的脱贫打下了坚实的基础。经过"引黄淤灌"工程建设，兰考县往日的荒滩变成了良田，还开办了数十个县、社工厂，填补了兰考县的工业空白。1975 年，兰考县 50 多万亩易涝地、十几万亩的沙土地，以及 26 万亩盐碱地的 90% 都已经完成了治理。

焦裕禄不断探索着兰考的治理方案，推动着兰考的发展，改善着兰考人民的贫困状况，将毕生精力投入了兰考，成为兰考整治时期的代表人物。2009 年 4 月 1 日，习近平总书记到兰考调研指导工作时，专程拜谒焦陵，将焦裕禄精神概括为——亲民爱民、艰苦奋斗、科学求实、迎难而上、无私奉献，并强调要学习和弘扬焦裕禄的公仆精神、奋斗精神、求实精神、大无畏精神、奉献精神。习近平总书记对焦裕禄作出了高度评价：无论过去、现在还是将来，都永远是亿万人们心中一座永不磨灭的

[①] 高建国：《焦裕禄兰考上任记》，《光明日报》2020 年 5 月 8 日。

丰碑，永远是鼓舞我们艰苦奋斗、执政为民的强大思想动力，永远是激励我们求真务实、开拓进取的宝贵精神财富，永远不会过时。兰考也因此成为焦裕禄精神的发祥地。经过了几十年的历史发展，焦裕禄精神依然熠熠生辉，鼓舞着一代又一代的兰考人，也激励着一代又一代的中国共产党人。

第三节　改革开放与兰考发展

经过新中国成立后整治时期的努力，焦裕禄那一代人做梦都想实现的愿望终于在十一届三中全会以后实现了。连绵的沙丘忽然间消失得无影无踪，陇海铁路两侧看不到边的盐碱荒地变成了一望无边的肥沃良田。

在1978—1985年的体制改革扶贫阶段，兰考县的减贫工作取得了显著成效。1978年安徽省凤阳县小岗村率先实行的包产到户，随着国家政策的实施和推进，家庭联产承包责任制逐步在全国范围内开展起来。在改革开放的大背景下，家庭联产承包责任制的实施，农产品价格的逐步开放，给兰考地区带去了发展活力，农民的积极性得到极大提升，农户的生产力得到了解放和发展，农业生产规模逐渐扩大，农民收入逐渐增长，推动了兰考地区的脱贫进程。1978年开始的农产品价格改革、1985年起推进的价格形成机制和开始实行的农产品价格双轨制同样惠及兰考县的农民，农民的积极性被大大调动了起来，农业收入的增加为贫困农民脱贫致富提供了支持。跟随全国社队企业发展的浪潮，兰考县的乡镇企业也逐渐发展起来，使得农民有了更多的收入来源渠道。1984年国家对农业人口管制的放松推动了兰考县农村富余劳动力的转移，非农收入的增加也为兰考选择外出打工的农户实现脱贫提供了保障。在1986—2000年的大规模扶贫开发阶段，我国东部地区在改革开放的推动下取得了巨大的发展，但区域发展不平衡的问题和体制改革红利的效用递减却显现了出来。我国成立了扶贫开发领导小组及办公室，积极开展《八七计划》，兰考县也在国家政策的支持下实现了由"救济式扶贫"向"开发式扶贫"的转变。在 2001—2012 年的经济发展、扶贫攻坚与社会扶贫共治的扶贫阶段，国务院先后发布了《中国农村扶贫开发纲要（2001—2010 年）》和《中国农村扶贫开发纲要（2011—2020 年）》，国家加大了扶贫工作的投入和力度，并结合区域发展和个人帮扶开展减贫工作。在此过程中，兰考县也不断推进工业化和城镇化的发展，结合当地的内在发展活力，逐步形成特色优势产业，加快完善城乡发展一体化体制机制，形成以工促农、以城带乡的城乡共同发展局面。

在国家政策的扶持下，改革开放后的兰考在减贫工作中取得了明显成效。但是，2002 年，兰考被确定为国家级贫困县；2011 年 7 月，兰考被列为大别山区特困片区县之一；2012 年，国家将人均收入低于 1300 元的县列为国家级贫困县，兰考县位于国家级贫困县的范围内。2012 年底，兰考县还有贫困户 40267 户、贫困人口 130360 人，其中低于贫困标准的贫困家庭 28206 户、95751 人，五保户 476 户、619 人，低保户 5924 户、13291 人，扶贫低保家庭 5661 户、20699 人。2013 年，兰考县经济总量为 193 亿元，全县人口约 83 万，人均 GDP 仅为 2.3 万元，与周边县相比仍然存在较大差距。2014 年建档立卡时，兰考全县有贫困村 115 个，贫困人口 23275 户、77350 人，贫困发生率 10.2%。

第九章
精准脱贫奔小康

第一节 脱贫攻坚与率先脱贫

兰考县委、县政府深入领会和把握精准扶贫、精准脱贫方略，提出了"用焦裕禄精神决战贫困"的口号，开始了精准脱贫时期的扶贫工作。2014 年以来，国务院扶贫办、有关部委和河南省委、省政府主要领导同志多次到兰考调研指导工作，为兰考脱贫攻坚工作指明方向，鼓舞干劲。兰考县委、县政府带领全县人民开启了实现精准脱贫奔小康的脱贫之路。

一、兰考精准扶贫的实施历程

2014 年 1 月，兰考被确定为国家省直管县体制改革试点县。自此开始，党的群众路线教育实践活动在省以下各级机关及其直属单位和基层组织中开展，习近平总书记选择了河南兰考作为自己的联系点，对兰考抓好改革发展稳定各项工作提出明确要求，密切关注着兰考脱贫攻坚的每一步进程，对兰考今后的发展寄予了殷切希望。习近平总书记指出："密切联系群众，是党的性质和宗旨的体现，是中国共产党区别于其他政党的显著标志，也是党发展壮大的重要原因；能否保持党同人民群众的血肉联系，决定着党的事业的成败。"[1] 2014 年 3 月，习近平总书记再次来到兰考，调研指导兰考县党的群众路线教育实践活动。习近平总书记特地来到焦裕禄当年找到防治风沙良策并首先取得成功的地方——兰考县东坝头乡张庄村，叮嘱当地干部"要切实关心贫困群众，带领群众艰苦

---

[1] 习近平：《习近平谈治国理政》，外文出版社，2014，第 366~367 页。

奋斗，早日脱贫致富"。兰考县委向总书记立下"三年脱贫、七年小康"的军令状。2014年4月，兰考县对贫困户正式建档立卡，精准识别，为兰考精准脱贫帮扶工作提供了重要、可靠依据。2014年5月9日，习近平总书记第三次来到兰考，对党的群众路线教育实践活动联系点兰考县的工作作出重要指示，又出席指导兰考县委常委班子专题民主生活会并发表重要讲话，强调指出：作风建设要经常抓、深入抓、持久抓，不断巩固扩大教育实践成果。5月10日，《人民日报》头版头条发表《作风建设要经常抓深入抓持久抓 不断巩固扩大教育实践活动成果》，进行了全面报道。习近平总书记在视察兰考县时明确要求，"要切实关心贫困群众，带领群众艰苦奋斗，早日脱贫致富"，希望兰考县"把强县和富民统一起来，把改革和发展结合起来，把城镇和乡村贯通起来，不断取得事业发展新成绩"。①同时希望兰考县通过学习弘扬焦裕禄精神，为推动党和人民事业发展、实现中华民族伟大复兴的中国梦提供强大正能量。习近平总书记的重要讲话为兰考县脱贫攻坚指明了努力方向，保证了兰考县扶贫工作始终沿着正确方向前进。

"选派扶贫工作队是加强基层扶贫工作的有效组织措施，要做到每个贫困村都有驻村工作队、每个贫困户都有帮扶责任人。"②2014年，兰考县针对115个贫困村，选派了县乡两级的345名干部组成了驻村扶贫工作队，深入到每个贫困村，根据当地不同的实际情况和致贫原因制定相应的精准扶贫、精准脱贫方案，将精准扶贫总体思路确立为"资金跟着项目走，项目跟着贫困户需求走，贫困户跟着致富带头人和龙头企业走"，聚集政府、市场、贫困户、科技、金融五大力量的合力，积极培育脱贫产业，鼓励贫困户种植投资小、风险小、效益高的农产品，引进大型企业发展养殖业、食品加工业、种植业，加快推进精准扶贫、精准脱

①《中国扶贫开发年鉴》编委会编：《中国扶贫开发年鉴2015》，团结出版社，2015，第4页。
② 中共中央党史和文献研究院编：《习近平扶贫论述摘编》，中央文献出版社，2018，第37页。

贫的工作进程，为决胜脱贫攻坚战努力奋斗。

几年来，兰考县坚持以脱贫攻坚统揽经济社会发展全局，使得全县经济发展和城乡面貌发生了显著变化。

2014年10月，兰考被确定为国家新型城镇化综合试点县。2014年，兰考县通过精准识别"回头看"工作，将22058户纳入建档立卡户、72100人纳入建档立卡人口。2013年底，兰考县还有7.94万贫困人口、2.33万户贫困户和114个贫困村，但仅2014年一年，就实现了38个村和6900户的脱贫任务，剩余贫困人口5.44万人。

2015年底，兰考县派驻335名包村干部入驻非贫困村，实现了非贫困村包村全覆盖。2015年，成立兰考县委县政府督查局，全程参与脱贫攻坚工作，成为助推扶贫发展的利器。2015年3月，探索乡级报账制，建立了"先拨付、后报账，村决策、乡统筹、县监督"的扶贫资金使用管理运行机制，大大提高了扶贫项目资金使用率，开创了河南省实行先建后补模式的先河。2015年6月，兰考被确定为河南省改革发展和加强党的建设综合试验示范县。2015年，兰考县以人均年收入超2800元为标准，全县贫困人口从7.9万人降到7000多人，完成脱贫总目标的91%；农民年人均可支配收入提高到9072元，比上一年增加2300多元。

2016年1月16日，兰考县委召开脱贫攻坚工作会，动员全县上下聚焦精准扶贫，以更加扎实的作风、更加有力的举措，齐心协力打赢脱贫攻坚战，确保该年如期脱贫，率先脱贫。2016年3月11日，县委书记蔡松涛在第六期兰考讲坛作了以《迎难而上、全力以赴，坚决打赢脱贫攻坚战》为题的专题辅导报告，对"为什么要实施精准扶贫""精准扶贫的相关要求""兰考应该怎么做好脱贫攻坚工作""抓好党建转变作风，确保打赢脱贫攻坚战"等问题进行了讲述。2016年4月15日，兰考县召开脱贫攻坚提升推进会，全力以赴做好脱贫攻坚"最后一公里"的精准扶贫工作，确保率先脱贫。2016年5月14日，兰考县隆重召开纪念焦裕禄同志逝世 52 周年暨脱贫攻坚城市综合提升阶段总结表彰大会。2016 年 6 月 19 日，兰考县召开全县脱贫攻坚推进会，加压冲刺，确保按照既定时间节点打赢脱贫攻坚战。2015 年 9 月至 2016 年 6 月，兰考县 4 次开展精准识别"回头看"，保证扶真贫。2016 年 6 月，在国家平台和扶贫手册基础上，兰考建立了"一户一档"标准化档案管理制度，做到贫困户身份档案与全国扶贫开发信息系统形成无缝对接。2016 年 7 月 17 日，副县长吴长胜在第十四期兰考讲坛作了一户一档专题讲座，精准解读了脱贫攻坚政策。2016 年 7 月 25 日，兰考召开了脱贫"百日攻坚"会，在"百日攻坚"期间，县领导包村包户，每周坚持驻村一夜，发现问题、解决问题。2016 年 9 月 13 日，召开脱贫攻坚工作推进会，分析形势、查找问题、同心同向，再掀脱贫工作的高潮。2016 年 9 月 30 日，召开了脱贫攻坚专项督查会，安排部署脱贫攻坚督查工作。2016 年 10 月，兰考县召开了扶贫开发领导小组工作促进会，坚持问题导向，查漏补缺补齐短板，对贫困退出核查工作进行安排部署。2016 年 12 月 19 日，召开贫困退出工作推进会，进一步凝聚力量集中攻坚，认真做好贫困退出最后阶段工作，以扎实的脱贫攻坚成效迎接贫困退出验收，确保率先脱贫。

自 2015 年起，兰考县在全国率先探索建立了"政府主导、金融支持、企业发展、风险保障"的金融扶贫模式，为脱贫攻坚提供有力的金融支持。2016 年，兰考县引入保险制，为建档立卡贫困人口购买财产、人身、产业三类保险，防范农业生产和产业发展中的不确定性因素造成的风险，杜绝"因病返贫"事件的发生，真正做到让贫困群众在脱贫路上"零风险"。2016 年 1 月 11 日，河南省兰考县政府与中原农业保险公司正式签约"脱贫路上零风险"保险扶贫项目，成为全国首个为整县扶贫上"保险"的金融扶贫项目。项目以兰考全县的贫困及脱贫不稳定人群、带动脱贫的龙头企业为特定服务对象，提供生产风险和生活风险两大类、共计 16 小项的一揽子脱贫保险服务，覆盖人群达 23275 户、

77447 人，以此测算，政府通过投入约 1000 万元保费便可撬动高达 42.63 亿元的保险保障金[①]，为贫困人口的脱贫"兜底"提供了保障。同时还制定"五不五有"帮扶标准，即"不能住危房，要有大门和围墙；不能没门窗，要有玻璃和纱窗；不能没家电，要有电视和电扇；不能没家具，要有床柜和桌椅；不能脏和乱，环境要有改变"；实行"五净一规范"帮扶标准，即"院内净、卧室净、厨房净、厕所净、个人卫生、院内摆放规范"；实行"三联三全"，县级干部联系重点项目和贫困村，科级干部联系软弱涣散村和"兜底村"，机关党员联系未脱贫贫困户，实现对重点项目、贫困村和涣散软弱村、贫困户和困难党员的全覆盖。2016 年，兰考县评选表彰了 70 名驻村扶贫工作标兵，激发了干事创业的内生动力。到 2016 年底，兰考县全县贫困人口由 2014 年的 2.3 万户、7.7 万人减少至 1047 户、3127 人，贫困发生率降至 1.24%，115 个贫困村有 114 个实现退出。2016 年，兰考县城乡居民人均可支配收入分别为 21124 元和 9943 元，分别增长了 7.5% 和 9.6%，全县完成生产总值 257.6 亿元，增长 9.4%。

2015 年 5 月至 2016 年，兰考县不断成功探索推出"三位一体""四位一体""产业发展信用贷"金融扶贫模式，成为兰考贫困群众脱贫致富的主渠道。兰考县财政投入 1145 万元资金，帮助贫困村的贫困户进一步发展脱贫产业，建立的示范园、产业园吸引了外来企业的投资，带动了当地人民的就业。除此之外，兰考县还在 2016 年 4 月成立了信用信息中心，从县、乡、村三级共同推进，通过采集兰考县企业非银行信用信息和兰考县农户信用信息，构建兰考县域新型信用信息共享平台，并于 2016 年底完成了 9.7 万多户农户信用信息、5600 户企业信用信息的录入工作。[②] 在推进金融扶贫改革精神的指引下，按照《兰考县"三位一体"

---

① 新华社：《兰考首创为整县扶贫上"保险"》，http://www.cpad.gov.cn/art/2016/1/12/art_5_43606.html。

② 陈慧：《"贷"动产业发展奔小康》，《河南日报》2017 年 1 月 25 日。

金融扶贫实施办法》《兰考县"四位一体"金融扶贫实施办法》的规定，2016 年 7 月 24 日，兰考县人民政府下发了关于《兰考县加快推进金融扶贫贷款工作实施方案》的通知，以确保实现从 2015 年金融扶贫贷款工作开展以来到 2016 年 9 月底前金融扶贫贷款放贷不少于 3 亿元的目标，加快推进金融扶贫贷款工作和支持产业发展，为兰考实现率先脱贫和带动贫困户稳定脱贫提供重要支持。兰考县坚持政府主导、涉贷银行和保险公司参与，风险共担、发展产业、贫困户受益的原则，采取"四位一体""三位一体"及小额贴息贷款的形式，充分发挥金融扶贫的作用，带动贫困户脱贫。

（1）坚持"四位一体"金融扶贫贷款模式，将财政资金设置为风险补偿金，银行按风险补偿金的 10 倍发放贷款。小微企业、新型农业经营主体作为贷款主体必须提供 5% 的扶贫资金或每 10 万元带动 1 个贫困户实现月工资不低于 2000 元的 6 个月以上的就业，并由企业统一为贫困户办理银行工资卡，由乡镇、街道定期检查贫困户在企业务工的时间及工资；同时贷款主体的贷款实行基准利率并享受全额贴息，保险公司按照贷款总额的 3% 作为保费为贷款主体贷款进行保险，其中种植养殖业贷款保险按照 80% 和 20% 的比例分别由省财政和贷款主体负担，年底省财政对政府出资的保费奖补 50%，并且种植养殖业和木材加工企业贷款的风险由县政府和保险公司各承担 50%。

（2）坚持新"三位一体"金融扶贫贷款模式，依然将财政资金设置为风险补偿金，由县财政将 1000 万元扶贫资金作为风险补偿金存入银行，银行按风险补偿金的 10 倍发放贷款给企业，支持企业发展，贷款主体的贷款实行基准利率并享受全额贴息，其风险按照 80% 和 20% 的比例分别由银行和县政府承担，但企业要将贷款额的 10% 作为扶贫基金交给乡镇政府用于扶持贫困户。

（3）坚持开展小额贴息贷款，按照基准利率并通过全额贴息以支持所有建档立卡贫困户发展产业。兰考县金融扶贫操作流程清晰便捷，所有符合规定的贷款主体均可向村民委员会提出申请，由村"两委"、驻村工作队或非贫困村的包村干部开展先期调查，调查通过后由村支书和驻村工作队长或包村干部签字并推荐到乡镇（街道），乡镇（街道）党（工）委书记、乡镇长（办事处主任）共同审核签字后交涉贷银行，由涉贷银行和保险公司进行联合调查，对符合条件的贷款主体，保险公司将在 5 日内办理保单，涉贷银行将在 2 日内进行放贷。

《兰考县加快推进金融扶贫贷款工作实施方案》明确了金融扶贫的主要任务，从涉贷银行、保险公司、乡镇（街道）三个主体出发，在认真贯彻落实"四位一体""三位一体"贷款和小额信贷担保贷款工作的基础上，按照多元化结构相并行的方式，提高金融扶贫贷款推进速度，倒排时间，制定措施，夯实主体责任，确保 2016 年 9 月底完成放贷任务。

（1）涉贷银行要明确放贷额度，要根据已完成放贷情况来倒排未完成额度，明确放贷安排。其中，农商银行 7 月份计划完成新增贷款 2070 万元，8 月份计划完成新增贷款 5000 万元，9 月份计划完成新增贷款 3000 万元，三个月共计 10070 万元；中原银行 7 月份计划完成新增贷款 1000 万元，8 月份计划完成新增贷款 2000 万元，9 月份计划完成新增贷款 2000 万元，三个月共计 5000 万元；农业银行 7 月份计划完成新增贷款 1600 万元，8 月份计划完成新增贷款 2560 万元，9 月份计划完成新增贷款 2500 万元，三个月共计 6660 万元；邮储银行 7 月份计划完成新增贷款 500 万元，8 月份计划完成新增贷款 1000 万元，9 月份计划完成新增贷款 500 万元，三个月共计 2000 万元。除此之外，涉贷银行要加快放贷进度，根据风险补偿金数额放大 10 倍进行放贷，并且每个月要完成各自相应的任务额度，以确保在 2016 年 9 月底前累计放款金额达到 2.3 亿元以上；还要扩大放贷范围，发挥好以带动贫困户增收为目的的金融扶贫的重要作用，将更多的小微企业、新型农业经营主体、贫困户等纳入进来，扩大覆盖范围；要严格放贷比例，加大对贫困户的直接放贷力度，贷款额度不得低于放贷总量的30%。

（2）保险公司根据县政府与中原农业保险公司的合作协议，由中原农业保险公司对各乡镇（街道）板材加工企业及种植、养殖业进行承保，承保金额为各5000万元，涉贷银行按"四位一体"金融扶贫贷款模式放款。

（3）乡镇（街道）分对象开展金融扶贫工作。一是针对贫困户、个体户和小型合作组织，2016年7月31日前，要求每个乡镇（街道）推荐建档立卡贫困户贷款金额不少于300万元，安排规模4800万元，其中未脱贫的一般贫困户不少于10户，建档立卡贫困户不少于20户，每户贷款不超过10万元，并于8月10日前发放到位。二是针对小微企业、大型联合体、合作社等新型农业合作组织，乡镇（街道）推荐的获贷企业每贷款10万元要求安排1名贫困户在其企业务工，且该贫困户工作时限不得低于6个月，月工资不得低于2000元，并将工资打到贫困户"一卡通"存折上，县扶贫办或所在乡镇（街道）对贫困户务工情况进行定期不定期抽查；对不安排贫困户务工的企业，需缴纳贷款额度5%的扶贫基金。除此之外，兰考县的金融扶贫贷款程序和流程逐步简化，各涉贷银行、保险公司简化审批手续，缩短放贷时间，一般贫困户10万元以下的贷款不再由涉贷银行、保险公司审核，而是由所在乡镇（街道）负责。兰考县针对加快推进金融扶贫贷款工作提出了相应措施保障，一是加强领导。兰考县成立了县金融扶贫协调小组，负责协调推进金融扶贫政策落实，由主管副县长任组长，县扶贫办、财政局、农商银行、农业银行、中原银行、邮储银行、中原农险和中华财险主要负责人为成员，每周一、周四召开例会，通过金融扶贫例会制度及时协调解决放贷中存在的问题。二是明确责任。各乡镇（街道）负主体责任，严把审核关，积极协助银行处理推荐企业、个人出现贷款逾期不还的情况，协助银行追回欠款，确保将风险降到最低；而针对各涉贷银行和保险公司在收到乡镇（街道）推荐相关材料后，无正当理由不予放款或拖延放款的，县政府有权收回相应剩余额度的风险补偿金。三是严格问责。县委县政府督查局、县纪委监察局、扶贫办要实时督导检查金融扶贫贷款情况，及时通报工作进度慢、把关不严的乡镇（街道），根据实际情况启动问责机制，对无故不放贷、限期内未完成放贷的涉贷银行要按规定收回相应剩余额度的风险补偿金并将通报情况抄送上一级主管部门。

兰考县的脱贫摘帽之路兼顾普惠与精准，对建档立卡贫困户实施了一系列的政策覆盖。一是针对建档立卡贫困户中的已脱贫户，采取帮助购买保险（包括财产、人身意外、农作物）、产业扶贫、大学生补贴（每人 5000 元 / 年）、外出跨省务工补助、危房改造、"雨露计划"六项政策，巩固脱贫效果。"雨露计划"通过实施助学工程，为农村人口提供短期技能培训和实用技术培训。通过直接帮扶模式、托管帮扶模式、合作帮扶模式、社会帮扶模式、股份帮扶模式、资产收益模式和以种代养帮扶模式这七种模式，结合包括"三位一体""四位一体""新三位一体"和产业发展信用贷在内的金融扶贫贷款、小额贴息贷款、到户增收资金等三类资金形成的资金支持，共同促进已脱贫户的发展。二是针对未脱贫户中的一般贫困户，除了享受上述政策外还享受医疗救助、教育救助、光伏扶贫三项政策。医疗救助规定提高参合贫困人口住院补偿比例，提高参合贫困人口新农合大病补偿标准，落实参合贫困人口县内住院先诊疗后付费结算机制，提高参合贫困人口慢性病门诊补偿，提高肾病透析患者门诊费用补偿，提高白血病患者医疗费用补偿。教育扶贫为小学生提供每年 300 元的补助，为初中生提供每年 1200 元的补助，为高中以上学生提供每年 5000 元补助。开展光伏扶贫保障了一般贫困户每户每年受益 3000 元。兰考县光伏发电扶贫项目为该县 115 个贫困村每个村免费安装 200 平方米的光伏发电设施，确保每个贫困村每年稳定实现 2 万 ~ 3 万元的集体收入。① 三是针对未脱贫户中的兜底户，除了享受以上政策外，还享受每月 150 元低保金、60 岁以下人员发放临时救助金 1000 元、对人均土地不足 1 亩人员按每亩受益 500 元补助差额这三项政策。

二、精准脱贫的关键因素

我国实施的精准扶贫方略强调"六个精准"，重在解决"扶持谁""谁来扶""怎么扶""如何退"四个方面问题。其中，"扶持谁"和"如何退"两个问题的要义在于工作认真、群众认可，而"六个精准"中真正的难点在于解决"谁来扶""怎么扶"的问题。兰考县在精准扶贫方略的执行过程中，紧紧围绕"六个精准"，以问题为导向，深入研究，综合施策，"靶向治疗"，以较真促认真，以碰硬求过硬，切实把精准的要求落实到脱贫攻坚各个环节，牢牢把握好了这四个关键问题。

"精准识别是精准扶贫、精准脱贫的前提和基础。"针对 2014 年建档立卡时对精准扶贫的认识不到位，以至于在贫困户认定上出现了分指标定任务、村干部优亲厚友等现象，最终导致贫困户识别不准、群众有意见的情况，兰考县在"扶持谁"的问题上，采用了"六步工作法"方式，解决了"扶持谁"的精准问题。2014 年，兰考县组织贫困人口建档立卡，贫困户的识别按照"农户申请—村'两委'、村民代表及工作队评议—贫困户初选名单（公示）—报送乡镇政府—贫困户初选名单核实—贫困户核实名单（公示）—报送县扶贫办—确定贫困户名单（公告）—建档立卡—信息录入"的流程进行。同时，在贫困人口建档立卡工作中还遵循"八优先"和"八不评"原则。"八优先"即缺少基本生活生产资料的困难家庭优先，丧失劳动能力的残疾人的困难家庭优先，因病导致家庭负债巨大的贫困家庭优先，遭受自然灾害损失巨大的困难家庭优先，"孤儿寡女"的困难家庭优先，因子女上学导致的困难家庭优先，有劳动能力致

① 童浩麟：《脱贫之后新兰考》，《河南日报》2018 年 1 月 6 日。

富愿望强烈的贫困家庭优先,自身经济困难且乐于帮助他人的贫困家庭优先。"八不评"即申请时已在本辖区以外地区居住1年以上的家庭不评,申请时家庭年人均纯收入低于扶贫标准但家庭实际生产生活水平达到或高于扶贫标准的家庭不评,有参与吸毒、赌博、嫖娼等严重违法行为的家庭不评,有劳动能力和劳动条件而不自食其力造成生活困难的家庭不评,家庭不和睦导致家境不好的家庭不评,子女条件较好而不履行赡养义务的家庭不评,家庭生产有雇工的家庭不评,违反计划生育政策导致贫困的家庭不评。除此之外,贫困人口建档立卡现场确认采取"三看一核算"的方式,即一看粮,二看房,三看劳动力强不强,并核算家庭人均纯收入。

2015年,针对2014年识别不精准问题,兰考县对全县的贫困人口、贫困程度、致贫原因等进行了逐户摸底排查,为因村因户因人施策提供了依据。2015年3月,驻村工作队结合村"两委"严格按照国家、省贫困人口建档立卡动态管理相关要求,对全县的贫困人口进行了再识别。2015年6月,为了让到户增收项目资金更好地发挥效益,再次开展入户调查,重点排查2015年预脱贫户,为贫困户制定后期脱贫规划,帮助贫困户定措施、上项目。2015年10月,针对审计署对河南省建档立卡贫困户审计工作中发现的问题,兰考县依照"应进则进、应出尽出"的原则,秉承精益求精、认真负责、实事求是、有错必究的态度,对全县所有行政村进行了一遍排查,并将最新因病因灾致贫的纳入贫困户范围。2015年12月,兰考县委县政府督查局派出5个调查组对3个乡(镇)的15个贫困村扶贫工作开展情况进行了抽查式暗访,针对群众对扶贫工作的认识、扶贫工作开展的情况以及驻村扶贫工作队开展工作的情况进行逐户摸排,查出了相关扶贫政策不透明,群众知晓率低,贫困对象信息不准确、精准度不高,扶贫措施不到位,扶贫资金使用效果较差,扶贫工作队工作不扎实、浮于表面、流于形式,贫困对象不公平、群众意见大,扶贫手册未发送，工作队与村"两委"工作不协调，个别村干部干涉调研工作等问题。

2016年，兰考县开展精准识别"回头看"，发现了"九类共性问题"和"四类个性问题"，以及"一个突出问题"。"九类共性问题"包括贫困户对政策知晓率低、公示知晓率不高，贫困户中普遍存在将扶贫等同于救济的认知误区，贫困户对脱贫标准不了解、不会算"脱贫账"，扶贫手册发放不及时、填写不规范、突击发放现象普遍，干部家属甚至本人不符合贫困户标准列入贫困户名单中的不在少数，到户增收扶贫资金使用存在问题较多、作用发挥不明显、产业扶贫带动能力不强，"春风行动"落实不到位现象均不同程度存在，对已脱贫人群关注度不高，存在弄虚作假、应付检查现象。其中，贫困户对政策知晓率低、公示知晓率不高成为"一个突出问题"。"四类个性问题"包括村"两委"班子战斗力弱、极少数村干部不配合调研活动的开展，部分贫困户对扶贫措施期望过高、不切实际，少数贫困户不配合调研工作、对调研存在抵触情绪，一些村基础设施依然薄弱。针对精准识别"回头看"中发现的问题，采取"一进、二看、三算、四比、五议、六定"的"六步工作法"进行解决。第一步是包村干部、村级组织和驻村工作队（第一书记）对全村农户逐家进户调查走访，摸清底数，重点查看申请户、困难户、边缘户。第二步是看房子、家居等基本生活设施状况，拥有商品房、高标准自建房、家用轿车、大型农机具、高档家电的农户，不得进行贫困户识别或慎重识别。第三步是按照标准逐户测算收入和支出，算出人均纯收入数，算支出大账，找致贫原因，综合考虑教育、医疗等刚性支出，对贫富情况有本明白账。第四步是和全村左邻右舍比较生活质量，家庭成员有公职人员、财政供养人员、有担任村干部的，家庭成员作为法人或股东在工商部门注册有企业的，在城镇拥有门市房、商品房的，不得识别或慎重识别。第五步强调要对照标准，综合考量，逐户评议，拟正式推荐为扶贫对象的，必须获得绝大多数村民认可，必须向村民公示、公告。第六步规定正式确定为扶贫对象的，由村"两委"推荐确定，乡镇党委政府核定。总之，兰考县精准识别的过程可以概括为"一算、五看"。"一算"是核算家庭人均纯收入；"五看"是指一看粮，二看房，三看劳动力强不强，四看是否有读书郎，五看是否有病在床。精准识别要求下关于"扶持谁"这一问题，通过贫困户识别、逐户逐人拉网式排查、集中将识别结果录入系统、规范乡村户三级档案体系得以解决。在先期对贫困户识别的基础上，兰考组织驻村工作队员、包村干部，严格按照识别标准和程序，多次对全县所有行政村逐户逐人拉网式排查，确保"应进则进、应出尽出，应纠则纠"，抽调优秀扶贫干部集中系统录入，统一标准，分级审核，集中将识别结果及时录入建档立卡信息系统，提高了档卡信息准确度；建立规范档案，在全省率先开展标准化档案建设，规范乡村户三级档案体系，为精准施策提供了最基础的资料。

"推进精准扶贫工作，关键在人。"2014年，兰考县驻村工作队存在有的驻村不住村，对村情民意不熟悉，工作流于形式；有的派出单位认识不到位，安排单位里年龄偏大、文化水平低、责任意识差的人驻村扶贫，由于难堪重任导致驻村帮扶工作效果不理想的现象。针对这些在村不住村、基层经验不足、派出单位认识不到位、工作队发挥作用不均衡的现实问题，兰考县在2015年建立了副县级以上领导干部分包乡镇（街道）制度，并在全县范围内抽调345名科级干部、后备干部、优秀干部入驻115个贫困村，扶贫驻村工作队队长由单位的科级干部担任，队员由科级后备干部、优秀干部和所在乡镇（街道）包村干部组成，明确工作队由所在乡镇直接管理，同时对一些不适合在基层工作的驻村工作队员进行动态调整。针对非贫困村缺乏帮扶的问题，兰考县在2016年4月抽调335名乡镇优秀干部专职负责335个非贫困村，专职从事基层党建和扶贫工作，确保每个村都有帮扶工作队、每个贫困户都有帮扶责任人，实现了贫困村与非贫困村的全覆盖。2016年6月，兰考县创造性开展"三联三全"活动，即县级领导联系重点项目和贫困村，科级干部联系软弱涣散村和政策兜底贫困户，机关在职党员联系一般贫困户和贫困党员，实现对重点项目、贫困村、软弱涣散村、贫困户分包联系全覆盖。在解决"谁来扶"问题的过程中，兰考县把脱贫攻坚纳入年度考核体系，对成绩突出的单位和个人予以表彰，并将其作为评先评优的重要依据。对落实不力、敷衍推诿的单位或个人，进行通报约谈问责。兰考县树立鲜明用人导向，对脱贫攻坚过程中评选出的两批70名"驻村扶贫工作标兵"和62名脱贫攻坚一线表现优秀的干部全部提拔重用，树立"重基层、重一线、重实绩"的用人导向。并先后对2名乡镇党委书记和主管副职进行约谈，对3名落实脱贫攻坚主体责任不力的村党支部书记进行免职，召回1名工作不力的驻村第一书记。兰考县还对驻村队员开展多轮次业务培训，通过选树标兵、分区域排查、逐一"过筛子"考试，确保扶贫政策落实到位；强化对工作队政策、资金、生活保障，解除后顾之忧，确保驻村工作队员"住得下、干得好、可带富"。除此之外，兰考县还制定了脱贫攻坚八项铁律，一是以一户一档为准，确保建档立卡户信息无差错，且与"六个精准"、扶贫信息库、明白卡和扶贫手册相对照，逻辑关系清楚、数据衔接一致，信息准确无误；二是建档立卡户各项申请及确认事项必须本人签字按手印方为确认真实有效，如有特殊情况代签必须附注说明，且履行"四议两公开"程序，会议资料一户一档中留存；三是确保所有建档立卡户对扶贫十二项政策熟知掌握，确保建档立卡户每家都能享受到至少三项精准帮扶政策或有针对性的实质帮扶措施；四是严格落实"两不愁三保障"政策，确保建档立卡户不愁吃、不愁穿和教育、基本医疗、住房安全保障政策落实到位，贫困户能够熟练掌握和运用；五是确保所有兜底户达到"五不五有"和"五净一规范"标准，精神面貌有明显改变；六是确保所有建档立卡户家家都有扶贫手册，未脱贫户的扶贫明白卡要在家中明显位置悬挂；七是确保所有建档立卡户家庭收入算账清楚，群众认可，对个别不实事求是者按"四议两公开"程序予以确认，确认资料在一户一档中留存；八是所有建档立卡户的退出严格按照省定退出程序执行，资料一户一档留存，所有贫困户人均纯收入以2016年底为准，达到3200元以上确认为脱贫，2014年、2015年已脱贫户在一户一档中按照2015年底人均纯收入2855元已经复核过的也要按照2016年的标准重新复核，复核资料一户一档，确保返贫者不遗漏。

"脱贫攻坚关键在于精准施策，开对'药方'，才能拔掉'穷根'。"面对过去扶贫政策针对性不强，部分贫困群众难以得到精准帮扶；对一些行业扶贫政策研究不深、督促不够，行业扶贫部门之间协同配合不够，造成推进慢、落地难；社会扶贫多停留在送钱送物上，政府引导不够、没有形成合力等三类情况，兰考县积极发扬焦裕禄"科学求实"的精神，着力构建了专项扶贫、产业扶贫、社会扶贫"三位一体"的大扶贫格局，来解决"怎么扶"的问题。第一，在专项扶贫方面，兰考县对已脱贫户开展了保险扶贫、产业扶贫、雨露计划、外出跨省务工补贴、大学生补贴、危房改造六个方面的扶贫政策；对未脱贫的一般贫困户，在上述政策的基础上，还享受光伏扶贫、医疗救助、教育扶贫三项政策；对未脱贫户中的兜底户，除了以上政策外，还享受低保金、临时救助和土地补贴三项政策。兰考县主要采取了产业发展扶贫、金融创新扶贫和保险兜底扶贫三种方式。充分运用当地资源优势，并结合财政支持和金融支持，大力发展了种植业、畜牧养殖业和民族乐器、家居、旅游、电商等特色产业，逐步形成一、二、三产业融合发展的局面。通过金融创新的方式，对未吸纳贫困人口就业的企业、吸纳贫困人口就业的企业和部分吸纳贫困户的企业采取不同的金融政策，支持扶贫资金的建立，并为所有建档立卡户购买人身、产业、财产保险，为贫困户的生命财产安全提供保障，降低贫困户因病致贫、因灾返贫的概率。第二，在行业扶贫方面，针对行业部门之间协同配合不够，扶贫政策推进慢、落地难等问题，由扶贫办牵头谋划协调，实行台账化管理，纪检监察部门督促落实，推动贫困村基础设施和公共服务整体提升。第三，在社会扶贫方面，由妇联组织实施"巧媳妇"工程，帮助妇女实现在家门口就业；由工商联组织实施人居环境扶贫，激发了贫困户主动脱贫的内生动力；由团县委组织实施助学扶贫，建立贫困学生信息库，接受爱心企业和爱心人士的捐赠，阻断贫困的代际遗传；在此基础上由工会组织开办爱心美德公益超市，为兜底户、弱劳动能力人群、留守妇女、贫困学生开展帮扶行动，在爱心美德公益超市里，人们可以通过劳动换取积分，进而以积分换取所需的物品。

三、率先摘帽的退出机制

兰考县在贫困户退出、贫困村退出和贫困县退出方面设立了一系列退出标准和退出机制，有效解决了"如何退"的问题。

1. 贫困户退出

在贫困户的退出中，面临着一些群众不清楚退出标准，个别群众不会算账甚至不认账，少数群众对政策认识有偏差，不想退、不愿退、害怕退，个别贫困户退出程序不严格等实际问题，兰考县基层干部通过集中宣讲和挨家挨户走访，来正向激励使贫困户树立脱贫光荣的意识，并且设立了"1+2+3"退出标准。兰考县贫困户的退出遵循"1+2+3"退出标准，"1"即贫困人口退出主要衡量该户年人均纯收入稳定超过国家扶贫标准；"2"即不愁吃、不愁穿；"3"即义务教育、基本医疗、住房安全有保障。在贫困户的退出过程中，遵循"两公示、一公告"的流程。首先，召开乡镇（街道）、村委、驻村工作队专项培训会，传达贫困户退出工作规范、标准及要求；然后，按照要求入户采集贫困户信息，进行入户算账，提出贫困户的退出名单后由村"两委"和驻村工作队进行民主评议，以确定贫困户退出名单；接着，进行第一次公示，完成后无异议上报乡镇人民政府审核；紧接着，通过审核后进行第二次公示，无异议后上报县扶贫办，由县扶贫办进行公告，作出最后公示；最后录入系统，并开展贫困户信息维护工作，在建档立卡系统中标示脱贫。

2. 贫困村退出

兰考县在河南省贫困村退出"1+7+2"标准的基础上结合自身实际，提高标准，在贫困村的退出过程中采取了"1+7+2+5"退出标准。"1"即贫困发生率降至 2% 以下。"7"即达到以下 7 项基础设施建设和基本公共服务指标：实现一条通村公路硬化，实现通客运班车；饮水安全；基本满足生产生活用电需求；广播电视户户通；有综合性文化服务中心；有标准化卫生室，有合格乡村医生或执业（助理）医师；实现通宽带。"2"即统筹考虑产业发展和集体经济。"5"即脱贫规划、产业发展规划、集体经济发展规划齐全；贫困村退出后有持续的帮扶计划；档案资料齐全，无缺项、漏项，无逻辑关系错误；兜底户精神面貌明显改善（"春风行动""五净一规范"等行动落实到户）；各项政策得到落实。同时，贫困村的退出也有规范的退出流程图，遵循一定的退出程序。首先，乡镇要提出书面申请，提交申请后政府组织 8 个调查核实组，对照贫困村退出标准调查核实，组织 3 个专项督查组对行业部门指标完成情况进行督查，并对退出的贫困户进行抽查，组织 3 个专项调研组对申请退出贫困村进行抽样调研。其次，在完成了核实检查和抽样调查后，确定退出标准的贫困村名单。再次，对符合退出标准的贫困村，在乡镇（街道）政府所在地和所在村内显著位置公示 7 天。最后，在公示无异议后，由县扶贫开发领导小组进行审核公告退出，并在建档立卡贫困村销号。为确保 115 个贫困村全部达标、精准退出，兰考县委、县政府多次召开专题会议，各行业部门对标找差距，及时完善提升。2016 年 12 月 3 日，兰考县召开脱贫攻坚推进大会，要求各乡镇（街道）、各行业部门一项一项排查，坚持"缺什么补什么"，确保在 12 月 12 日前完全达标。同时，县扶贫开发领导小组抽调 28 个单位的 64 名业务骨干，组成 8 个调查核实组对全县 115 个贫困村退出进行核查；县委县政府督查局组成 3 个督查巡察组对退出贫困村中的贫困户进行抽查，全面排查脱贫措施落实情况和工作成效；县纪委监察局组织 3 个专项调研组对退出后的贫困村进行抽样调研，确保贫困村退出工作成效牢固，并于 12 月 23 日对贫困村退出进行了公告。

3. 贫困县退出

兰考县严格按照贫困县退出的"1+3+2"标准进行贫困县退出工作。"1"即全县贫困发生率降至 2% 以下。"3"即 90% 以上的贫困村退出贫困序列；农民人均可支配收入增长幅度高于全省平均水平；教育、文化、卫生医疗等基本公共服务主要领域指标达到或接近全省平均水平。"2"即在基础设施方面，全县基础设施建设达到省定标准；在发展能力方面，构建产业发展体系，基层组织建设实现"六个一"等。贫困县的退出流程严格遵循八个步骤：行业行政部门对照行业指标进行自查评估；聘请第三方机构对贫困县退出进行预评估；向省级扶贫开发领导小组提出退出申请；接受省扶贫开发领导小组贫困退出省级核查；经省扶贫开发领导小组核查确定后进行社会公示；省级扶贫开发领导小组向国务院提出申请；接受国务院扶贫开发领导小组的专项评估检查；国务院扶贫开发领导小组评估检查符合退出标准后，由省政府正式批准退出。

2016 年 10 月，兰考县聘请中国科学院地理科学与资源研究所作为第三方完成了预评估。综合评估得出：兰考县贫困发生率为 0.7%，基础设施保障率为 97.8%，政策惠及率为 93.85%，发展贡献率为 76.99%，兰考的退出可行度为 95.68%，可以稳定退出。此后，兰考又针对问题进行自查和整改。2016 年 12 月 2 日—16 日，贫困村退出调查核实。2016 年 12

月，兰考被确定为首个国家级普惠金融改革试验区。2016 年 12 月 25 日，兰考县向河南省扶贫开发领导小组提出兰考县脱贫退出申请，并呈上自查报告。2016 年 12 月 28 日，省扶贫开发领导小组对兰考县脱贫退出开展调查核实工作，并对社会公示。

2017 年 1 月 9 日，河南省扶贫开发办公室对兰考扶贫退出进行公示。2017 年 1 月 9 日—21 日，国务院扶贫办对兰考开展省级复查，第三方抽查、普查、核查四次调查，第三方评估主要指标是"三率一度"，即贫困发生率要低于 2%，错退率要低于 2%，漏评率要低于 1%，群众认可度要高于 90%。国务院扶贫开发领导小组反馈结果显示，兰考县抽样错退率为 0.72%，漏评率 0.75%，群众认可度高于 98.96%，综合测算贫困发生率 1.27%，符合贫困县退出标准。2017 年 2 月 23 日，国务院扶贫办反馈兰考退出专项评估情况意见，兰考具备退出贫困县条件。2017 年 2 月 27 日，经国务院扶贫领导小组评审，获得河南省政府批准后，河南省人民政府正式宣布兰考脱贫摘帽，兰考县成为首批正式实现脱贫的国家级贫困县，甩掉了多年的贫困"帽子"。兰考县脱贫攻坚成效显著，成为我国率先脱贫的第一批贫困县，截至 2018 年底，全国各地到兰考参观学习脱贫攻坚经验的单位和团体共有 6300 余批次，参观人数达 178000 余人次，接待国际友人观摩团 4 批共 205 人，兰考县委、县政府应邀外出介绍脱贫攻坚经验的交流报告会达到了 130 次。

第二节 巩固脱贫成果开启全面小康之路

一、巩固精准脱贫成效

兰考县在 2017 年 2 月顺利实现了脱贫摘帽，但脱贫还不是最终的目的，只有实现小康，全面建成提高人民生活水平、总体实现基本公共服务均等化的小康社会，才是真正的目标。顺利脱贫的兰考县与全面建成小康社会仍然存在一定差距。为持续巩固提升脱贫成效，兰考县委、县政府制定了《关于稳定脱贫全面建成小康社会的意见》，为兰考县 2020 年的发展目标作出了明确规划，提出 2020 年全县生产总值达到 380 亿元，年均增速 10% 左右；人均生产总值达到 5.5 万元，年均增速 7.9% 以上；城镇化率达到 56%，城镇人口达到 40 万人；城乡居民人均可支配收入达到 2.2 万元，年均增速 13.1%，基本公共服务均等化总体实现，确保 2020 年和全省全国人民同步实现全面小康。[①] 但是，兰考县经济总量偏小，综合实力还不强；主打产业竞争力还未完全形成，导致发展的支撑作用未能充分发挥；城镇化水平偏低，在城乡一体化发展问题上任务重大；教育、医疗、养老等民生事业还有较大的提升空间，需要进一步加强公共服务供给能力。在兰考县整体脱贫之后，仍然有 7000 多人处于贫困线之下，2 万人刚好跨过贫困线，薄弱的脱贫基础使得因灾返贫、因病返贫、因学返贫现象随时可能发生。补齐这一工作短板、解决这一全面建成小康社会过程中的关键制约，是兰考县的当务之急。

2017 年 3 月 18 日，450 名机关企事业单位党支部书记、450 名农村（社区）党支部书记、450 名驻村工作队长手拉手进行对接，召开了

---

① 童浩麟：《兰考出台全面建成小康社会规划 确保 2020 年和全省全国人民同步实现全面小康》，《河南日报》2017 年 5 月 8 日。

一场千人大会，拉开了兰考县"支部连支部，一起奔小康"活动的序幕，奏响兰考县"稳定脱贫奔小康"的号角。县里继续派驻村工作队，明确一个机关企事业单位党支部和一个农村（社区）党支部结成共建对子，每个结对机关企事业单位党支部选派1名支部委员、1名入党积极分子或优秀年轻干部组成2~3人的工作队，驻村开展工作，通过组织共建、党员共管、人才共育、致富共帮，实现建强支部、育强干部、做强产业的目标。2017年兰考县投入整合涉农资金2.4亿元，实施扶贫项目158个；动态调整建档立卡贫困人口新识别50户、183人，返贫16户、53人，脱贫退出527户、1490人，年底该县有建档立卡贫困人口22379户、74307人，未脱贫人口3369户、6934人，贫困发生率为0.89%。

在乡村振兴战略中实现产业兴旺和生活富裕，通过产业振兴支撑兰考全面建成小康社会，实现可持续发展，承接精准脱贫时期巨大的财政投入的支持，这些是全面奔小康的关键，也是县委、县政府关注的核心问题。2018年，兰考县将稳定提升脱贫成效作为工作重点，在稳定脱贫奔小康的工作中，结合"两学一做"学习教育常态化制度化要求，深入开展"支部连支部，加快奔小康"活动，通过持续开展驻村帮扶来加强基层组织建设、推动产业发展。兰考县坚持脱贫不脱政策，最大限度扩大政策覆盖面来巩固脱贫成果；加快推进特色产业体系、新型城镇化体系、公共服务体系建设，为全面小康奠定坚实基础。

2019年是全面建成小康社会冲刺阶段的关键年份，兰考县紧抓"三个落实"，做实"四个不摘"，在巩固脱贫攻坚成果的同时推进全面小康社会的建成。

第一，分层细化各级责任，落实不摘责任。摘帽不摘责任，明确脱贫攻坚工作中每个参与者的责任，能够督促各级责任人把准方向，有效实现工作目标。（1）在县级层面上，兰考县继续坚持"周例会、月推进会"制度，及时发现扶贫过程中存在的问题，及时安排部署解决措施，保证扶贫工作"一竿子插到底"。在 2019 年共召开了稳定脱贫奔小康指挥部周例会 39 次、月推进会 12 次，县委常委会专题研究脱贫攻坚工作 12 次。县级党政主要负责同志每月要用 5 天时间开展当前工作形势分析专题研究，进而规划和部署下一步工作重点，并下乡入户进行走访调研；各分管县领导要分别召开小组工作例会；县级干部要带头每周到分包联系村住一个晚上，要到一线解决问题，做好"百日驻村"活动；科级干部要每周到党支部结对村进行调研，做好检查工作落实、强化工作纪律、深入调查研究、密切干群关系、强化基层党建等五项职责任务，帮扶贫困人口中的"重点户"完成"三项基本任务"，即确保户均有 2 项以上增收扶持措施、提升户容户貌达到"五净一规范"、政策落实到位。（2）在行业部门层面上，兰考县通过组建"1+1+1+2"工作专班^①，在行业扶贫部门固定负责扶贫工作。通过在"百日驻村"时间段内构建的"三个一"工作机制^②，打通政策落实"最后一公里"。（3）在乡镇层面上，兰考县组建了"1+1+1+5"专职扶贫队伍^③，党政正职要每周组织召开脱贫攻坚例会，讨论各项工作的统筹推进。继续按照"五级书记抓扶贫"的责任体系，通过开展大走访活动，以问题为导向狠抓工作落实，进一步提升群众满意度，2019 年全县 16 个乡镇（街道）党（工）委书记共走访了 21701 户，遍访比例达到 100%。（4）在村级层面上，作为一线工作者的责任组长、村"两委"、驻村工作队对于脱贫攻坚具有重要作用，要负责做好所有建档立卡户的日常帮扶，做好未脱贫户的每周访问，做好所有建档立卡贫困户的每季度访问；每周召开村脱贫攻坚小组例会和贫困户政策宣讲晚间"板凳会"，加强政策宣传和落实。

---

① "1+1+1+2"工作专班：指的是 1 名单位负责人 +1 名主抓副职 +1 名专职科长 +2 名以上专职工作人员。

② "三个一"工作机制：指的是科级干部每周带头住村一晚，召开座谈会，研究解决问题；召开一次"板凳会"，集中宣讲政策；每周走访一次建档立卡贫困户，查看政策落实情况。

③ "1+1+1+5"专职扶贫队伍：指的是党委书记 + 副书记 + 扶贫专干 +5 名以上专职工作人员。

第二，重点解决"两不愁三保障"问题，落实不摘政策。严格执行中央和省级扶贫政策，不断优化调整县级政策，在不拔高标准的基础上，将各项政策落实到位。（1）在教育扶贫方面，全县 183 所小学的校长、副校长、教导主任分包了 454 个行政村，2512 名小学教师分包了 4829 户建档立卡有义务教育阶段学生户，建立起了村校联动教师包户工作机制，落实好学生资助政策和控辍保学①责任；采取送教上门、随班就读等合适的教育形式帮助重度残疾无自理能力适龄儿童接受义务教育；严格落实教育资助政策，2019 年共计对建档立卡贫困学生发放各类资助资金 5183.27 万元，惠及学生 49874 人次。（2）在健康扶贫方面，做好医疗保险资助、先诊疗后付费，实现一个窗口办理、一张单据结算；实行针对贫困人口的大病专项救治和政府医疗救助、全民健康保险，减轻贫困群众看病就医费用负担；落实家庭医生签约服务，实现慢性病鉴定程序的简化和签约服务全覆盖。2019 年，兰考县先诊疗后付费 25341 人次，免收住院押金 9698.91 万元；全县建档立卡户参加重症慢性病鉴定 13456 人，其中鉴定通过 9619 人；贫困人口县域内就诊率 95%，住院自付率 8%；筛查贫困人口 25 种大病患者 946 人，将其全部纳入专项救治范围，做到了应治尽治。（3）在住房保障方面，排查了全县所有四类对象的住房安全情况，严格按照危房改造政策标准将符合改造条件的房屋进行改造，并以奖补的形式拆除非四类对象的 D 级危房。截至 2019 年底，全县完成了 1036 户危房改造任务和 2479.9 万元补助资金的拨付。除此之外，兰考县启动了全域危房清零行动，改造或拆除了农户危房，清理了闲置空心院 3146 座，按照"一宅变四园"，种植苗圃、果树、蔬菜或建设小游园，有力推动了乡村面貌的改善。（4）在农村饮水安全方面，兰考县共建设了 94 处农村安全饮水工程，其中包括 28 处千吨万人供水工程、65 处千吨万人以下千人以上的供水工程、1 处千人以下的供水工程，实现了安全饮水全

---

① 控辍保学：控制学生辍学、流失，保证义务教育阶段学生入学就读，接受义务教育。

覆盖。2019 年投入安全饮水巩固提升工程的资金共计 1576 万元，兰考县饮水型氟超标地方病防治项目顺利完成，确保了农村安全饮水水质达标。（5）在综合保障方面，一要做好最低生活保障工作，兰考县将农村低保月人均补助水平由 154 元提高至 166 元，扶贫政策兜底户标准由每人每月 270 元提高至 330 元，将农村低保线标准提高到 3860 元，确保了农村低保线标准始终高于扶贫线标准。2019 年，兰考县共有农村低保 13568户共计 22518 人，其中建档立卡贫困户 12874 人，占比 57.2%，共计发放低保金 5274.6 万元。二要做好临时救助工作，将因灾、因病等导致基本生活暂时出现严重困难的家庭纳入临时救助范围。2019 年共支出临时救助金 136.4 万元，救助 1192 人次，其中建档立卡户 324 人次；对政策兜底户中不满 60 岁人员每人每年发放临时补助 1000 元，发放资金 191.9 万元，惠及 1919 人。三要做好贫困群众社会养老保障工作，根据"全覆盖、保民生、促脱贫"的工作方针，兰考县的贫困人口实现了基本养老保险全覆盖，按时足额发放了养老金待遇。2019 年，应参保的 32507 名贫困人口全部参保，19575 名应发放待遇人员全部足额发放，为 7243 名贫困人口代缴居民社保费 72.43 万元。四要做好特困人员救助供养工作，将分散供养特困人员的基本生活费标准由每人每年 4600 元提高至 5100 元；全县共有特困人员 3038 人（建档立卡户 1803 人），其中集中供养 642 人，分散供养 2396 人，共发放特困人员供养资金 1768.2 万元；兰考县建立了特困人员分类供养机制，实行自理人员居家供养、半自理人员敬老院供养、失能人员采取政府购买服务模式进行集中托养，2020 年 5 月已入住托养中心的失能人员有 64 人；完成了困难残疾人生活补贴和重度残疾人护理补贴认定发放工作。2019 年发放残疾证 2224 个（全县累计持证残疾人 22719 人），发放残疾人辅助器具 1390 件，全县享受残疾人生活补贴、护理补贴 12056 人（其中建档立卡贫困户 4549 人，占比 37.7%），发放补贴资金 1351.2 万元，完成 366 户建档立卡重度残疾人家庭无障碍改造工作。

第三，抓牢做实各项帮扶措施，落实不摘帮扶。通过开展"支部连支部"活动，持续强化各级帮扶力量。（1）优化加强驻村帮扶。兰考县依托"支部连支部"，通过 454 个稳定脱贫奔小康工作队共计驻村工作队员 1123 人，开展基层组织建设和产业发展等方面的驻村帮扶，遵循大稳定、小调整、只增不减的原则，优化驻村工作力量，保障工作队员的驻村补助和工作队专项工作经费。按照"应联尽联、不漏一户"的原则开展"支部连支部、干部联到户"活动，对贫困户进行重点帮扶，县党政班子成员分包 2 户，其他县级领导干部联系 1 户；科级干部、驻村工作队员结对帮扶脱贫基础较为薄弱的 2018 年、2019 年脱贫户和未脱贫户，村级责任组长、乡村两级干部分包 2014—2017 年的脱贫户，做好日常帮扶和重点帮扶双管齐下。（2）多措并举促进稳定增收。兰考县坚持对能够发展产业的群众支持其发展产业，对没有产业发展能力的群众帮助其在产业发展中稳定就业，对没有稳定就业能力的群众鼓励其勤劳致富，促进群众稳定增收。在做优产业促增收方面，全面推行"龙头企业做两端，农民群众干中间，普惠金融惠全链"的产业带贫增收模式。对建档立卡户实行全覆盖的产业帮扶，重点培育发展群众不离乡不离土、好融入的"5+5"特色扶贫产业。到 2019 年底，共建设设施农业大棚 2.8 万座、蜜瓜产业园 48 个、小杂果种植基地 28 个，共种植红薯 6 万余亩、花生 25 万亩、蜜瓜 3 万亩，通过直接参与养殖、土地流转、资产收益、饲草种植与收购、务工等方式，累计带动建档立卡户共计 16227 户 39816 人实现了增收致富。在就业创业稳增收方面，按照"外出务工、产业体系就业、乡镇产业园就近就业、居家灵活就业、公益性岗位就业"5 种就业模式，为贫困群众定期推送就业信息并开展针对性培训，鼓励弱劳动力参与县定公益性岗位就业，实现了 28311 名建档立卡贫困劳动力中有就业能力和就业愿望的人全部就业，其中县内转移就业 13892 人，县外转移就业 14419 人，2019 年共培训贫困劳动力 811 人，落实各类补贴共计 397.17 万元，全县统筹开发贫困人员各类公益性岗位 2698 人，通过发放一次性创业补贴和提供创业担保贷款扶持了 142 名贫困劳动力创业。在金融扶贫促增收方面，通过构建金融服务体系、信用评价体系、风险防控体系、产业支撑体系，优化信贷产品，打通企业和农户融资渠道，化解融资难、融资贵问题，2019 年小额扶贫投放贷款 9555.42 万元，历年贷款达到 7413 笔 2.29 亿元，覆盖率 34.76%，贴息 853 笔 146.73 万元。（3）"志智双扶"激发内生动力。兰考县较好地做到了扶贫与扶志相结合，通过营造"脱贫光荣"的社会氛围来进行思想扶贫。不断推进"1+3"社会扶贫，2019 年在 16 个乡镇（街道）设立了 18 家爱心公益超市，共向 5200 户贫困群众发放了 451.5 万积分券，2020 年"爱心超市"增加到 37 家，实现了兰考县域内全覆盖。2019 年改造新建的 126 个"巧媳妇"就业点帮助了 5500 人实现就业并直接带动贫困人口 299 人，为 5860 名学生发放了助学扶贫帮扶资金 357.5 万元。积极开展文明扶贫，开展了 2053 场次"快乐星期天·孝老爱亲饺子宴"暨兰考文明户评选表彰活动，每周组织评选"干净整洁星""勤劳致富星""孝老友善星"，评选出文明户 11226 户，评选好媳妇、好婆婆、文明家庭等各类先进典型 4812 名（户）。通过奖励爱心积分来推进乡风文明建设，通过开展"接老人回家"活动，492 名老人被子女接回家，弘扬了孝老爱亲社会新风尚。深入推进文化扶贫，村级综合性文化服务中心设置率达到 100%，投入 210 万元为"农家书屋"增补图书 23 万册，实现每个书屋图书数量不低于 1500 册，投入 174 万元改进农家书屋 87 个，并组织各类文化惠民演出 590 余场，有效提升了"扶贫扶志"效果。（4）抓实党建强化组织保障。持续提升基层组织力，结对党支部在每月第一个星期四共同开展"5+N"主题党日，围绕脱贫攻坚、产业发展、人居环境改善等方面组织开展活动，将主题党日与脱贫攻坚工作有效结合起来；规范村级班子工作运行管理，设置 5 个专职岗位，对"两委"成员合理分工，压实责任，提高效率。加强扶贫干部培训，在东坝头镇张庄村实训基地采取课堂教学、现场教学、体验教学等形式，分批分期对乡村扶贫干部开展"小班额"实务轮训，提高基层扶贫干部的工作能力。建立激励惩处机制，兰考县借鉴焦裕禄树立"四面红旗"的做法，在全县农村党组织中每半年开展一次"四面红旗村"——鼓励争创脱贫攻坚红旗村、基层党建红旗村、产业发展红旗村、美丽村庄红旗村评选表彰活动，每得一面红旗，村党支部书记每月新增奖励绩效 500 元，其他村干部新增 300 元，红旗不丢、绩效不减，红旗累加、绩效累加，大大激发了基层组织创先争优的热情，充分调动了农村基层党组织"当先进、立标杆"的积极性和主动性。截至 2020 年 5 月已开展 8 批评选，221 个村获得 264 面"红旗"，先后评选出 170 名"扶贫标兵"，其中，113 名得到提拔重用，充分调动了村干部的干劲和全县驻村队员扎根乡村、决战决胜脱贫攻坚的积极性主动性。制定出台的"支部连支部，加快奔小康"活动四项规定、驻村工作八项奖惩规定等系列举措，将各级干部的脱贫攻坚责任进一步压紧压实，并促进了有效落实。

第四，有效防止致贫返贫，做实不摘监管。做好摘帽不摘监管，高度重视防止返贫致贫任务，强化动态监测和扶贫资金项目监管。（1）加强贫困监测提升数据质量。衔接国家和省扶贫系统建立兰考贫困监测数据平台[①]，实现了档卡资料的电子化；组织人员对建档立卡人口特别是重点返贫人口的政策落实情况、收入情况进行核对，监测收入下降户，分析下降原因，实施分类针对帮扶，确保不返贫；监测非建档立卡人口中低收入人群，着力消除致贫因素，确保不致贫。（2）加强作风纪律监督。

---

① 兰考贫困监测数据平台设置了12个模块，包括基础信息、档卡资料、贫困监测、政策落实、项目申报、项目实施、问题反馈、帮扶动态、扶贫信访、信息发布、数据分析、脱贫核查。平台分为网页和手机 App 两种登录方式，手机 App 方便查看、采集、上报各类信息数据，网页端侧重于展示、汇总、分析、导出数据等。

兰考县制定《兰考县全面打好打赢脱贫攻坚战专项巡察工作方案》《兰考县全面打好打赢脱贫攻坚战问责办法》，组建 18 个专项巡察组和 5 个专项督查组，深入开展专项巡察，监督检查政策落实、责任落实、工作落实情况。针对脱贫攻坚中的形式主义、官僚主义和侵害群众利益问题，扎实推进村居巡察监督。持续深化扶贫领域作风问题专项整治，严厉查处扶贫领域"微腐败"。（3）加强扶贫项目和资金绩效管理。坚持"资金跟着项目走、项目跟着规划走、规划跟着脱贫目标走、目标跟着扶持对象走"的原则，分级分类进行公告公示。2019 年全县共整合资金 23720.46 万元，其中专项扶贫资金 9984 万元，对接 145 个扶贫项目，涉及 7 个行业部门，包括基础设施类项目 114 个，安排资金 14611.03 万元；产业发展类项目 31 个，安排资金 9109.43 万元。2019 年已拨付 22623.26 万元，拨付比例 95.4%，其中专项扶贫资金拨付 9506.56 万元，拨付比例 95.21%。同时，严格开展扶贫项目库的谋划和申报工作，全县 2020 年项目库入库 186 个，资金规模 37128.33 万元。加强扶贫项目资金监管，整合资金统一管理、项目统一审核，避免多源头管理资金及账目混乱问题，切实提高报账效率。建立从预算安排到拨付、支付、使用、绩效评估的全流程监控机制，实现全程可追溯，动态掌握资金使用情况，确保扶贫资金安全高效。

2019 年，兰考县深入贯彻落实习近平总书记关于扶贫工作的重要论述，坚定不移以脱贫攻坚统揽经济社会发展全局，秉承焦裕禄的实干创新精神，围绕"三个落实""四个不摘"继续推进脱贫攻坚，持续巩固提升脱贫成效，加快了全县经济社会的发展和城乡面貌的改变，提高了县域综合实力和发展活力。2019 年，兰考县被评为"全国人居环境整治成效明显激励县"，受到国务院督查激励；2020 年 3 月，又被中央农办、农业农村部评为"全国村庄清洁行动先进县"；同年 8 月，被河南省委、省政府评为"全省农村人居环境整治先进县"。2019 年，兰考县实现生产总值 389.9 亿元，是 2016 年底脱贫摘帽时的 1.4 倍，年均增长达 8.5%；城镇居民人均可支配收入 27231 元，是 2016 年的 1.3 倍，年均增长 8.8%；农村居民人均可支配收入 13126 元，是 2016 年的 1.3 倍，实现年均增长 9.7%，超过了城市的增速；建档立卡贫困人口人均纯收入达到 12346 元，是 2016 年的 2.3 倍。截至 2020 年 5 月，兰考县共有建档立卡人口 21701 户、73318 人，2019 年兰考县实现了 2457 户、5505 人的脱贫。

二、探索脱贫攻坚与乡村振兴的有机衔接

在脱贫攻坚与乡村振兴有效衔接的关键时期，针对脱贫摘帽后可能产生的思想认识容易出现偏差、帮扶力量容易减弱、剩余贫困人口发展能力不足、工作推进落细落实不够全面均衡、推进脱贫攻坚与乡村振兴有效衔接的思路不够清晰五类问题，兰考县进行了一系列实践和探索，以脱贫攻坚统揽经济社会发展全局，为全面打赢脱贫攻坚战、巩固提升脱贫成效，建立了"12345"工作模式[①]。兰考县坚持以习近平新时代中国特色社会主义思想为指导，认真领悟习近平总书记关于扶贫工作的重要论述，遵循县域治理"三起来"、乡镇工作"三结合"[②]的要求，弘扬焦裕禄"三股劲"精神，2019 年 5 月 20 日，县政府印发了《关于全面打好打赢脱贫攻坚战彻底摆脱贫困的实施意见》，指出要以一条主线统揽全局、两个重点夯实基础、三个落实稳定脱贫、四个强化提升能力、五个衔接深入推进，坚持农业农村优先发展，打好打赢脱贫攻坚战，以脱贫攻坚统揽经济社会发展全局。

---

① "12345"工作模式：一条主线统揽全局、两个重点夯实基础、三个落实稳定脱贫、四个强化提升本领、五个衔接深入推进。

② 县域治理"三起来"、乡镇工作"三结合"：习近平总书记在兰考调研时作出重要指示，县域治理"要把强县和富民统一起来，把改革和发展结合起来，把城镇和乡村贯通起来"；在尉氏县调研时强调，乡镇工作"要把改进作风和增强党性结合起来，把为群众办实事和提高群众工作能力结合起来，把抓发展和抓党建结合起来"。

1. 以"一条主线"统揽全局

脱贫攻坚是摆脱贫困奔小康的根本路径，是优化干部队伍建设、密切党群干群关系、巩固党的执政基础的重要措施，要坚持农业农村优先发展，形成以脱贫攻坚统揽经济社会发展全局的共识，做好相对贫困的持续帮扶工作，完成好脱贫攻坚与乡村振兴的有机衔接。做好统揽要从思想认识、组织力量、发展实践三个方面着手。

（1）在思想认识上统揽。纵观历史实践发展，脱贫攻坚是新中国成立以来"三农"领域在制度设计、工作体系、考核机制、社会认同几个方面最为卓越的工程。全面建成小康社会，必须坚定不移以脱贫攻坚统揽经济社会发展全局不动摇，牢固树立打好打赢脱贫攻坚战作为乡村振兴先决条件的思想共识，不断补齐全面小康的短板问题，有效落实各项扶贫政策，确保如期实现全面脱贫目标。要以把联系点建成践行习近平新时代中国特色社会主义思想示范点为目标，把脱贫攻坚作为兰考当前首要政治任务，形成全面打好打赢脱贫攻坚战就是为乡村振兴开好头起好步的思想共识。（2）在组织力量上统揽。不断完善在脱贫攻坚中形成的好经验好做法，解决出现的新问题，按照"市县抓落实"的工作要求，加强"书记县长负总责，四大班子齐上阵"的工作机制，构建"支部连支部"持续帮扶组织架构，增强行业部门和乡镇专职扶贫力量，明晰行业部门、乡镇（街道）和村级职责，保障组织力量的提升。（3）在发展实践上统揽。县域治理"三起来"、乡镇工作"三结合"是指导县一级科学发展和有效治理的根本遵循和方法论。有效巩固脱贫成果，必须坚持农业农村优先发展，通过改革创新来激发内生动力，通过增强补足产业链来提升产业带动能力，通过改善城乡面貌来提振发展信心，以改善人民生活显示脱贫成效。

2.以"两个重点"夯实基础

习近平总书记强调，要探索建立稳定脱贫长效机制，强化产业扶贫，加大培训力度，让贫困群众有稳定的工作岗位。发展产业和充分就业是贫困群众实现增收、巩固脱贫成效最直接有效的方式，要聚焦两个重点不放松，确保建档立卡贫困户全覆盖。"龙头企业＋村集体经济组织（合作社）＋贫困户"等形式和"龙头企业做两端，农民群众干中间，普惠金融惠全链"的产业带贫模式在脱贫攻坚期间推动兰考县产业扶贫取得了巨大的成效。脱贫摘帽后，兰考县因地因户因人采取更加有针对性的帮扶措施来解决剩余贫困群众发展产业和就业能力不足的问题，通过选准做优带贫产业和千方百计促进就业两个重点来巩固脱贫攻坚成效。

（1）选准做优带贫产业。政府不断加强对"贫中之贫、困中之困"的剩余贫困群众自我发展能力的引导，实现建档立卡户产业帮扶全覆盖，重点培育发展了"5+5"特色扶贫产业，花生、红薯、苗木、青贮玉米、养鸡5种订单农业型产业由龙头企业订单式回购来解决农产品销售难题，增强抵御市场风险的能力；瓜菜、食用菌、经济林、养羊养驴、乐器5种能人带动型产业鼓励有能力的人带动贫困户自主创业，提高产业布局集中度，确保每户至少拥有2项以上增收产业。

（2）千方百计促进就业。人社部门定期为贫困群众推送就业信息和加强就业培训；针对具备就业能力、条件和意愿的贫困劳动力，充分发挥"外出务工、产业体系就业、乡镇产业园就近就业、居家灵活就业、公益性岗位就业"5种就业模式对于带动贫困户就业的积极作用，覆盖所有有就业能力、就业意愿、就业条件的贫困家庭；妇联组织设置"巧媳妇"就业点并不断优化乡村布局，实现贫困户在小型加工车间的就近就业；针对弱劳动能力的群众，鼓励其尽可能参与县定公益性岗位就业。此外，通过开展"每月一次饺子宴（为留守老人过生日）、开展留守儿童学习辅导、协调机械帮助夏秋两季有偿收割"三项服务，解除外出务工贫困群众的后顾之忧。为落实就业帮扶，巩固脱贫成果，提升建档立卡贫困家庭劳动力稳定就业能力，2018 年 10 月 17 日，兰考县人民政府发布了《关于进一步做好零就业贫困家庭就业帮扶工作的通知》，按照"党委领导、政府主导、个人自愿"的原则，通过职业指导、就业援助等途径，动态消除零就业贫困家庭[①]，实现有劳动能力、有就业愿望和就业条件的贫困家庭就业率达到 100% 的目标，通过一人就业实现全家脱贫。零就业贫困家庭填写《兰考县零就业贫困家庭认定申请表》（如表 9-1 所示），通过家庭自愿申报或村委（社区）推荐，乡镇（街道）劳动保障中心协调，村委（社区）审核、乡镇人民政府（街道办事处）认定相结合的方式进行认定。针对零就业贫困家庭，政府主要开展四项帮扶措施。一是建立帮扶台账。乡镇（街道）劳动保障中心通过建立帮扶台账，按照家庭情况清、失业原因清、择业愿望清、帮扶动态清的原则，详细记录零就业贫困家庭的基本情况和对其帮扶情况。二是明确帮扶责任。在乡镇人民政府（街道办事处）的指导下，村委（社区）要对零就业贫困家庭成员制定帮扶计划，并明确帮扶责任人。原则上自零就业贫困家庭认定之日起 30 日内，要帮助零就业贫困家庭实现至少一人就业，并且乡镇人民政府（街道办事处）会对接受 3 次以上就业服务仍难以就业的零就业贫困家庭成员开发公益性岗位，县人社局优先安置就业。三是实行月报制度。对零就业贫困家庭实行动态管理，严格落实月报制，根据零就业贫困家庭增减情况，每月 5 日前上报《兰考县零就业贫困家庭帮扶统计表》。四是

---

① 零就业贫困家庭：建档立卡贫困家庭中所有法定劳动年龄内（16~60 周岁），有劳动能力、有就业愿望和就业条件的家庭成员（在校学生、现役军人、服刑人员除外）均未就业的家庭。零就业贫困家庭必须以户为单位进行认定，户单元以扶贫系统建档立卡户为准，不得人为分户。其中，就业是指劳动力从事有报酬的劳动，包括稳定就业、灵活就业、公益性岗位安置就业等。自主创业也是就业的一种形式，包括特色种植、养殖，传统种养以外的规模化种植、养殖、家庭农场、生态农业、观光农业等。

表 9-1 兰考县零就业贫困家庭认定申请表

申请人姓名			性别		电话		
身份证号				住址			

本户贫困属性： （已脱贫、未脱贫）

家庭成员情况：

姓名	与申请人关系	性别	年龄	身份证号码	失业时间	是否享受低保	有无劳动能力	有无就业意愿
	申请人							

申请人承诺：所申报材料真实有效，若有虚假，愿意承担相应责任。
本人愿意接受就业援助，同意被安置到政府开发的全日制或非全日制公益性岗位工作。

申请人（签字）：

年　月　日

驻村工作队员和村级协管员调查意见	调查人签字： 年　月　日

村（居）委会调查审核意见	负责人签字： 年　月　日	乡镇人民政府（街道办事处）认定意见	负责人签字： 年　月　日

县人社局备案日期		经办人	

说明：

1. 此表申请人为拟享受公益性岗位安置的家庭成员；
2. 此表一式三份，经县人社局备案后，乡镇（街道）、村（居）委各留存 1 份。

落实工作责任。各乡镇人民政府（街道办事处）要至少安排一名干部对接帮扶，认真排查本区域内的零就业贫困家庭，做到底子清楚，帮扶到位。严格责任落实监督体系，对工作敷衍消极应付、不能及时认真上报零就业贫困家庭状况和帮扶就业的，依法依纪追究直接帮扶人和乡镇办主管副职责任，并对乡镇办全县通报批评。在检查验收中及其他方面造成恶劣影响的，追究乡镇办党政"一把手"责任。

3. 以"三个落实"稳定脱贫

习近平总书记强调，贫困县摘帽后不能马上撤摊子、甩包袱、歇歇脚，要继续完成剩余贫困人口脱贫问题，做到摘帽不摘责任、摘帽不摘政策、摘帽不摘帮扶、摘帽不摘监管。兰考县在决战决胜脱贫攻坚的关键时期由纪委监委牵头开展扶贫巡察，将焦裕禄的"三股劲"贯穿于责任、政策和工作的落实之中，坚决做好"四个不摘"，不获全胜决不收兵。

（1）通过分层明责促责任落实。习近平总书记强调，脱贫后的责任落实依然不能松劲。"干部不领，水牛掉井"，兰考县坚持以上率下，对脱贫攻坚的所有参与者进行岗责明晰，为其明确扶贫方向和重点，以应对脱贫攻坚中存在的因责任不够明晰造成的工作效率不高和作用发挥不到位的问题。科级以上干部要全部参与做好重点帮扶，完成好确保户均有 2 项以上增收扶持措施、提升户容户貌达到"五净一规范"和政策落实到位的"三项基本任务"；责任组、工作队、村"两委"成员要做好日常帮扶，双管齐下确保帮扶到位，在入户走访、宣传落实各项扶贫政策过程中提高双向认知度，如实完善村户档案以确保村户、卡、机一致，做好动态调整以杜绝漏评、错退，发展特色产业以壮大集体经济，完成"三项基本任务"，改善农村人居环境。在县级干部中，县委书记、县长要承担第一责任人职责，其他县级干部要在抓好脱贫攻坚任务的同时全部分包乡镇（街道）、重点村，围绕"百日驻村"帮助"重点户"，完成"三项基本任务"。在行业扶贫部门主要负责人中，22个行业扶贫单位负责组建"单位负责人+主抓副职+科室负责人+2名工作人员"的"1+1+1+2"专职扶贫队伍开展行业扶贫，派出单位主要负责人要优选配强驻村工作队，确保帮扶到位，保障扶贫力度，完成好"三项基本任务"，每周做好带头住村一次、入村召开行业政策宣讲"板凳会"一次、本部门专职扶贫队伍走访不少于10户享受本行业政策的贫困户一次的"三个一"工作，打通服务贫困群众"最后一公里"。对于"干部联到户"联户干部，要在重点帮扶过程中确保"三项基本任务"的完成。对于乡镇（街道）党（工）委书记（乡镇长、办事处主任），要负责组建"乡镇党委书记+党委副书记+扶贫专干+5名以上工作人员"的"1+1+1+5"专职扶贫队伍，重点落实各项工作，并且每周要组织攻坚例会，完成走访任务，以问题为导向抓实落细工作。对于乡镇（街道）党（工）委副书记、扶贫专干，要协调指导各项任务的落实，规整各类档卡资料，争当"扶贫专家"。对于责任组长、驻村工作队，要统筹全村脱贫攻坚工作，完成好县定任务，遍访建档立卡户，做好贫困户日常帮扶，每周组织村"两委"干部、工作队、协管员、小学校长、村医召开村脱贫攻坚小组例会，并召开贫困户政策宣讲晚间"板凳会"，强化政策宣传和落实，做好动态调整，完善规范村户档案资料。对于村支书、村主任，发挥好村级第一责任人职责，做好走访和帮扶工作，做好脱贫攻坚规划和年度计划，坚持"四议两公开"，做好扶贫项目谋划、申报、实施推进和质量监管，积极鼓励发展集体经济和特色产业，确保每村都有带贫产业，集体经济收入达到5万元以上。

（2）通过对标整改促政策落实。习近平总书记强调，脱贫攻坚主要政策要继续执行，做到摘帽不摘政策。针对有的政策落实不到位、拔高标准的问题，要结合中央巡视整改和年度考核反馈意见进行对标整改，在严格落实中央、省级扶贫政策的基础上，以解决"两不愁三保障"中的突出问题为重点优化调整县级政策。在教育扶贫方面，做好义务教育阶段的控辍保学，将各阶段贫困学生教育资助政策落实到位。在健康扶贫方面，落实财政补贴建档立卡贫困人口基本医疗保险政策，落实基本医保、大病保险、大病补充保险和政府医疗救助政策，确保贫困人口住院自付率不超过 10%；落实先诊疗后付费、一站式结算、大病专项救治、慢性病鉴定和签约服务政策，防止发生因病致贫返贫现象。在住房保障方面，对所有建档立卡户住房进行安全评定，对疑似危房户进行等级鉴定，按政策中改造面积和发放补助的标准对 C 级、D 级危房进行改造，拆除不符合改造的 D 级危房。在综合保障政策中，落实扶残助残政策，积极开发残疾人就业岗位，保障有一定劳动能力的残疾人充分就业，并在有条件的村引入社会化机制，每个乡镇（街道）开展不少于 3 个 "幸福照料中心" 试点，鼓励亲情赡养，保障分散特困供养人员基本生活。在金融扶贫方面，以普惠金融服务一般农户，以扶贫小额信贷服务建档立卡户，以三化一体服务企业合作化，优化信贷产品，为农户提供金融支持，引导户贷户用，严禁户贷企用、户贷社用，在减轻农民生产经营负担的同时，确保群众持续增收。

（3）通过建章立制促工作落实。习近平总书记强调，扶贫工作队不能撤，做到摘帽不摘帮扶。兰考县在脱贫后通过 "支部连支部" 活动推动脱贫攻坚以及基层基础工作，持续开展 "支部连支部、干部联到户"、领导干部 "百日驻村" 活动，集中力量解决脱贫攻坚问题并落实各项帮扶工作的部署。在县级层面，每周召开一次脱贫攻坚例会，分管县领导分别召开各分项小组工作例会；县委常委会每月听取一次汇报，督导工作进度并研究解决突出问题；每月召开一次脱贫攻坚工作推进会，书记、县长约谈工作落后单位负责人。在单位层面，为确保各项工作落到实处并持续推进，每月开展对各单位 "支部连支部、干部联到户"、"三项基本任务"、重点帮扶整体进展情况评比，各行业扶贫单位指标全省位次评比，各乡镇（街道）扶贫基础工作评比的"三项评比"。在村级（工作队和村"两委"）层面，除负责所有建档立卡户的日常帮扶外，还要协助科级干部完成"干部联到户""三项基本任务"，确保所有建档立卡户均达到"三项基本任务"标准，每周遍访未脱贫户，每季度遍访所有建档立卡户，完善资料并更新数据库，做好数据动态监测，展开专项巡察，控制致贫返贫风险，稳定脱贫成效。

4. 以"四个强化"提升本领

在脱贫攻坚的决胜期，更加艰巨复杂的攻坚任务以及全新的乡村振兴课题极大地考验着各级干部的毅力与能力，也对提升干部本领提出了更加严格的要求，特别是基层一线干部，应当下深功夫提高工作本领，做好基层基础工作，强化"四种能力"提升，为稳定脱贫和乡村振兴奠定基础。

（1）以强化基层基础提升政治领导本领。习近平总书记强调，要抓好党建促脱贫攻坚。基层党组织具有战斗堡垒的作用，在脱贫攻坚中发挥了至关重要的作用，在脱贫攻坚与乡村振兴的衔接时期，要持续提升基层组织力，强化村级组织本领，做实做细基层基础工作，争取更大的工作成效。要健全乡村两级治理机制，按照机构改革和主责主业的要求完善乡镇（街道）运行架构，党政正职牵头抓总，副书记主抓脱贫攻坚，其他班子成员各司其职、术业专攻；采取"三评两比一综合"考核机制，提拔重用优秀者，末位淘汰综合排名靠后者；按照《农村基层组织工作条例》要求，村（社区）党支部书记主抓基层党建、脱贫攻坚，对纪检委员等专职岗位，要按照基层党支部建设要求实现岗责明晰。要建设过硬村级组织，坚决淘汰完不成精准脱贫任务、不称职、不尽责的村（社区）"两委"干部和发展能力不足（村集体经济收入低于5万元）的村（社区）党支部书记，并从致富能手、返乡创业人员、退役军人中的优秀人才中培养选拔一批优秀年轻党员担任党支部书记，培养好村级干部后备力量。

对村（社区）党支部书记、村（居）委会主任举办每年不少于 2 次，每次不少于 3 天的轮训；乡镇（街道）每季度对村（社区）"两委"干部分期分批轮训不少于 2 次，每次不少于 1 天。要完善争先创优机制，针对干部开展"学习弘扬焦裕禄精神，争做党和人民满意的好干部"评选，建立从普通驻村干部到正科级干部的一、二、三星"兰考标兵"荣誉体系，不断加强争先创优机制；针对村级开展"四面红旗村"评选，让干与不干不一样，干好干坏不一样，严格标准程序，实行动态管理，进一步扩大"红旗村"覆盖面；针对群众开展"兰考文明户"评选，以"1+3"社会扶贫为依托，以爱心美德公益超市为载体，用积分奖励引导群众主动改善户容户貌，鼓励动员群众自发开展"三捐"活动，激发脱贫致富的内生动力。

（2）以强化人才培育提升学习本领。习近平总书记强调，实施乡村振兴战略，要培养造就一支懂农业、爱农村、爱农民的"三农"工作队伍。实现人才振兴，要将引进和培养并重，甚至要更加注重人才培养。要加强乡土人才培育，建立"乡土人才库"，培养一批农业职业经理人、经纪人、乡村工匠、致富能手等，乡镇（街道）每年培育 30 人以上的新型职业农民，开展县级"乡土拔尖人才"评选活动，促进外出人才返乡创业，并注重培养农村当地人才。要吸引在外人才返乡创业，建立在外创业人才信息库和微信群，乡镇（街道）每年引导返乡创业人员不少于 100 人，每年评选 10 个县级"返乡创业之星"、5 个创业优秀项目。要实施能力提升工程，加紧建设兰考"三农"学院，通过实用课程开发开展"一懂两爱"干部培训和"一懂一爱"新时代职业农民专项培训，建立兰考人才培训品牌。

（3）以强化谋划规划提升科学发展本领。强化提升科学发展本领是解决由农业农村工作点多面广造成的系统谋划思考不够、科学制定规划不足问题的关键，能够解决重复投资、质量缺失的浪费，帮助财富形成有效积累。要精准谋划项目，严格按照"资金跟着项目走、项目跟着规划走、规划跟着脱贫目标走、目标跟着扶持对象走"的原则谋划筛选完善项目库建设，通过实施产业扶贫、基础设施、公共服务、能力建设和社会保障等重点项目来支撑脱贫攻坚工作，保障脱贫成效，解决短板问题。要突出规划引领，以乡镇（街道）为单位组织专题培训班、现场教学、轮训，完成规划知识培训全覆盖，增强基层干部的规划意识和业务能力；通过科学制定规划来强化"多规合一"理念，完善《乡村振兴战略规划》，开展精品示范村规划设计和实用性村庄规划编制，并有效指导实施，发挥好规划作为乡村建设的前提和基础作用。要严格执行规划，坚持"先规划后建设，无规划不建设"，兰考县出台《村镇规划建设管理办法》，各乡镇（街道）明确一名专职管理人员，各村明确一名住宅建设兼职协理员，以村规民约推进规划落实，规范乡村建设规划许可证书审批发放、档案管理、网上录入等工作，落实好各项规划。

（4）以强化要素激活提升改革创新本领。习近平总书记强调，要通过改革创新，让贫困地区的土地、劳动力、资产等要素活起来。在脱贫攻坚中有效整合的各类涉农资金保障了攻坚任务有效落实，面对脱贫后发展不平衡不充分的新问题，以及乡村振兴更高标准的要求，要积极寻找新的资金支撑，按照"把改革和发展结合起来"的要求，用改革的思维破除体制机制障碍，以创新的举措整合各类要素，实现资产变资本，为最后攻坚和乡村振兴提供财力支撑。要加强县级资本运作能力，快速推进国有投融资平台的市场化改革，装入优质资本，做好风险防控，不断创新融资模式来提升融资能力，积极申请国家政策资金，对接政策性银行争取还款周期长、成本低的资金；有效提升资产运营，调整资产结构，盘活存量，实行分类管理，完善市场化经营；提高直接融资比例，扩大融资规模，提升融资效率，控制融资成本。要做好"三块地"改革，盘活农村资源要素，积极推进农村耕地改革，建设现代农业基地，依托农村产权交易中心开展规模化土地经营；改革乡村建设用地，成立农村建设审批和执法监管机构，制定农村建设用地管理办法，积极探索农村建房缴纳建设保证金及宅基地建设民间施工队伍资质审查制度，在乡镇镇区试点开展商业或住宅开发，每个建制镇镇区商业或住宅开发土地不低于 50 亩，鼓励其他乡积极参与开发；推进农村宅基地和闲置土地改革，推行宅基地流转和退出制度，实行本集体经济组织内部有偿流转，加大对村内空闲地和宅基地复垦、整治力度，复垦指标在全县交易；推进农村集体产权制度改革，每个行政村建立村级股份经济合作社，盘活村集体闲置的村室、坑塘、校舍等资产，壮大村集体经济，并探索开展土地承包经营权、集体林权、集体经营性建设用地使用权、集体房产抵押贷款。提升金融服务发展能力，继续完善普惠金融"一平台四体系"的兰考模式；扩大还贷周转资金池规模，增加信贷风险补偿金额度，完善失信惩戒机制；鼓励金融机构结合支农支小再贷款、产业直贷等政策性资金不断创新农村金融产品；不断完善村级金融服务站功能，增加乡镇（街道）涉农银行、保险机构的网点设置。

5. 以"五个衔接"深入推进

在顺利实现脱贫后，要注重可持续发展问题，对照乡村振兴战略 20 字总方针，延续脱贫攻坚好的做法，从五个方面做好脱贫攻坚与乡村振兴的有机衔接。

（1）从培育特色产业向产业兴旺推进。习近平总书记强调，要围绕农村一、二、三产业融合发展，构建乡村产业体系，实现产业兴旺。产业扶贫解决了没有产业的问题，产业兴旺则重在解决增强产业的问题，并且跳出了农业的限制，在着眼优化一产的基础上，大力发展二、三产业，推动农村一、二、三产业融合发展，加快构建现代农业产业体系、生产体系、经营体系，培育壮大产业体系。第一，在构建特色产业体系中，积极推进乡村振兴并深化农业供给侧结构性改革，依托当地优势招商引资，延长做强产业链，吸引了恒大、正大、光大、富士康、禾丰、首农等国内外龙头企业，坚持以畜牧产业化引领农业现代化，围绕养殖产业延链强链，实现农业工业化绿色生产，逐步形成兰考绿色畜牧品牌，构建品牌家居制造、绿色畜牧、循环经济三个特色产业体系，基本形成城乡统筹，一、二、三产业融合发展的产业布局，大大提高了县域活力，夯实了强县和富民的基础。持续完善"蜜瓜、红薯、花生"兰考"新三宝"的培育，培育具有国内竞争力的高质量农产品。同时，兰考县在智能制造产业方面，以富士康科技园、光大环保科技园为主体，打造高科技产业孵化及智能制造集聚地；在文旅产业方面，加快推进黄河湾风景区建设，创建国家 4A 级旅游景区，创成省级地质公园和国家级水利风景区，举办第二届文化艺术节、首届汽车露营节等活动，依托上河恬园打造传统文化体验中心，改造扩建焦裕禄纪念园，新落户 2 家以上旅行社，推进兰考迎宾馆等 3 个以上星级旅游酒店建设。第二，在建立健全服务体系中，要健全农业社会化服务体系，在市场和农户之间搭建农业产业发展有限公司作为平台。每个村成立劳务、种植（养殖）合作社，每个乡镇（街道）成立劳务、种植（养殖）合作总社，切实提高服务水平，2019 年新增新型农业经营主体 200 家以上。要健全电子商务进农村综合服务体系，逐步引导建档立卡户参与到电子商务中，2019 年引进 1 家知名电商快递企业、2 个省内外大型电商平台，确保全县村级电商服务站点达到 350 个，电子商务网上交易额 15 亿元，农产品网上交易额突破 5 亿元，逐步提高建档立卡户在电子商务中的参与率。兰考县紧抓电商扶贫发展机遇，培育电商人才并不断提升其农村电子商务实际操作能力，为巩固脱贫攻坚成效和推进乡村振兴提供新路径。2020 年 11 月 13 日至 15日，兰考县商务局在电子商务创意园内举办了直播电商培训班，提供了抖音的定位、账号的运营、养号应注意什么、如何引流、怎样吸粉、直播带货的正确方式等内容的培训，共有创业青年、农民等191人参与。要健全农业技术服务体系，整合全县农业技术力量，为主导产业提供全过程技术服务。第三，在形成品牌优势中，通过无公害农产品、绿色食品、有机农产品和农产品地理标志的"三品一标"，打造了兰考县的独特农业品牌，增强了兰考县的农业实力。以农业产业化龙头企业为引领，以绿色食品为重点，培育一批特色鲜明、质量稳定、信誉良好的本地知名农产品品牌，逐步构建以区域公用品牌、企业品牌和产品品牌为主体的农产品品牌体系，不断壮大"3+2"特色产业体系，增强当地特色产业的核心竞争力。同时，要稳住粮食安全，提高小麦良种覆盖率，确保粮食种植面积稳定在135万亩以上，粮食总产稳定在5亿公斤以上。完善"5+1+3"绿色畜牧产业体系，2019年蛋鸡存栏420万只，肉鸡出栏500万只，肉鸭出栏3000万只，奶牛存栏2万头，肉牛出栏2万头，肉羊出栏80万只，驴存栏1万头；鼓励有养殖的村种植构树，优质饲草种植面积达到7万亩；引进扶持一批蜜瓜深加工农业龙头企业，打造一批优质蜜瓜种植园区，蜜瓜种植面积达到1.5万亩；引进一批红薯深加工企业，红薯种植面积达到6万亩；花生种植面积达到18万亩，年加工花生1万吨；引导群众发展桃、梨、苹果等经济林种植，新发展经济林1万亩。推进乡镇产业园规范建设，入驻企业总数突破360家，用工1.9万人。要完善产业带贫机制，按照"支持有产业发展能力的群众发展产业，帮助没有产业发展能力的群众在产业发展中稳定就业，鼓励没有稳定就业能力的群众自食其力勤劳致富"的思路，完善带贫机制，持续增加群众收入。

（2）从基础设施提升向生态宜居推进。习近平总书记强调，良好生态环境是农村的最大优势和宝贵财富。兰考县通过"清洁家园"行动，乡村生态和环境都在脱贫攻坚中得到了明显改观，并在脱贫摘帽后不断提升农村生活垃圾和污水处理能力，整治改善村容村貌，努力建设环境干净、整洁有序、生态宜居的现代化农村。第一，持续推进厕所革命。

有机结合厕所革命与农村人居环境整治，加强农村厕所革命政策支持，加大财政奖补力度，每户改厕奖补 1000 元；强化技术指导和督查指导，高质量完成农村改厕任务；改善农村基础设施和公共服务，并积极引导群众培养文明如厕的良好习惯，让群众如厕素质跟上"厕所革命"的步伐。2019 年完成农户改厕 11.57 万户，改厕比例达到 89%。到 2021 年 2 月，兰考全县累计完成改厕 13.26 万户，改厕率达 95%，其中，建档立卡贫困户改厕实现全覆盖，改厕率 100%。持续开展污水治理，依照因村施策、分类指导、合理选择生活污水治理模式，通过纳入镇区污水处理系统和就近就地分散处理两种类型推进村庄污水处理。第二，持续开展污水治理。改善生活污水收集管网，通过污水分类收集处理农村生活污水，并推进农村污水在村内实现综合利用。2019 年完成 14 座镇区污水处理厂提标改造和配套管网 220 公里建设，覆盖 56 个村庄，服务 9.5 万人。第三，持续实施农村垃圾治理及综合利用。加快三个垃圾高质化利用分拣中心建设，通过探索垃圾分类新模式来推进农作物秸秆及农业废弃物综合利用；健全完善县、乡、村三级垃圾分类和资源化利用例会制度，各相关部门每月要建立垃圾分类和资源化利用工作任务台账，协调推进垃圾分类工作；要落实台账任务，完善县、乡、村三级网络管理体制；完善垃圾分类积分兑换制度，鼓励群众进行垃圾分类处理。第四，持续开展水系绿化工程。通过整治改造农村坑塘，贯通连接支渠、斗渠，打好引水入村基础，形成"来水能引、降水能蓄、沥水能排、灌溉能用、人水和谐"和"以河渠为线、坑塘为面、线面相连"的农村生态水网；大力推进造林绿化，在以城区绿化提升为重点全面推动城市园林化、以高速公路绿化为重点全面推动廊道林荫化的同时，以围村林和村庄绿化建设为重点全面推动乡村林果化，2019 年完成植树 4.39 万亩 556 万株。第五，持续提升村容户貌。不断完善道路、排污管网等基础设施建设；按照"十无一规范一眼净""五净一规范"标准，打造美丽庭院；深入学习浙江"千万工程"经验，持续开展农村人居环境"三清一改""清零"行动，对所有村庄大街小巷的垃圾、杂物进行清理，并积极发动群众共同参与，不仅改善了农村环境卫生，还转变了农民陈旧的思想观念，显著提升了群众的环境和卫生意识。2019年所有行政村完成"三清一改"，分类逐村验收，争创省"四美乡村"建设示范县；打造18个美丽乡村精品示范村，先期开展26个提升村建设，逐步改善46个整治村村容村貌，探索农村人居环境改善新模式。第六，努力打造"无废城市"。兰考县建立了"以产业为引领、以项目为支撑，辐射周边、国内龙头企业带动、群众广泛参与的循环再生利用全链条"，通过将生活垃圾实现无害化处理、农林废弃物实现再利用、开发"城市矿山"实现垃圾可再生，努力打造"无废城市"。[1]兰考县紧抓建设全国第一批农村生活垃圾治理和资源利用示范县、农村能源革命建设试点机遇，建设国家循环经济产业示范基地，形成了独具特色、高科技含量、高附加值的环保再生区域利用体系。在生活垃圾无害化处理项目中，兰考全县16个乡镇（街道）建设40座垃圾中转站和467座公厕，并配套中转站压缩设备和车辆，基本建立城乡生活垃圾"收、储、运、用"体系，生活垃圾全部得到无害化处理。在农林废弃物再利用项目中，农林废弃物燃烧发电项目年处理秸秆7万吨、年处理林业"三剩物"23万吨，年发电量1.6亿千瓦时，辐射半径150公里。在垃圾可再生项目中，沐桐环保年处理废旧家电400万台、报废小汽车8万台、大汽车5万台、废五金5万吨，辐射周边500公里。2018年7月，兰考县成为全国首个农村能源革命试点县，实现了农村垃圾无害化、减量化、资源化处理，以及"垃圾不落地"和"三无一规范一眼净"。按照财政投入做主线、市场运作为保障、乡镇筹资是补充、人员管理更完善的循环经济新理念，兰考县即将在2022年建成河南省第一个"无废城市"。

（3）从激发内生动力向乡风文明推进。习近平总书记强调，要大力

---

[1] 童浩麟：《兰考：发展循环经济打造"无废城市"》，《河南日报》2019年11月29日。

弘扬时代新风，加强思想道德建设，推进新时代文明实践中心建设，不断提升人民思想觉悟、道德水准、文明素养和全社会文明程度。乡村振兴战略在精神层面上强调乡风文明，要以社会主义核心价值观引领群众思想道德建设、文明乡风建设、良好家风建设、淳朴民风建设。第一，加强思想道德教育，积极培育和践行社会主义核心价值观，利用多种形式大力宣扬时代新人和时代新风，通过"百场道德模范进基层"宣讲活动加强"四德"教育，增强群众爱国主义、集体主义、社会主义观念；借助党群服务中心和新时代文明实践站、志愿服务站开展各类志愿服务活动，不断提高群众的道德文化素养，2019年兰考县开展各类志愿服务活动不少于2000场次，不断提高农民群众的道德文化素养。第二，提高公共文化服务能力，建设乡、村两级文化阵地，确保中宣部要求的"七个一"标准达标率100%。为110个村级综合性文化服务中心配备文化活动器材，实现农家书屋图书量在2000册以上，每个乡镇（街道）创建"公共文化服务示范村"3个以上，建设农家影院试点30个，全年组织开展全民阅读活动2次以上，开展乡村文艺培训100场次以上，集中培训全县文化协管员队伍，提升公共服务能力。第三，开展移风易俗专项治理，加强宣传教育引导，整治大操大办、厚葬薄养、人情攀比等陈规陋习，杜绝封建迷信活动，通过农村科普工作提高农民科学文化素养，倡导树立文明新风。第四，全面实施四级文明创建，积极开展文明县、文明乡镇、文明村、文明户的创建活动，通过好媳妇、好婆婆等各类典型评选引领社会新风尚，2019年创建市级以上文明乡镇8个、文明村30个，县级文明村50个，评选星级文明户3000户，文明家庭、好媳妇、好婆婆等各类典型2000个，打造"一约四会"示范村100个。

（4）从依靠各级帮扶向治理有效推进。习近平总书记强调，要创新乡村治理体系，推进乡村有效治理，走乡村善治之路。乡村治理是治理体系中最基本的单元，是国家治理体系的"神经末梢"，是社会治理的基础。健全自治、法治、德治相结合的乡村治理体系，走好乡村善治之路。第一，完善"一中心四平台"。构建"一中心四平台"县乡治理体系，建成覆盖16个乡镇（街道）的社会治理综合指挥系统；建立"城乡吹哨，部门报到"工作机制，通过网格员巡察，集中排查乡村社会治理各类问题，挂账解决；强化信息畅通，提升城乡社会治理精细化水平。第二，深化村民自治。深化"一约四会"推进村民自治，组织各行政村（社区）制定村规民约、道德评议会、村民议事会、红白理事会、禁毒禁赌会"一约四会"制度并引导群众自觉遵守，做好各协会负责人和成员推选，明确协会职责，实现村民自我管理、自我教育、自我服务，以村民自治的方式整治婚丧喜庆活动大操大办、铺张浪费、攀比炫富、不孝顺老人等不良风气。完善在村（社区）党支部领导下，村（居）民委员会、监督委员会、股份经济合作社积极参与的"1+3"村民自治体系，鼓励群众代表和乡贤参与村务管理。创新监督载体，建设"三务"公开平台，确保事前、事中、事后监督到位。推行村级事务民主管理、民主决策、民主选举、民主监督和民主协商阳光工程，形成协商共建共治共享格局。第三，建设法治乡村。实施"一警一堂一中心"建设法治乡村，全面开展村治保主任兼任一村一警和村调解员制度，加强对农民的法律援助和司法救助；开设道德讲堂，开展道德评选活动，组织道德宣讲；依托矛盾纠纷排查调处室、村（居）警务室设置调解中心，建立引导、预防和化解社会矛盾的有效机制，及时在基层和萌芽状态化解矛盾纠纷；优化基层党组织建设，广泛动员群众坚持"有黑扫黑、无黑除恶、无恶治乱"，建设平安乡村。

（5）从"两不愁三保障"向生活富裕推进。脱贫攻坚解决了群众基本生活保障问题，乡村振兴中的生活富裕则是要让群众过上更加幸福美好的生活，要在增收致富的同时提升公共服务水平，以不断提高民生保障水平为目标，在满足群众物质需求的同时不断满足精神需求，提高群众综合满意度指标。做好富裕衔接，提升脱贫质量是基础，坚决打好打赢脱贫攻坚战仍是重中之重，让脱贫人员稳定增收不返贫，让非贫困户持续增收富起来是"三农"工作的核心问题。一是持续保障充分就业，有效提升群众收入。探索"支持能够发展产业的群众发展产业，帮助没有产业发展能力的群众在产业发展中稳定就业，鼓励没有稳定就业能力的群众勤劳致富"的工作思路，在454个行政村选聘配备了498名村级就业社保协管员，充分保障群众就业，通过组织"春风行动""就业援助月"等大型现场招聘会等活动搭建就业服务平台，促进转移就业，兰考县龙头企业富士康本地就业率达到了90%以上。鼓励支持自主创业，加大创业培训和孵化基地建设力度。发放创业担保贷款，支持本土农民创新创业，因地制宜发展农村电商、民宿经济、家庭农场等，充分利用农业农村资源构建多层次、多样化的创业格局，激发农民创造力，提升农村发展活力。不断强化就业服务能力，通过产业体系、外出务工、乡镇就地就近、居家灵活、公益性岗位等就业模式，使有就业能力、就业意愿、就业条件的人员应就业全就业，实现2019年城乡居民人均可支配收入达到18221元，城乡居民收入差距持续缩小。二是办好人民满意教育。实施农村学校"改薄"工程，新建改扩建乡镇（街道）寄宿制学校，完成100人以下教学点合理撤并，新招聘的教师全部安排到乡村，解决农村教育不平衡问题，依靠教育为乡村发展培养人才。继续实施教育基础设施建设提升，乡镇改扩建普惠性幼儿园13所；新建改扩建乡镇寄宿制学校13所；新建改扩建义务教育学校12所；按照就近入学原则完成具备条件的100人以下教学点合理撤并工作，加快产业集聚区3所学校建设；高中阶段毛入学率提高到92.18%。三是提升整体医疗水平。加快推进县中心医院、疾控中心迁建，对乡镇（街道）卫生院、村级卫生室进行标准化建设改造，实施多项医疗救助政策，全面实施困难群众先诊疗后付费制度，全部开通"一站式"结算服务，减轻群众医疗负担，方便群众就医，有效保障全民健康。2019 年注册执业医师（助理）达到 2380 人，开放床位 4100 张。四是提高人民居住品质。大力推进以人为本的新型城镇化建设，加快人居环境改善和美丽乡村建设步伐，在结合乡村特色文化的基础上融入现代生活元素，在集中居住和农村社区化推动的同时又保留了乡土文化和民风民俗；加快老城区改造和安置房建设，持续推动棚户区改造，确保城乡居民人均住房面积达标率达到 64.5%；消除农村 D 级危房，不断提高农村居民居住品质；提高人民群众的宜居感、舒适感和幸福感，形成城乡融合发展局面。五是健全养老服务体系。通过新建改建乡镇敬老院，提升管理服务水平；建成院内有干净食堂、有活动室、有服务人员的老人养老好去处，加快 7 所乡镇敬老院建设进度，2019 年实现基本养老服务全覆盖，解决在城镇化进程不断加快的情况下农村空巢老人养老难的现实问题。

三、决战决胜脱贫攻坚

2020 年是全面打赢脱贫攻坚战收官之年，在全面建成小康社会目标实现之年，兰考县坚持以脱贫攻坚统揽经济社会发展全局，围绕决战决胜脱贫攻坚，制定了《兰考县 2020 年脱贫攻坚工作要点》，明确工作目标、任务、责任单位，确保各项工作扎实推进。

1. 探索建立稳定脱贫长效机制

为克服新冠肺炎疫情对脱贫攻坚的影响，进一步完善返贫监测预警和动态帮扶机制，建立解决相对贫困的长效机制，探索建立了稳定脱贫"151"工作模式。

第一，运用 1 个系统，抓好贫困监测。兰考县依托国家、省精准扶贫数据平台建立起了兰考县贫困监测数据系统，将全县 454 个村 1123 名驻村工作队员入户走访获取的贫困户基本信息、政策落实、产业帮扶、就业引导、扶贫扶智等内容以及重点人群和村指标及时录入贫困监测系统，实现档卡资料的电子化，减轻了基层烦琐重复的信息获取和管理工作负担。兰考县贫困监测数据系统实现了 22 个行业部门 47 类政策无缝对接，方便县扶贫办定期筛查、分析、比对，发现异常问题可以及时交办行业部门、乡镇（街道）入户核实整改。政府可以根据建档立卡户收入情况、产业发展情况、就业务工情况等，实时监控年人均纯收入、"两不愁三保障"等数据，通过"每周一交办、每月一走访、每季度一监测"的工作机制，建立 300 万元防返贫基金，针对因大病存在返贫和致贫风险的户，由乡村申报，县级每月采取"一事一议"进行研究界定，及时入户核对，实施分类针对帮扶，监测返贫和新致贫风险。

第二，做实 5 项工作，巩固脱贫成效。（1）抓好夯实基础。在"五级书记"抓扶贫的工作机制下，县级干部全部分包乡镇（街道）、重点村，将县委常委划分六大战区进行督导，充分发挥行业部门和乡镇（街道）两支队伍作用，通过评选出的典型不断完善争先创优机制，围绕"百日驻村"活动实施重点帮扶，并建立县、行业部门、乡镇、行政村四级数据质量管理体系，加强数据源头管控，及时整改各级反馈问题，高标准、高质量地推进项目建设。（2）抓好政策落实。乡镇（街道）、行业部门根据贫困监测数据筛查比对进行自查，发现疑似问题交办行业部门和乡镇（街道）进行针对性入户核实，不断加强政策宣传，落实好"两不愁三保障"政策，确保政策享受对象精准无误、应享尽享。（3）抓好产业发展。运用监测系统定期分析建档立卡户增收情况，并根据分析结果通过"3+2"主导产业、"5+1+3"特色扶贫产业带动建档立卡户稳定增收致富。在产业发展方面，中国现代家居行业的龙头已经入驻兰考，该产业链产值突破 300 亿元，并且未来兰考将生产出不含甲醛的家具。在节能环保产业方面，兰考引进了大批绿色环保企业，瑞华电力将秸秆、花生壳收集后用来发电，沐桐环保将废旧家电拆解变废为宝，德盛泥浆厂将破旧衣物回收生产油田钻井封堵剂,光大环保将不可回收的生活垃圾进行焚烧发电,探索建立了一套农村生活垃圾分类和资源化利用处置体系。兰考的现代家居、绿色食品、节能环保三大主导产业逐渐朝着绿色发展方向迈进。同时,"拼搏兰考"作为河南省唯一一个区域公共品牌,是获得中国农产品百强的标志性品牌,2020年9月22日,在2020年中国农民丰收节兰考县分会场上,兰考县发布"拼搏兰考好产品"区域公共品牌,着力打造"兰考蜜瓜""兰考红薯"甜蜜双子品牌,为乡村振兴战略中的产业发展提供了良好的品牌基础。(4)抓好就业帮扶,提供精准就业服务。搭建县、乡、村三级就业平台,在"外出务工、产业体系就业、乡镇产业园就业、居家灵活就业、公益性岗位就业"五种就业模式方面引导就业帮扶,通过精准就业帮扶实现贫困家庭充分就业。2021年2月23日,兰考县在产业集聚区恒大家居产业园企业服务中心举办了"春风行动"大型就业招聘会,组织了80多家企业为有就业意愿的农村劳动力、就地过年农民工、脱贫人员、农村低收入人口等2500名求职者提供就业岗位渠道。(5)抓好扶贫扶志。凝聚社会力量,以社会扶贫推动扶贫扶志,通过"积分改变习惯、勤劳改变生活"的爱心美德公益超市为激励纽带激发贫困群众内生动力;坚持每月开展"孝老爱亲饺子宴暨兰考文明户评选"和"接老人回家"活动,以涵养好家风、好民风,助推乡风文明建设。

第三,集中1次核查,查弱项补短板促提升。兰考县结合"查弱项、补短板、促提升"专项行动,由县纪委牵头组建了县级核查队伍,在贫困监测数据系统增加"脱贫核查"模块,按照国家普查指标设置了14项内容,逐项对照核查贫困县脱贫摘帽指标、贫困村出列标准,并围绕贫困户退出标准,按照"一算、二看、三访"全面核查建档立卡贫困户基础数据、账实相符、政策落实、产业就业增收、家庭环境、村容村貌、群众满意度等,如在核查中发现问题则实行"三方交办"(乡镇、行业部门、派驻单位)机制,确保问题清零,为全国脱贫攻坚普查奠定了基础,保障了脱贫攻坚战的胜利和全面建成小康社会目标的如期实现。

2.统筹推进疫情防控和脱贫攻坚

为有效降低疫情影响,兰考县严格贯彻中央、省委有关统筹疫情防控与脱贫攻坚工作的决策部署,落实开封市助力脱贫攻坚十条措施,保障脱贫攻坚任务顺利完成。

第一,关心关注特殊群体,强化生活保障。组织全县 454 个村建立包括村"两委"、驻村工作队和帮扶责任人疫情防控微信工作群,及时成立专班,开展"送温暖、送关怀、送生活物资、村医随访上门"暖心活动。为保证贫困群众生活不受疫情影响,实现排查与帮扶的有机结合,依托爱心美德公益超市,由乡镇干部在疫情排查过程中为 2018 年和 2019 年脱贫户、未脱贫户以及残疾人、院外五保、精神病人等 3167 户特殊困难群体发放爱心大礼包,包括 20 斤面、20 斤大米、5 斤油和 1 斤盐的生活物资。村医统一为需长期服药的慢性病患者提供必需药品,村干部逐户排查特困群体,帮助其解决就医、生活问题,筑牢脱贫基础。

第二,加大政策支持,服务产业发展。(1)在有序复工复产方面,兰考县按照省、市疫情期间推动企业复工复产有关要求,先后出台《兰考县关于新型农业经营主体疫情期间恢复生产的防控预案》《落实"五个一"服务机制服务企业复工复产工作方案》等政策措施,按照"五个一"复工标准 ① 帮助符合条件的企业及时复工复产。(2)在发展特色产业方面,通过帮助重点人群发展苗圃种植、养鸡养羊等"5+5"特色产业,实现稳定增收,并利用金融扶持、产业奖补解决资金困难;贫困户种植的苗圃用于"森林兰考"建设,贫困户养殖的构树鸡,由畜牧企业统一回

---

① "五个一"复工标准:指的是一个指导服务专班、一套应急流程、一套科学准确的防控工作指南,一个指定的集中隔离点,一个指定的诊治医院。

购，解决贫困群众销售难的问题，截至 2020 年 5 月，驻村工作队和各乡镇（街道）为建档立卡户种植苗圃 1566 户 1800.78 亩，并根据各乡镇（街道）上报的 7139 户 627150 只构树鸡养殖需求，在 5 月中旬按照每户 50 或 100 只进行发放。（3）在持续加大金融扶贫力度方面，到 2020 年 4 月 30 日，共发放贷款 438 笔 1743 万元，与 2019 年同期 340 笔相比，同比增长 28.23%。2020 年，兰考县金融工作局不断深化"党建 + 金融"服务模式，助力兰考稳定脱贫与乡村振兴的实现，支持县域经济社会高质量发展。一是引导银行以建设乡村振兴金融服务党建联盟为抓手，实现"党建 + 金融"的乘数效应，县农商行在全县各行政村成立由党员、群众、客户经理组成的农户授信评定组织，把贷款评定权赋予基层党组织和群众，把党的组织优势转化为发展优势；农行组建 4 支普惠金融党员突击队，深入走访，了解市场需求，采集数据信息，做实准入调查，有效提升基层金融服务质量、防控金融领域风险，扩大"党建 + 金融"的乘数效应。二是引导银行以"党建 + 金融"为抓手，创新信贷产品，推动整村授信，农商行组建 16 个党员先锋队深入各行政村推进"党建联盟普惠贷"整村授信，截至 2020 年 12 月，农商行整村授信 3.2 万户 18.24 亿元，累计发放 8.2 万笔 60.45 亿元，存量贷款 1.4 万笔 8.2 亿元；创新推广"党员先锋贷"产品，支持党员模范带动城乡居民脱贫攻坚、增收致富；农行积极对接政府资源，依托乡镇政府、行业协会推荐，加强与村委沟通合作，充分发挥党组织引领作用，有效解决了银行与村镇客户之间信息不对称和农村市场服务能力不足的问题；结合兰考县农村特色产业，依托"惠农 e 贷"创新推出"民族乐器贷""兰考蜜瓜贷"等 11 种特色产品，通过互联网大数据支持，为兰考农业产业经济转型发展和普惠金融工作增添了"互联网 +"的速度，全县累计发放"惠农 e 贷"3986 笔，金额 2.43 亿元。三是引导银行强化金融服务体系，延伸金融服务半径，切实提升基层服务质量，打造"基层党建 + 就业扶贫 + 普惠金融"三位一体服务平台，明确主办银行，把服务站作为推送农村金融服务的"桥头堡"，提供"4+X"服务；通过配套《普惠金融服务站协管员奖励办法》，调动基层工作人员积极性。2020年12月，全县454个行政村已全部建立普惠金融服务站，为协管员发放奖励20余万元，有效调动了协管员办理业务的积极性，为基层金融服务注入强大活力。[①] 2021年，兰考县农业特色保险工作围绕"巩固拓展脱贫攻坚成果与增加农业经营主体保险供给相结合、保障重要农产品安全、稳步扩大保险范围"的总体思路有序开展。2020年中原农险保险股份有限公司共承保了日光温室3574.06亩、塑料大棚10261.56亩，县财政负担了全部566.56万元保费；中原农险保险股份有限公司申请特色险以奖代补283.28万元用于反哺兰考县农险投入，充分调动了县域内开展优势特色农产品保险的积极性。2020年，兰考县小麦保险参保面积49.88万亩，其中小麦完全成本承保面积14.78万亩，花生参保面积6.29万亩，大豆参保面积0.17万亩，保费合计补贴1693.76万元；能繁母猪参保头数8802头，育肥猪107008头，奶牛8508头，保费合计补贴736.7万元。（4）在开展产销帮扶方面，全县带贫企业、合作社利用"河南农购"搭建线上交易平台，集中解决带贫企业、贫困群众的农产品销售问题，到2020年5月已上传平台119家扶贫企业（合作社）的184种农副产品，销售总价值约1350万元；并积极组织蔬菜协会、益农社、商超对接贫困群众、带贫企业，累计销售了136.5万公斤农副产品，销售金额达445万元，在化解本地农产品"卖难"问题的同时保障了群众的"菜篮子"。

第三，注重多措并举，实现精准就业。（1）提升就业质量，按照贫困劳动力的就业需要和就业意愿开展针对性的劳动技能培训，提升贫困群众的就业能力和就业质量。（2）精准对接县内就业，借助电视台、微

---

① 兰考县人民政府：《坚持党建引领 激发金融活力》，http://www.lankao.gov.cn/info/1022/36953.htm。

信群、"共享兰考"小程序等载体发布县内企业用工信息，排查贫困劳动力底数和就业意愿，做好贫困群众就业帮扶。建立豫东人才市场，县内企业集中招聘，各乡镇分时段专车接送应聘人员，多举措促进县内就业。积极引导贫困劳动力在乡镇（街道）种植、养殖、加工园区就近就业，并通过开发公益性岗位尽可能多地吸纳弱贫困劳动力就业，2020年以来，新开发各类公益性岗位712个、光伏扶贫开发公益性岗位3902个。2020年，为做好"六稳"工作、落实"六保"任务，兰考县依托豫东人才市场和就业微信公众号，开展了线上线下招聘会54场，累计入场企业1283家次，累计提供就业岗位5.3万余个，累计达成就业意向9473个，实现新增农村劳动力转移就业7896人，实施以工代赈工程支付劳务工资120万元。此外，服务外出就业，与省内外企业对接，准确掌握企业的复工复产时间和用工需求，通过兰考就业网和微信公众号及时发布就业信息，以避免外出务工盲目流动。严格规范复工返岗健康申报和筛选程序，严格落实登记制度，确认健康状况良好的予以返岗。专人专车负责农民工复工返岗运输，保障安全返岗和平安就业。截至2020年4月底，全县共实现贫困劳动力就业27169人，其中县内就业13381人，县外就业13788人，60岁以上弱劳动力就业5977人。

第四，强化工作保障，有序实施扶贫项目。逐项分析研究计划实施项目，灵活采用公开招投标、竞争性谈判、竞争性磋商、单一来源等方式进行采购活动，协调招标管理部门开辟绿色通道，建立项目实施管理台账，明确开工、完工及资金拨付时间节点，抓紧推进扶贫项目实施，进一步提高资金拨付比例。到2020年5月，全县计划在2020年实施的170个扶贫项目，已实现对接资金27923.93万元，项目开工率100%，已完工项目32个，项目竣工率18.8%，已拨付资金9795万元，资金拨付率35%。

2021年2月25日，习近平总书记在全国脱贫攻坚总结表彰大会上庄严宣告，经过全党全国各族人民共同努力，在迎来中国共产党成立100

周年的重要时刻，我国脱贫攻坚战取得了全面胜利，现行标准下 9899 万农村贫困人口全部脱贫，832 个贫困县全部摘帽，12.8 万个贫困村全部出列，区域性整体贫困得到解决，完成了消除绝对贫困的艰巨任务，创造了又一个彪炳史册的人间奇迹！① 兰考县在率先实现脱贫后，不断探索巩固脱贫成效和推进乡村振兴的发展模式，与全国一道开启了乡村振兴新征程。兰考县在"十三五"期间农村居民人均可支配收入累计增加 32%，高于国家、省平均水平，农村劳动力新增转移就业 8.27 万人，为"十四五"时期接续推进乡村振兴战略开好了头。

3. 兰考县在决战决胜脱贫攻坚的最后阶段，坚持落实重点工作，推进稳定脱贫，开启乡村振兴新征程

第一，扎实开展动态调整工作，2020 年建档立卡户累计脱贫 21190 户、72214 人，"两类人群"共 893 户、2816 人。第二，不断加强"两类人群"动态监测和帮扶，制定下发了《关于建立防止返贫监测和帮扶机制的实施意见》，对符合条件的按照扶贫小额信贷政策要求进行放款，提供产业发展资金支持，保障贫困群众稳定增收。针对弱劳动力"因人设岗"，优先安排公益岗就业，确保务工收入不减少，99 户边缘易致贫户享受到了 181.3 万元小额信贷，全县实现了产业扶持 317 户、技能培训 171 人、公益性岗位 249 人。第三，严格落实扶贫项目谋划建设，通过转移就业、产业扶持、社会保障、特殊救助等途径，以重点项目为平台，统筹使用整合涉农资金，重点开展产业扶贫、基础设施、公共服务和社会保障等方面的工作。第四，不断提升产业扩大就业，坚持"支持能够发展产业的群众发展产业，帮助没有产业发展能力的群众在产业发展中稳定就业，鼓励没有稳定就业能力的群众勤劳致富"的思路，帮助更多群众稳定增收，2020 年累计培训贫困劳动力 1300 人（含以工带训），落

---

① 习近平:《在全国脱贫攻坚总结表彰大会上的讲话》,《人民日报》2021 年 2 月 26 日。

实各类补贴共计530.202万元；通过发放一次性创业补贴和提供创业担保贷款扶持105名贫困劳动力创业，全县新增农民工等返乡创业人员8479人中，贫困劳动力占278人。同时，兰考县2020年在中央财政和省财政的支持下，依托国家科教云平台和"云上智农"App推行"两专型"农民"4天+20学时"线下线上融合培训模式，开展高素质农民培训工作，兰考县完成了培训任务共计600人次，其中新型农业经营主体带头人300人次，专业技能型和专业服务型（包括产业脱贫带头人）300人次。第五，抓实党建强化组织保障，持续开展"5+N"主题党日活动，围绕组织建设、脱贫攻坚、产业发展、环境改善等开展组织活动，强化结对党支部的能力提升，持续开展重树"四面红旗"活动，截至2020年底，全县225个村（社区）共保留302面红旗，村干部创先争优氛围日益浓厚。第六，深入开展"志智双扶"行动，全面治理乡风文明，在16个乡镇（街道）设立37家爱心公益超市，截至2020年底共发放800余万积分券，惠及贫困群众2.2万户；持续开展"快乐星期天·孝老爱亲饺子宴"暨兰考文明户评选表彰活动共计2630场次，每周组织评选"干净整洁星""勤劳致富星""孝老友善星"，累计评选出文明户20866户，评选好媳妇、好婆婆、文明家庭等各类先进典型9640名（户），助推乡风文明；全面实施"四级文明"创建，2020年成功入选了全国文明县城，到2020年全县共有3个国家级文明村镇、7个省级文明村镇、41个市级文明村镇、270个县级文明村镇、69个乡风文明红旗村。第七，狠抓扶贫领域信访和舆情处置，将扶贫领域信访工作纳入全县"大信访"格局，成立"大信访"处置专班，每周召开信访工作例会研判分析；安装"舆情通"监测软件，对海量网络信息进行深度挖掘和智能分析，实现对网络舆情信息的实时采集、热点追踪、分析研判、自动预警。第八，扎实做好扶贫宣传，持续推进与新闻媒体的宣传合作，为全面展示兰考脱贫攻坚成绩留存鲜活素材和生动案例，2020年省级以上重要媒体已刊发报道兰考脱贫攻坚经验做法 2110 篇。启动 2020 年兰考县"红色文艺轻骑兵"脱贫攻坚文化宣传小分队下基层活动，以舞蹈、快板、歌曲、小品、戏曲等多样性的文艺节目聚焦脱贫攻坚，演出 115 场，走遍全县 115 个贫困村，受众 5.06 万人。①

　　在巩固拓展脱贫攻坚成果与乡村振兴有效衔接的起步之年，以"十四五"规划为基点，兰考县将启动大走访活动，用 3 个月时间再搞一次精准识别，将年人均纯收入低于 8000 元的农户找出来进行重点帮扶，并在乡村振兴战略的实施过程中，除了脱贫户、低保户、分散供养特困人员、重度残疾人家庭外，新增了零劳动力家庭、大病户、独生子女户、双女户以及收入骤降或支出骤增的家庭等帮扶对象，在未来 3 年内对其加强动态监测和进行分类帮扶。在选优配强驻村工作队方面，兰考帮扶工作将从脱贫村扩展到 96 个重点帮扶的非贫困村，实现驻村工作全覆盖；在均衡配置教育资源方面，分批在每个乡镇分别建设一所寄宿制初中、小学，让农村的孩子愿意在家门口上学；在深化"1+3"社会扶贫方面，扩大"爱心美德公益超市"受益覆盖面，把"新乡贤""好媳妇"等各类模范典型纳入其中，涵养乡风文明。② 2021 年 3 月 9 日，兰考县召开创建巩固拓展脱贫攻坚成果同乡村振兴有效衔接示范县暨驻村工作动员大会，在对脱贫攻坚成绩作出总结的基础上，对巩固拓展脱贫攻坚成果同乡村振兴有效衔接工作进行了部署，要求各乡镇（街道）、各部门结合乡村振兴的目标任务承担起谋划、衔接、推进和落实的主体责任，鼓励全县干部和群众一起接续开启乡村振兴新征程。

---

① 兰考县人民政府：《兰考县扶贫办聚焦重点工作，扎实推进稳定脱贫奔小康》，http://lankao.gov.cn/info/1022/37502.htm。

②《兰考新"考"》，2021 年 3 月 1 日。来源：兰考手机台微信公众号。

第三节 兰考脱贫的经验借鉴

2008年，兰考最高的楼就是县人民医院的4层小楼；2005年，兰考县城建成区面积不到14平方公里，2013年建成区面积也仅29平方公里；如今的兰考，面目焕然一新，道路干净宽敞，县城风景优美，乡村绿树环绕，庭院整洁卫生，还被评为了国家园林县城、国家卫生县城、省级文明县城和省级生态县等。兰考县的扶贫开发工作跟随着国家扶贫开发工作的进程，有计划、有保障、有支持地逐步开展起来，一步步走完了脱贫之路。焦裕禄当年带领大家栽下的泡桐树制作乐器、家具等，成为兰考致富奔小康的一项重要产业，助推兰考县成为全国第一个脱贫的贫困县。

通过精准扶贫，兰考县实现了从2013年底7.94万贫困人口到2017年3月完成全面脱贫的转变。短短3年时间的脱贫实践，打造了一个独具特色的兰考县，成为我国脱贫摘帽县的典范。作为全国首个脱贫摘帽的贫困县，兰考县的脱贫经验在全国范围内都产生了良好示范效应，自2017年2月率先实现脱贫以来，全国共有1100个县区前往兰考交流，共计8400批次、23万人次，兰考县应邀外出交流130场次。归结起来说，兰考县的脱贫经验离不开产业振兴、财政支持、金融创新和群众参与等重要因素。

一、产业振兴推动脱贫致富

产业振兴是解决贫困问题的基础保障，是帮助贫困人口实现脱贫致富并获得长期发展的重要推动力，坚持产业扶贫是兰考县的重要特征。兰考县曾经受到恶劣的自然条件影响，严重阻碍着当地人民的脱贫之路，然而在基本解决了这一问题之后，大多数人民的生活依然穷困潦倒，兰考依然面临着严峻的脱贫任务，其中一个重要的原因是产业不兴导致的经济基础不牢固。于是，兰考县通过发展特色产业，结合脱贫攻坚与供给侧改革，实现了农民在家门口的增产增收。由此可见，产业的开发和振兴，是打赢脱贫攻坚战的关键一步。

葡萄架乡杜寨村地处黄河故道，以种植小麦和玉米为主，是一个典型的传统农业种植村。面对脱贫攻坚的重要任务，葡萄架乡杜寨村对接河南省农业科学院，通过对当地资源的开发利用，来推动产业发展。经过对土壤进行化验，确定该村适合种植蜜瓜。以当地资源为依托确定蜜瓜种植的优势后，葡萄架乡杜寨村确定了兰考蜜瓜的产业发展方向。起初，村民对种植蜜瓜提出质疑，为了打消村民的疑虑，葡萄架乡杜寨村采取了"三带和三不愁"和"四跟四走"的方式。"三带和三不愁"即干部带头、脱贫不愁，党员带头、群众不愁，产业牵头、小康不愁。"四跟四走"即资金跟着贫困户走，贫困户跟着党员走，党员跟着产业发展走，产业发展跟着市场走。2016年2月，兰考开始试种蜜瓜，种出的兰考蜜瓜质量上乘，糖度比新疆哈密瓜高。2016年7月，杜寨村扩建了45座大棚，采取"村集体经济＋专业合作社＋贫困户"的方式，壮大了蜜瓜产业，有效带动了贫困户增收。2017年3月，兰考蜜瓜园区快速发展到343个大棚，之后又逐步发展到475个大棚，再发展到2万多座大棚，蜜瓜产业也成了兰考的支柱产业。如今，兰考县一个大棚半年可以种两季瓜，一季瓜可以收入7000元左右，剩下半年时间还可以种蔬菜，大大增加了农民收入。

焦裕禄带领兰考人民防治"三害"时期种植的泡桐树，不仅支撑了兰考的生态，还成就了一个产业。1986年左右，上海民族乐器厂琵琶制作大师韩富生一路追到兰考县堌阳镇徐场村，终于找到了寻觅已久的纹路美观、质地优良、音质优美的兰考泡桐音板。原来是因为兰考的泡桐生长于沙土地之中，所以纹理细腻、木质疏松、不易变形、抗腐蚀性强，是民族乐器中音板这一构造的上品材料。从那时起，徐场村村民开始学习制作乐器，依托当地资源发展乐器产业。从制作销售风箱、灯座、电闸刀，逐渐到制作乐器开乐坊，以及培养乐器匠人，兰考县的民族乐器产业不断发展完善起来。徐场村 105 户人家中，就有 82 户在做乐器，并发展成为 82 家乐器厂。徐场村生产的乐器从单一的古筝转型为古筝、琵琶、古琴、扬琴、柳琴、大小阮等 20 个品种、30 多个系列，年产古筝、古琴等民族乐器达 10 万多台。① 除此之外，徐场村生产的产品类型还包括琴码、琴弦、整琴以及琴桌、琴凳和箱包等，从生产、加工和销售，形成了较为完整的产业链，并且创建了自己的品牌，产品远销全国各地乃至世界多国。2019 年，徐场村销售了 10 万多台（把）乐器，年产值达到 1 亿元以上，乐器工厂年收入一般都在百万元以上，而在工厂工作的农户每月收入也在 5000 元以上。在互联网快速发展的背景下，徐场村 70% 的产品都是在网上交易，占全国市场 30% 的份额，带动了 1200多人就业。目前全国 90% 以上的民族乐器音板都是在徐场村制造的，徐场村也因此成为"中国民族乐器第一村"。2020 年，堌阳镇各类民族乐器生产企业达 186 家，形成了较大规模的产业集群，年产古筝、古琴等民族乐器 70 多万台（把），年产值达 20 多亿元。兰考的乐器产业不断发展壮大，作为兰考县的脱贫产业，其凭借着不易复制性，在脱贫攻坚中发挥了巨大作用。焦裕禄当年带领兰考人民整治沙丘种的泡桐树于 2015年获得商务部原产地认证，成为如今兰考乐器产业发展的资源优势。村民们多年积攒的经验和精湛的乐器制作工艺为兰考乐器产业发展提供了技术优势，现在，兰考人民正在将旅游产业与乐器产业融合起来，打造独具特色的乐器产业。围绕民族乐器产业的发展，徐场村建了宫、商、角、徵、羽五个小游园，各类琴声和制作乐器打磨木材的声音交错相和，

---

① 《河南兰考：践行焦裕禄精神 奏响发展"奋进曲"》，2019 年 7 月 25 日。来源：新华网微信公众号。

成了当地旅游业的特色景点。徐场村通过打造"产业 + 旅游"模式，每年接待音乐爱好者与旅游团体 10 万余人次，带动了 42 名贫困群众就业，年人均收入 4 万元。[①] 如今，泡桐树还成就了兰考地区一个更大的产业——家居制造。依据木制品加工的资源优势，兰考积极引进欧派、TATA 等一批品牌龙头企业，此后鼎丰等配套企业紧随而来，再加上兰考及周边丰富的林业资源，恒大集团联合国内 7 家顶尖家居企业，投资 100 亿元在兰考建设了亚洲最大的家居产业园——恒大家居联盟产业园，逐步形成了以恒大家居特色小镇为引领的品牌家居产业体系。在家居产业园中，以泡桐为主的木材经过现代化流水线加工成型，销量十分火爆。在此背景下，兰考县不断将家居产业红利向乡村延伸，在 5 个乡镇建设了木制品专业园区，打造配套产业集群，实现了强县和富民的统一，2019 年兰考全县家居及木制品行业产值达到了 300 亿元。[②]

禾丰肉鸭养殖是兰考县贫困户增收致富、加快推进脱贫攻坚的重要产业。兰考县政府在 2016 年出台了《兰考县进一步推进禾丰肉鸭养殖实施方案》，及时处置肉鸭养殖中存在的问题，盘活所有涉及肉鸭养殖死滞贷款，并对还款到位的贫困户进行续贷，完成好鸭棚改建和正常运营维护工作。截至方案出台前，兰考县共建禾丰鸭棚 1046 座，已发放补助 1000 座；发放鸭棚贷款 520 座 2600 万元，全县共有肉鸭养殖小区 56 个，肉鸭养殖技术指导员 15 名。2016 年 7 月 24 日—8 月 31 日，针对剩余 46 座未发放搭建鸭棚 2 万元补助和剩余 526 座鸭棚未放贷的 2630 万元贷款，全部完成发放工作；同时兰考全县包括三义寨、孟寨、东坝头 3 个乡在内的 101 座地养棚，还有 5 个小区 56 个棚配套基础设施不健全，要完成鸭棚改建及养鸭小区配套基础设施建设任务，于 2016 年 8 月 15 日前

---

① 节选自《一个都不能少：中国扶贫故事》，《兰考县三年脱贫的秘诀："焦裕禄精神" + "四面红旗"》，2020 年 6 月 28 日。来源：中国青年网微信公众号。
② 韩朝阳：《脱贫摘帽三年后，兰考奔向全面小康》，2020 年 11 月 6 日。来源：新华社微信公众号。

所有地棚改建成网棚，基础设施不健全的小区全部匹配到位。不断强化技术指导，在 2016 年 8 月 20 日前由农林畜牧局负责，禾丰兰考天地牧业公司配合确保每个养殖小区有 1 名技术服务人员。更重要的是，要保证肉鸭养殖户收益，禾丰兰考天地牧业公司要将兽药、饲料价格公开透明，降低饲料价格，及时投放鸭苗、收购肉鸭和及时结算，肉鸭送到公司要公开透明及时上秤、屠宰，整个过程全程监控，养殖户可随时查看。除此之外，《兰考县进一步推进禾丰肉鸭养殖实施方案》中还提供了相关的保障措施。一是加强领导。兰考县积极建立健全肉鸭养殖工作推进机制，明确领导责任，成立了由县政协党组成员担任组长的领导小组，定期召集相关部门召开会议，解决鸭棚建设和生产运行等问题。领导小组下设扶贫贷款中不良贷款清收工作组，由县公安局政委负责，县发改委、公安局、法院、监察局、扶贫办、人民银行及各涉贷银行抽调相关人员参与。要求各乡镇（街道）积极配合开展工作，并且相关部门和各乡镇（街道）要明确 1 名副职专职参与工作。二是加强技术指导。不断完善技术培训支撑体系，加强对村级防疫员技术培训，提升村级防疫员工资待遇；针对养殖户在养殖过程中出现问题的情况，对其进行集中培训和上门服务，提高养殖水平。三是强化市场调研与引导。遵循市场规律，及时对"六和""瑞意""呱呱鸭"等养殖企业的肉鸭养殖和回收工作进行指导，依靠市场竞争实现贫困户的利益最大化。四是严肃问责。县委、县政府、督查局、扶贫办、农林畜牧局不定期对肉鸭养殖情况进行督导检查，及时公开通报督导结果；纪检监察部门及时启动问责机制，严肃问责履职尽责不到位的职能部门和相关乡镇（街道）。

兰考县主抓特色产业培育和发展，以实现群众的增收致富。为进一步转变畜牧业发展方式，2017 年 10 月 10 日，兰考县在大力促进草食畜产业发展的基础上印发了《兰考县养殖业奖补办法》，以兰考县域内的企业、专业合作社、家庭农场等各类新型经营主体或个人在此后新建、扩建的新增存栏牛、羊、驴等草食畜为奖补对象，按照不同畜种设计标准化圈舍，圈舍采用钢结构，设计符合国家和地区规定，符合科学养殖和防疫条件要求，具有配套的消毒、仓储、办公等基础设施，经验收合格后按标准进行补贴，每个达到要求的规模场补贴最高不超过100万元的奖补标准，实施养殖业奖补。针对驴的养殖，基础设施按照每头驴3平方米标准进行建设，以存栏100头为起点，每头补助1000元，单场补贴不超过100万元；在散养补贴方面，鼓励农户参与肉驴养殖，规模为100头以下的养殖户，每头驴补贴500元，但享受此政策后，补栏到100头以上的不再享受1000元/头的基础设施补贴。针对牛的养殖，基础设施按照每头牛4平方米标准进行建设，以存栏100头为起点，每头牛补贴1000元，单场补贴不超过100万元。针对羊的养殖，基础设施按照每只羊1.5平方米标准进行建设，以存栏500只为起点，每只补贴100元，单场补贴最高不超过100万元。

农业也是兰考产业发展的强力支撑。为加快兰考稳定脱贫奔小康步伐，激发全民创业的积极性，优化社会资源并进一步夯实农业发展基础，2017年10月10日，兰考县人民政府印发了《兰考县设施农业奖补办法》，以县域内的乡镇（街道）、行政村、新型农业经营主体、涉农企业或个人为奖补对象，对2017年10月—2018年4月新发展的日光温室、钢架塑料大棚和食用菌等设施农业提出一系列建设标准①，并按照规模要求对达

---

① 日光温室建设标准：东西走向，三面有墙，跨度12米以上，长度120米以上，高度4.5米以上，保温被、卷帘机等配套设施完善。

塑料大棚建设标准：1. 大棚规格：宽8米，长80米，肩高1.5米，脊高不低于2.8米，棚间距不低于2米。2. 钢材材料标准：国标6分热镀锌管以上，壁厚不低于1.8毫米。3. 塑料膜标准：三防塑料膜（防流滴，防老化，防雾气），厚度8~10丝。防虫网60目以上。

食用菌菇棚（房）建设标准：1. 日光温室型标准化菇房：东西走向，三面有墙，前屋面钢架结构，长20~30米，宽10米，高2~2.8米，控温、控湿设施完善。2. 双孢菇标准化菇房：墙体用岩棉板（或加气块），屋顶及菇床采用钢架结构，长20米，宽8米，高3~3.6米。3. 普通菇棚：钢架结构，长30米，宽10米，高2.2米。

到集中连片新发展 100 座（130 亩）奖补基准的塑料大棚建设、达到集中连片新发展 50 座（165 亩）奖补基准的日光温室建设①、达到为全县食用菌生产提供优质菌种 5 万瓶（袋）或年投料量达 2.5 万公斤以上奖补基准的食用菌菇棚（房）建设实行奖补。对符合条件的标准日光温室按照总投资的 30% 给予补助，即每座补助 3 万元，按照面积可参照奖补标准同比例增减奖补额度；对符合条件的钢架塑料大棚，按照总投资的 30% 给予补助，即每座补助 0.6 万元，按照面积可参照奖补标准同比例增减奖补额度②；对符合条件的食用菌生产主体，给予包括粉碎机、拌料机、装袋机、接种设备、冷藏设备和烘干设备等新购置生产设备购置资金 30% 的奖补；对食用菌生产的各类菇棚（房），按实际造价的 30% 进行奖补；充分利用普惠金融政策，按照政府引导、政策鼓励、群众自愿的原则，大力发展设施农业。

除此之外，兰考县还注重培育科技、文化等特色优势产业。在智能制造产业方面，以创建国家级智能制造示范园区为目标。在文化旅游产业方面，积极将绿色文化、黄河文化融入文化旅游之中，并通过党性培育和发展交流的契机，推动文化旅游的发展，建成了黄河湾风景区、凤鸣湖湿地、上河恬园、泡桐森林公园等风景园区和焦裕禄干部学院。

兰考的产业链发展采用"龙头企业做两端，农民群众干中间，普惠金融惠全链"的产业增收带贫模式，实现群众收入渠道的多元化和科学化，促进群众持续增收。一方面，针对"龙头企业做两端"，通过积极引进行业龙头企业，围绕研发、育种和繁育，做强产业链顶端，通过对稳定可行的助推模式的探索建立来支撑产业带贫模式；围绕品牌塑造和市场销售发挥企业优势做强终端，积极引进了大批上市公司作为带动产业

---

① 塑料大棚、日光温室两类设施农业的规模要求面积以大棚实际占地面积为准，在原有规模基础上新发展的设施农业也享受奖补，分散种植户不予奖补。
② 日光温室和钢架塑料大棚均按照实际占压面积计算，园区道路、棚间预留地等均不计算面积。

发展的龙头企业，如在鸡产业引进了正大、晓鸣，在鸭产业引进了禾丰牧业，在牛产业引进了首农，在羊产业引进了中羊牧业、青青草原，在驴产业引进了华润五丰，在构树产业引进了中科华构、国银农牧等，实现了一端抓研发，提供种苗和服务，另一端订单保价收购产品，进入流通市场。另一方面，针对"农民群众干中间"，积极发挥龙头企业在产业链前后两个端口的载体作用，在产业体系中注重稳定带贫，中间的种植养殖环节由农民发挥劳动力和土地优势进行劳作，弥补了群众发展产业的劣势，最大程度增加了农民的收入，使产业发展更稳定更可持续，风险更小。兰考县建立了龙头企业养殖基地，带动贫困户参与鸡、鸭、牛、羊、驴养殖，发展杂交构树、蜜瓜、红薯、花生和小杂果等特色种植；培育了群众不离乡不离土、好融入的"5+5"特色扶贫产业[1]，通过龙头企业订单式回购来解决农产品销售难题，同时增强市场中的抗风险能力；不断鼓励自主创业，特别是能人和贫困户的联合产业发展。为了降低贫困户种植养殖成本，兰考县还专门出台特色种植、设施农业、畜牧养殖、构树种植、标准化厂房等产业发展奖补政策和进行技术指导。最后，针对"普惠金融惠全链"，兰考县为两端的龙头企业配套提供从起步到发展过程中形式多样、成本较低、方便快捷的金融服务，解决企业发展所需；在种植养殖中间环节，扶贫贷款普惠金融的跟进支持也使群众发展产业资金有保障。兰考县积极探索"一平台四体系"模式，即数字普惠金融综合服务平台和普惠授信体系、金融服务体系、信用信息体系、风险防控体系，通过财政支农和"政银担"担保贷款来实现"扶贫小额信贷"和"普惠授信贷款"多种金融服务的融合，畅通企业和农户融资渠道，解决新型农业经营主体贷款方面和群众发展产业方面的困难。

从2016年开始，兰考县对县城的产业聚集区和各乡镇的工业园区以

---

[1] 兰考县"5+5"特色扶贫产业指的是5种订单农业型产业：优质花生、优质红薯、苗木种植、养鸡、青贮玉米；5种能人带动型产业：瓜菜、乐器、经济林、食用菌、养羊养驴。

及农村的产业进行了规划，通过富百姓来富农村，通过富财政来富县城，通过财政支持来反哺农业发展。兰考县有能力发展产业的人在政府引导下积极投身产业发展，没有能力发展产业的人就在产业中稳定就业，对无劳动能力的人实行社会兜底，既引导和鼓励了能发展产业的人发展产业，也满足了没有能力发展产业的人在家门口稳定就业的需求。对于留守老人和妇女，特别是未脱贫户，要么就是没有劳动能力的，要么就是家里有病人需要看护的，也解决了在家门口就业的问题，通过"巧媳妇"工程这一重要环节实现了社会扶贫。兰考县在454个行政村选聘配备了498名村级就业社保协管员，保证一村至少一人，组织开展了"春风行动""就业援助月"等大型现场招聘会，搭建就业服务平台，促进转移就业，富士康兰考园区的本地就业率达到90%以上。

兰考县因地制宜，充分结合当地优势资源，结合脱贫攻坚与供给侧改革，并紧密结合自身历史、土壤、资源、传统工艺等优势，积极发展种植业、畜牧养殖业及民族乐器、家居、旅游、电商等特色产业，打造了"一村一品""一乡一业"，建设了产业集聚区、特色产业园，实现了小微企业和多家上市公司落户，大力推进了一、二、三产业融合发展，村民在县内务工率达60%以上，3500家贫困户在家门口养鸡、养鸭、搞运输稳定增收，拔下了穷根。兰考县坚持培育壮大特色产业体系，促进全县稳定脱贫，以实现一、二、三产业融合发展为目标，持续完善"5+1+3"特色产业体系①。除此之外，兰考县紧抓产业结构调整的契机，积极承接产业转移，聚集了5家世界500强企业、15家上市企业、40余家行业龙头企业，产业发展实力明显增强。同时，驻村干部在促进农村经济发展方面具有显著优势，既可以争取当地政府的扶贫资源，打造扶贫项目创收，也可以利用自身社会网络和后盾单位力量，引导非公企业

---

① 兰考"5+1+3"特色产业体系中，"5"即：鸡、鸭、牛、羊、驴；"1"即：构树；"3"即：蜜瓜、红薯、花生。

到乡村投资创业并引导社会扶贫公益组织到农村开展扶贫公益活动。① 在政策支持和金融支持的帮助下，在驻村干部的引领下，兰考县的扶贫产业蓬勃发展。产业振兴推进了兰考县的脱贫进程，同时，扶贫工作的开展也促进了兰考特色产业的快速发展。

二、财政金融支持提供基础保障

兰考县长期以来的积贫积弱导致贫困户想干事却没钱、干事又扛不了风险的问题出现。针对这一现象，由财政出资建立了扶贫信贷风险补偿金，对贫困户实行贷款免抵押、免担保，并享受全额贴息。同时，兰考县还为特色农业项目购买保险，确保在意外发生时农户能够得到相应理赔。

为了提高扶贫资金的使用效率，河南省专项扶贫项目资金审批权在2014年实现县、乡逐级下放，让村里自主决策扶贫项目，探索创新了"先拨付、后报账，村决策、乡统筹、县监督"的扶贫资金分配运行机制，实现贫困村的扶贫工作从"被动承接"到"主动运作"的转换，极大地调动了贫困户的积极性、主动性和创造性，贫困户也实现了从"与我无关"到"以我为主"的转变。随后，兰考县在全省范围内率先建立并采用了"先拨付、后报账，村决策、乡统筹、县监督"的资金分配运行机制，大大提高了扶贫资金的使用效率。

在政府提供财政支持保障的基础上，兰考县积极创新金融扶贫模式，通过设立3000万元的风险补偿金，撬动了各类金融机构3亿元的贫困户贷款发放额。通过已脱贫户的信用评定争取银行贷款，并提供政府贴息，有效解决了贫困户的贷款难问题，激发了贫困户的内生动力，使其能够得到较好的自我发展。为了解决因病致贫问题，兰考县政府出资1500万元将贫困人口全部纳入重特大疾病救助范围。为阻止贫困代际传递和返

① 王明哲、蔡淑熙、卢丽羽、薛钰洁：《干部驻村制度作用研究——以农村基层党组织建设为例》，《当代农村财经》2019年第5期。

贫现象的出现，兰考县高度重视教育扶贫工作，对未脱贫户中的小学生每人每年资助 300 元、初中生每人每年资助 1200 元、高中生和中职中专学生每人每年资助 5000 元。兰考县将兜底人员全部纳入低保范围，给予60 岁以下兜底人员每年 1000 元临时救助，保障其基本生活需要。2016年 12 月，兰考县申请并获批了国家普惠金融改革试验区，入选财政部第三批政府和社会资本合作示范项目，创造股权合作新模式，为产业扶贫和县域发展提供了充足的资金保障，立足"普惠、特惠、县域"三大主题，着力打造"兰考模式"。《河南省兰考县普惠金融改革试验区总体方案》强调力争用 5 年时间形成多层次、广覆盖、有差异、可持续发展的金融组织体系，基本建成与普惠金融发展相协调的财政等配套政策体系，农村各类产权要素有效盘活，金融生态环境持续优化，金融服务覆盖率、可得性和满意度稳步提高，金融服务县域经济和"三农"、小微企业等社会发展薄弱环节的水平显著提升，打通县域普惠金融发展的"最后一公里"。①《河南省兰考县普惠金融改革试验区总体方案》提出了 10 个方面27 项主要措施：一是完善县域普惠金融服务体系，更好发挥银行业机构作用、规范发展新型金融服务组织、完善风险管理和分担补偿体系。二是强化精准扶贫金融服务，创新金融扶贫产品和服务模式、完善精准扶贫配套措施。三是优化新型城镇化金融服务，创新投融资机制、深化涉农和小微企业金融服务创新、支持农民工市民化。四是充分利用多层次资本市场，培育发展股权融资、债务融资。五是大力发展农村保险市场，扩大农业保险覆盖范围、创新推广各类涉农保险。六是深化农村支付服务环境建设，包括设立农村金融综合服务站、普及移动支付业务。七是强化要素服务平台建设，搭建信用信息平台、完善农村产权交易服务平台、推广动产质押融资服务平台、建立"一网通"金融服务平台。八是强化配套政策支持，加强财税政策扶持、强化货币政策工具支持、实施

① 郭戈：《兰考构思：补齐县域金融短板》，《河南日报》2017 年 10 月 11 日。

差异化监管政策。九是加强金融消费权益保护，健全金融消费权益保护工作机制、提高金融知识宣传教育的普及性和针对性。十是建立工作保障机制，加强组织领导、宣传引导和考核监督。

金融扶贫是见效最快的扶贫方式，也是帮助兰考脱贫摘帽的重要举措。兰考县探索建立了政府主导、金融支持、企业发展、风险保障金融扶贫模式，探索建立金融服务、信用评价、风险防控、产业支撑的金融扶贫体系，有效助推产业发展；在全省率先以基金形式搭建投融资企业PPP股权合作新模式，为重点项目的顺利推进提供有力的资金支持。同时，兰考在充分利用财政拨付的基础上，敢于突破，转变了以往思路。改变"输血式"扶贫为"造血式"扶贫，调动更多的资金和力量，构建了"政府主导、金融部门参与、上市公司带动"的"三位一体"金融扶贫模式，成为兰考贫困群众脱贫致富的好帮手。兰考县对贫困户发放了3.23亿元的贷款，培育了1093家小微企业和新型农业经营主体，带动了6000多户贫困家庭脱贫增收。针对特色民乐产业的发展，兰考县在"三位一体"金融扶贫模式下用扶贫资金向银行注入风险补偿基金，对发展潜力大、诚实守信用、主动参与扶贫的企业给予贴息支持，银行按风险补偿金的10倍授予贷款规模并按基准利率贷款支持扶贫企业，企业则优先安排贫困劳动力就业，或捐赠扶贫基金支持贫困户发展产业。截至2017年6月末，农行兰考县支行、中原银行兰考县支行已发放贷款16笔、金额1010万元，用于支持16家扶贫效果突出的乐器企业发展壮大，带动了580名贫困群众就业增收。①

针对企业带动贫困人口就业的不同情况，兰考县采取了不同的管理方式，对于未吸纳贫困人口就业的企业，需要捐赠贷款额度的5%作为扶贫资金，除此之外，还要缴纳贷款额度的1.2%作为贷款保险保费，企业的贷款成本为6.2%。对于吸纳贫困人口就业的企业，可免除其扶贫资金，

① 叶松：《河南兰考泡桐乐器奏响"富民曲"》，《金融时报》2017年9月5日。

仅缴纳贷款保险金，贷款成本仅为贷款额度的 1.2%，但要求企业每获得 10 万元的贷款要安置 1 名贫困群众，并且月工资不能低于 2000 元。对于部分吸纳贫困户的企业，扣除吸纳贫困户人口的贷款部分，需要按照剩余贷款额度的 5% 捐赠扶贫基金。针对全县建档立卡贫困户中已脱贫的农户，兰考县开展了信用等级评定，对信用等级符合标准的农户进行授信，发放贷款。同时，兰考县与中原农险合作，拿出 1000 万元为所有建档立卡户购买了人身、产业、财产保险，降低贫困户因灾返贫的概率，实现"脱贫路上零风险"的目标。

扶贫小额信贷对于产业发展具有至关重要的支持作用。为巩固脱贫攻坚成果，充分发挥贫困户脱贫致富的积极性，并进一步支持产业发展，兰考县政府在 2017 年 11 月 15 日印发了《关于加快推进兰考县产业发展信用贷工作的实施方案》，以建档立卡贫困户为扶持对象，按照"政银联动、风险共担、多方参与、合作共赢"的原则，以提高贫困户贷款率为目标，对县域内有贷款需求的贫困户进行信用评定、认定，通过扶贫小额信贷助推稳定脱贫致富，加大扶贫开发的信贷支持力度，实现贫困户稳定脱贫奔小康。兰考县产业发展信用贷工作分为贫困户社会信用信息评定、信用等级评定、贷款流程明确三大重点工作。（1）开展贫困户社会信用信息评定工作的第一阶段（2017 年 11 月 14 日—11 月 19 日）是筛选排查阶段，主要由各乡镇（街道）、村"两委"、稳定脱贫奔小康工作队筛选排查出本辖区内 18 周岁以上 59 周岁以下有劳动能力、有致富愿望和有致富项目的贫困户并对其进行产业发展信用贷政策宣传，发放《普惠金融授信证》和信用告知卡，对有需求、愿意参加信用评定的贫困户登记《兰考县建档立卡贫困户信用等级评定申请汇总表》（如表 9-2 所示）；第二阶段（2017 年 11 月 16 日—11 月 20 日）是研究上报阶段，主要由村"两委"、稳定奔小康工作队组织召开村民大会或村民代表大会，对有贷款不良信用记录，有赌博、吸毒、嫖娼等不良习气，游手好闲和好吃懒做的贫困户进行筛除，对符合条件的贫困户由村"两委"出具农户信誉证明（如表 9-3 所示），将《兰考县建档立卡贫困户信用等级评定申请汇总表》和农户信誉证明等纸质版上报至乡镇（街道），由乡镇（街道）统一收集整理，复审贫困户信用信息的真实性后报送至县普惠金融服务中心；第三阶段（2017 年 11 月 20 日—11 月 23 日）是审核评定阶段，主要由县普惠金融服务中心对乡镇（街道）报送的申请材料进行统一会审，依据河南省农村信用信息系统对贫困户进行信用等级评定，根据评定结果出具《兰考县建档立卡贫困户信用评估报告》（如表 9-4 所示）并将评定结果进行公示。（2）贫困户信用等级评定标准主要是信用记录，即个人诚信度。将贫困户信用等级划分为"A""AA""AAA"3 个级别，"A"授信额度为 3 万元，"AA"授信额度为 5 万元，"AAA"授信额度为 8 万元。以"三好三强""三有三无"①为主要内容，品德良好、具备基本劳动能力、无违法乱纪行为、无不良信用记录的，可评为"A"；综合考虑贫困户的资产、收入、负债、经营情况及以往的贷款记录等因素，可分别评为"AA"或"AAA"级，并对已评定信用等级的贫困户统一颁发相对应信用等级的牌匾与证书。（3）在贷款流程方面，以加强贷前审查和联合贷后管理为主。贷前审查期间，县、乡、村三级普惠金融服务组织在贫困户自愿申报后，严格按照相关程序受理、审核、公示、推荐，相关银行业金融机构、政府性担保机构按照各自制度要求进行贷前调查和审批授信；贷后管理期间，县、乡、村三级普惠金融服务组织密切关注借款人的生产经营情况、家庭生活情况、资金使用情况等，发现有弄虚作假、改变贷款用途、家庭出现重大变故、经营出现重大问题等异常现象第一时间通报各方，相关机构要及时采取措施，防范化解风险。

---

① "三好三强"：遵纪守法好、家庭和睦好、邻里团结好，责任意识强、信用观念强、履约保障强。"三有三无"：有劳动能力、有致富愿望、有致富项目；无赌博、吸毒、嫖娼等不良习气，无拖欠贷款本息、被列入贷款黑名单的记录，无游手好闲、好吃懒做。

表9-2 兰考县建档立卡贫困户信用等级评定申请汇总表

姓名	年龄	身份证号	配偶姓名	年龄	身份证号	申请人签名	联系电话

表9-3 农户信誉证明

兹证明：

　　目前尚未发现我村村民_____有不良嗜好，日常信誉良好。

　　此证明仅用作建档立卡贫困户信用等级评定风控参考，不具有任何法律效力。

兰考县_____乡镇（街道）

村民（居民）委员会

_____年_____月_____日

表9-4 兰考县建档立卡贫困户信用评估报告

报告编号		评价时间	
姓　名		身份证号码	
系统评价得分			
信用等级评定			
信用等级释义			
农户信用综合评价：			

报告说明

1. 本报告由兰考县普惠金融服务中心出具，依据截止报告时间农户信用信息系统记录的信息生成。除普惠金融服务中心标注外，报告中的信息均由相关报数机构和信息主体提供，普惠金融服务中心不保证其真实性和准确性，但承诺在信息整合、汇总、展示的全过程中保持客观、中立的地位。本报告中的相关信息来源于信息主体所提供的相关资料。

2. 如信息记录斜体展示，则说明信息主体对此条记录存在异议。

3. 报数机构说明是报数机构对报告中的信息记录或对信息主体所作的补充说明。

4. 普惠金融服务中心标注是普惠金融服务中心对报告中的信息记录或对信息主体所作的说明。

5. 信息主体声明是信息主体对报数机构提供的信息记录所作的简要说明。

6. 信息主体有权对本报告中的内容提出异议。如有异议，可联系普惠金融服务中心提出异议申请。

7. 本报告向信息主体提供，请妥善保管。因保管不当造成信息泄露的，普惠金融服务中心不承担相关责任。

在《关于加快推进兰考县产业发展信用贷工作的实施方案》中,兰考县为产业发展信用贷出台了一系列支持政策。(1)降低综合融资成本。产业发展信用贷期限为 1~3 年,为降低贫困户融资成本执行基准利率,按照"一次授信、随用随贷、余额控制、周转使用"的原则在授信范围内满足建档立卡贫困户的信贷需求,以发放贷记卡、贷款证等形式实现自助提款的功能。(2)建立贷款风险分散机制。县级风险补偿金、贷款银行、省农信担保公司和省担保集团分别按照 30%、10%、40% 和 20%的比例分担贫困户 5 万元以下(含 5 万元)的产业发展信用贷款实际发生的风险,而 5 万元以上的产业发展信用贷款实际发生的风险则由县级风险补偿金、贷款银行分别按照 80% 和 20% 的比例分担。(3)实行财政贴息政策。县财政按照同期贷款基准利率给予贫困户 8 万元以内(含8 万元)的贷款额度全额贴息。(4)建立风险补偿和周转机制。设置县级风险补偿金,统筹整合现有的金融扶贫各类项目风险补偿金,并根据《兰考县金融扶贫风险补偿管理办法》按约定比例分担实际发生的风险;设置还贷周转金,县财政先期出资 1000 万元专项资金建立扶贫贷款临时周转金制度,并由兰考县兴农公司负责管理,帮助暂时性资金周转困难的借款主体续贷。为保障产业发展信用贷工作的顺利开展,兰考县也采取了一系列保障措施。一是健全监督管理机制。县金融办、县财政局、县扶贫办、县人民银行等部门多方共同加强监管,严肃查处申报、评定、授信放款过程中弄虚作假、徇私舞弊等行为,并对相关人员追责;对弄虚作假套取贴息资金的全额收回贴息资金,并取消其今后享受贴息的资格,列入黑名单,构成犯罪的移交司法机关处理。二是建立风险熔断机制。相关银行业金融机构暂停对贷款不良率超过 5% 的乡镇(街道)、贷款不良率超过 7% 的行政村(社区)发放贷款;在其通过清偿实现贷款不良率下降到设定标准后,再恢复贷款发放。三是加强惩戒力度。成立由县政府牵头,县法院、公安局、法制办等部门组成的金融扶贫贷款清收小组，以加大对逾期贷款的清收力度；规定取消失信借款人评定信用等级资格，5年内不得参与评定，拉入全县失信黑名单和银行征信不良记录名单，并将个人失信信息公布于网络、县电视台和村庄；5年内不得享受县、乡镇（街道）人民政府（办事处）出台的所有补贴及奖励政策；3年内限制从事房产、土地使用权等不动产交易活动；三代以内直系亲属进行婚姻登记时，将予以信用告知；借款主体的失信状况以信函的形式告知其三代以内直系亲属所在单位。四是加大宣传力度。各乡镇（街道）、新闻媒体广泛开展扶贫小额信贷助推脱贫致富奔小康工作的宣传动员，并梳理总结创业脱贫经验和先进典型进行宣传，以营造各界共同推进金融扶贫工作的良好氛围。

除此之外，农行兰考支行积极创新金融扶贫方式，借鉴当地政府网格化管理经验，实行金融扶贫网格化管理，有效推动了普惠金融的发展，打通了金融服务的"最后一公里"。依托《中国农业银行河南省分行加大支持兰考县经济社会发展金融服务方案》，农行兰考支行采取精选试点标准化、档案建设责任化、激励考核精细化等多项措施，积极探索集扶贫开发、农村结算渠道等为一体的扶贫推动路径。将支持政府购买服务项目、棚改、民生项目、新型城镇化、优势特色产业项目等作为突破口，制定并实施了一系列产业扶贫政策，为一大批重点项目提供了信贷资金支持。

针对脱贫工作中贷款抵押不足这一瓶颈问题，兰考创新实施了"政府风险补偿金＋农行＋涉农客户"的"三位一体"金融扶贫模式，对政府部门推荐的规模种植户、养殖户、新型农业经营主体和小微企业进行精准支持。农行开封分行在张庄村进行以信用记录为据、无抵押担保向农户发放小额贷款的"信用村"模式试点，并向兰考县支行特别授信，对政府风险补偿基金覆盖的农户增加小额贷款业务审批权限10万元，开通小额精准扶贫"绿色通道"，提升扶贫效率。在"三位一体"政府增信模式的基础上，不仅帮助小微企业、新型农业经营主体以及畜牧养殖农户解决了"贷款难"的问题，还大力拓展电子渠道、流动服务、委托代理等渠道，初步打造了"物理网点＋惠农便利店＋惠农通工程＋互联网金融""四位一体"的现代金融服务体系，有效弥补了农村网点少、服务能力弱的问题。

三、群众广泛参与奠定坚实基础

群众的全过程参与和互相评议是保证扶贫工作公信力的重要手段。兰考县大力弘扬焦裕禄"心中装着全体人民、唯独没有他自己"的公仆精神，密切党群干群关系，激发群众自主脱贫的内生动力，提高群众参与脱贫的积极性，发挥贫困群众的主体作用，是兰考县顺利脱贫摘帽的关键基础。

兰考县坚持"应进则进，应出尽出，应纠则纠"原则，逐村、逐户、逐人"过筛子"，同步建立"一户一档"；采取"一进、二看、三算、四比、五议、六定"六步工作法，即干部进户、实地查看、计算收入、相互对比、公示评议、两级核定，来核准贫困户底数和详细信息，并对建档立卡贫困户各类信息进行暗访式、网格式、地毯式检查，以确保扶贫对象的精准识别，解决"扶持谁"的问题。同时，对于建档立卡的贫困户，采取大红榜公布的方式，全村人集体评议、集体监督，保证扶贫对象确立的透明性，避免了群众对后期帮扶政策产生太大争议；并将贫困户分为 10 人一组，定期互相走访、评议，利用乡村熟人社会的特征，激发贫困户脱贫的积极性。同时，驻村工作队在脱贫过程中发挥了至关重要的作用。驻村工作队五天四夜住在村里，党员干部都住在村里，县级干部也领头住在村里，密切加强与村民的联系，为村民做实事，真正做到了解贫困对象，帮扶脱贫对象，用实际行动感染贫困群众，鼓足群众主动要求脱贫的信心和决心，形成了"领导带头干，干部比着干，群众跟着干"的脱贫激励局面。

　　兰考县坚持"志智双扶",激发贫困群众自主脱贫的内生动力,提高群众参与扶贫的积极性,在实在的幸福感中发挥脱贫主体的关键作用,为全面打赢脱贫攻坚战提供有力支撑。第一,突出思想扶贫,树立穷而有志观念。一是营造政府深刻落实思想扶贫、社会组织全面关注思想扶贫、贫困群众积极配合思想扶贫的社会氛围。二是通过主流媒体对脱贫致富典型案例的大力宣传来激发贫困群众主动脱贫的热情,凝聚贫困群众的脱贫力量。三是开展"1+3"社会扶贫模式,探索"以劳动换积分,以积分换物品"的积分评价体系,实施院内净、卧室净、厨房净、厕所净、个人卫生净和院内摆放规范的"五净一规范",通过改善群众的人居环境和生活习惯来实现"积分改变习惯、勤劳改变生活"。第二,突出文明扶贫,践行社会主义核心价值观。一是通过文明创建活动和打造乡村文化墙来营造宣传氛围,在潜移默化中提升群众文明素质。二是每月在全县每个行政村(社区)开展一次"孝老爱亲饺子宴"活动,过集体生日,举办文艺演出,开展志愿服务活动,以此来提高群众的获得感、幸福感、满足感。三是进行"德孝之星"等先进典型、"接老人回家"、"兰考文明户"评选活动,通过榜样力量"学先进、比先进、争先进",来引领价值观培养,建设好家风、好民风。第三,突出文化扶贫,厚植乡村振兴沃土。一是在全县16个乡镇(街道)、454个行政村建设乡镇综合文化站和村级综合文化服务中心,为120个贫困人口集中的行政村配备文化活动器材,进一步提升基层公共文化服务水平。二是重视群众精神文化需求,积极开展文化扶贫,通过农村书屋来丰富文化生活。三是用文艺形式讲好脱贫攻坚故事,通过脱贫攻坚和地方戏曲等艺术形式相结合的文艺创作来补齐群众脱贫攻坚的"精神短板"。

四、党政齐抓发挥领导核心作用

　　习近平总书记指出,脱贫攻坚任务重的地区党委和政府要把脱贫攻坚作为"十三五"期间头等大事和第一民生工程来抓，坚持以脱贫攻坚统揽经济社会发展全局。兰考县建立党政齐抓共管的体制机制，按照《关于进一步完善脱贫攻坚责任体系的意见》中的要求，不断完善责任体系，深化脱贫成果，把"以脱贫攻坚统揽经济社会发展全局"落到了实处。

1. 在思想认识上以脱贫攻坚统揽全局

兰考县委常委会每月通过召开专题会议来研究脱贫攻坚工作，县委书记带头解读宣讲习近平总书记关于扶贫工作的重要论述，县领导和行业部门负责人带头学精神、悟政策，并到一线去解决问题，树立全面打好打赢脱贫攻坚战就是为乡村振兴开好头起好步的思想共识，紧紧围绕脱贫攻坚"两不愁三保障"的目标开展工作，防止返贫和新致贫现象的发生，稳步提升脱贫攻坚质量。兰考县不断强化扶贫办职能，由以往的业务部门转变为综合协调、统筹指导的牵头部门。要求乡镇班子每周日晚上提前到岗，会商研究下一周脱贫攻坚等重点工作。

2. 在组织力量上以脱贫攻坚统揽全局

兰考县通过制定《关于进一步完善脱贫攻坚责任体系的意见》，对扶贫工作中责任体系的完善提出了要求。在健全统揽机制方面，采取"书记县长总负责、四大班子齐上阵"的工作机制，落实各自分管工作与脱贫攻坚精准融合，要求每周召开指挥部周例会，每月组织扶贫干部召开工作推进会。其中，在"书记县长总负责、四大班子齐上阵"的工作机制中，书记、县长要负总责，副书记要牵头总协调和抓督促落实。人大常委会主任主要抓城乡人居环境改善，政协主席主要抓产业扶贫，纪委书记抓行业扶贫和工作纪律，常务副县长抓金融扶贫和就业扶贫，组织部长抓党建促脱贫和队伍建设，统战部长抓社会扶贫，县委办主任抓创新和改革保障，宣传部长抓移风易俗和氛围营造，政法委书记抓乱村治理和社会稳定,分管副县长抓具体落实各自分管工作。兰考县在扶贫工作开展中强调层层压实各级责任,书记、县长带头深入走访,每月至少5天深入一线研究解决各类问题;分管县领导分口召开周例会研究落实本领域工作;指挥部下发一周重点工作安排,为乡镇(街道)、驻村工作队提供工作抓手和遵循;各乡镇(街道)党(工)委书记入村走访建档立卡户,掌握实情,排查问题,完善提升。兰考县加大组织力量,汲取驻村帮扶成功经验,完善"支部连支部"帮扶组织架构,强化行业扶贫部门和乡镇(街道)专职扶贫力量,明晰行业部门、乡镇(街道)和村级职责,形成了一套多部门参与、上下协作的工作抓手。

3. 在发展实践和项目谋划上以脱贫攻坚统揽全局

在发展实践上,按照习近平总书记的指示,兰考县主张县域治理"三起来",即把强县和富民统一起来、把改革和发展结合起来、把城镇和乡村贯通起来,将其作为指导县一级科学发展和有效治理的根本遵循和方法论。紧扣供给侧结构性改革,围绕"把强县和富民统一起来",兰考县摒弃盲目承接产业转移的思维定式,深入研究供给侧结构性改革,因地制宜找准选好产业发展路径,培育壮大了家居制造、食品加工和战略性新兴产业3个主导产业和智能制造、文旅培训2个特色产业,初步形成了城乡统筹,一、二、三产业融合发展的产业布局,持续带动贫困群众增收致富。紧扣新型城镇化,围绕"把城镇和乡村贯通起来",兰考县坚持走具有地方特色的新型城镇化路子,探索形成以中心城区为核心、以中心镇为重点、以一般乡镇为支点的新型城镇化发展路径,塑造了"拼搏、创新"的城市精神,在开展脱贫攻坚工作的过程中推进城乡统筹发展、基础设施有序贯通,以城乡面貌的大改变提振发展信心、展示脱贫成效,城乡基础设施和公共服务不断完善,城乡环境发生了质变。兰考已经实现了城乡间的水系连通、道路畅通,从最远的乡镇到县城只需 30 分钟，每个自然村都通了客车，全体群众都感受到了脱贫攻坚带来的新变化，思发展、思进取的热情更加高涨。紧扣民生改善，围绕"把改革和发展结合起来"，兰考县集中精力以改革创新释放发展活力，积极推进民生事业建设，让改革发展成果更多更公平惠及全县人民。在脱贫攻坚中积极推进教育、医疗、养老、就业等民生事业建设，着力构建县域改革体系和公共服务体系，民生整体水平进一步提升，建成建好了兰考礼堂、敬老院、济阳学校、人民广场等公共场所；对群众关心的出行不畅、低保不公、"守着黄河用不上黄河水"、非法加油加气站等焦点问题，逐一挂账解决，群众对脱贫攻坚的认可度、对生活的满意度和幸福感大幅提升，实现了全民共享改革发展成果。

兰考县的项目谋划坚持"资金跟着项目走、项目跟着规划走、规划跟着脱贫目标走、目标跟着扶持对象走"的基本原则，将产业扶贫、基础设施、公共服务、能力建设和社会保障等项目作为重点，采取对整合资金统一管理、项目统一审核并严格公示公告的管理方式。

4. 以党的建设促进脱贫攻坚落在实处

习近平总书记指出，越是进行脱贫攻坚战，越是要加强和改善党的领导。在基层，各级党组织是脱贫攻坚的中坚力量。兰考县围绕抓好党建促脱贫攻坚这条主线，充分发挥党组织战斗堡垒作用和党员干部先锋模范作用，集聚基层党建的组织力量。紧扣党的建设，以强有力的党建引领脱贫攻坚，配强乡、村两级领导班子，选派精兵强将组建驻村扶贫工作队，农村基层党组织带领群众脱贫致富的能力明显增强；梳理鲜明的用人导向，鼓励更多优秀党员干部积极参与脱贫攻坚。

在建强队伍树好导向工作上，兰考县从建强脱贫攻坚队伍、提升村级组织能力、探索创先争优激励机制、严格督导检查问责四个方面入手，把"抓好党建促脱贫攻坚"落到实处。（1）在建强脱贫攻坚队伍方面，兰考围绕脱贫攻坚排兵布阵，以乡镇党委换届为契机，把扶贫一线 39 名实绩突出、群众认可的优秀年轻干部选进党委班子，班子结构进一步优化，执行力进一步增强；开展"三联三全"活动，53 名县级干部、567 名科级干部和 3000 多名在职党员分别与重点项目、115 个贫困村和 5729 户贫困户结对联系帮扶，实现了驻村扶贫和结对帮扶全覆盖。兰考县重视加强村级党组织建设，从县直和乡镇机关单位党支部中选派 958 名优秀干部组建 454 个稳定脱贫奔小康工作队，与 454 个行政村结成对子相互支持。兰考县还率先出台了第一书记管理办法，建立了示范县 16 大项 115 个子项的工作台账。此外，兰考县领导班子、各乡镇以及各委办局"一把手"还建立了微信工作群，方便实时听取汇报工作并提出指导意见，不断提升脱贫攻坚干部队伍的能力。（2）在提升村级组织能力方面，对全县村"两委"班子采取 5~7 人"小班额"培训，经常组织外出参观学习，提升带富能力；按照"健全便民服务网络、拆除围墙大门、统一场所标识、建设文化广场、实施绿化亮化、配齐文体器材、设置诊所超市"七项标准，对全县所有行政村党群服务中心进行改造提升，增强服务职能，使其成为村里最热闹、群众最愿去的地方，村级党组织的凝聚力、战斗力、号召力不断增强。（3）在探索创先争优激励机制方面，通过"四面红旗村"评选，对村干部实行精神上鼓励、物质上奖励；通过评选驻村扶贫工作标兵，激励优秀驻村干部干劲热情；通过学习弘扬焦裕禄精神好干部评选，用典型带动各级干部。同时，兰考县建立了干部绩酬考评机制，将村干部报酬从每人每月 300 元、400 元、500 元提高到 900 元、1200 元、1500 元，对离任村党支部书记生活补贴标准提高50%。① "红旗"在兰考代表着荣誉，同时也为兰考的村领导班子带来了工资绩效的实惠，到 2021 年 3 月，兰考全县 220 个村（社区）获得 303

---

① 中国网：《从"兰考之问"到"兰考之变"——河南省兰考县精准扶贫案例》，http://henan.china.com.cn/news/2020-06/02/content_41170991.htm。

面"红旗","红旗村"数量接近行政村总数的一半。（4）在严格督导检查问责方面，督查局负责推动工作落实，纪检监察负责强化责任追究，共同组成了严格的督导检查体系。同时，兰考县要求各级村组织在发展集体经济上做到"先议后动、全程透明、群众监督"，大大调动了农村基层组织的积极性。

为了在脱贫摘帽后不断夯实基层基础，为全面脱贫奔小康提供坚强保证，兰考县依托"支部连支部、加快奔小康"活动，促成454个机关事业单位党组织和农村（社区）党组织一对一的结对共建和共同发展，提升了抓党建促稳定脱贫的成效。兰考县在"支部连支部、加快奔小康"活动中，通过实现三方面的目标来助力小康社会的实现。第一，"连"出倾力驻村帮扶的"好干部"。兰考县采取"重基层、重一线、重实绩"的用人导向，通过主要选拔任用稳定脱贫奔小康一线的同志作为干部，来激发党员投身一线工作的热情。由每个机关事业单位党支部推荐的1名支部委员和1~2名优秀党员或入党积极分子共计1123名优秀干部，成为结对村驻村帮扶工作中的稳定脱贫奔小康工作队；115个贫困村原来的扶贫工作队也就地转为稳定脱贫奔小康工作队，实现了扶贫帮扶和稳定脱贫奔小康帮扶的无缝衔接。针对339个非贫困村则按照"党委部门联弱村、经济部门联穷村、政法部门联乱村、业务部门联特色产业村"的原则来精准选派中坚力量，实现资源优化配置。第二，"连"出严格组织生活的"好载体"。将每月第一个星期四作为"固定党日"，通过机关事业单位党支部全体党员同结对村（社区）党支部全体党员共同开展组织生活的方式提升组织力，巩固脱贫攻坚成效；将"三会一课"融入党支部和党员的自觉行动之中，统一时间、形式和主题进行开展；将"5+N"主题党日活动①引入党员学习教育方式中，实现党员从"被动接受"变为"主

① "5+N"主题党日活动："5"即重温入党誓词、诵读经典、过集体生日、缴纳当月党费、开展志愿服务五项活动；"N"即围绕组织建设、脱贫攻坚、产业发展、环境改善等内容开展组织活动。

动参与"和"双向交流",丰富基层党组织的组织生活;将"红色 e 家"党建云平台和稳定脱贫奔小康工作微信群作为平台,帮助党支部实现活动资料的上传备查;将发放活动手册和党员参加组织生活实际情况的记录,作为年度考核、民主评议的重要依据。第三,"连"出加快奔小康的"好机制"。落实结对机关事业单位党支部负责"动态调整管理、宣传落实政策、建设美丽村庄、强化乡风文明、发展主导产业、抓实基层党建"六项任务,明确驻村工作队落实具体职责;依托"支部连支部"架构开展"干部联到户"工作,2735 名干部要对 3309 户贫困户排查政策的落实情况,帮助督促改善居住环境,并为贫困户找到两个以上增收途径;为了发现并及时处理问题,兰考县积极开展"百日驻村"行动,实现县级以上干部和行业部门负责人分包贫困村和重点村,其他部门负责人分包所在支部结对村,要求每周住一晚;通过"优秀驻村工作队员""稳定脱贫奔小康工作标兵"评选活动,激发了干部的工作热情和干劲,在 2019 年共提拔重用优秀扶贫干部 136 人,占到了提拔重用总数的 66.7%。

通过政府和人民群众的共同努力,兰考县顺利打赢了脱贫攻坚战,不仅如此,在脱贫摘帽第三方评估时,群众满意度高达 98.96%,达到了"不怕暗访"的效果。非贫困户也享受到了农村道路建设、安全饮水设施建设以及互联网建设等政府优惠政策。在发展产业和带动就业致富方面有优势的贫困户还能享受金融贷款,有一定规模的产业还能获得县政府出资的保险,享受很多惠民政策,切实提高了群众的满意度。兰考县的驻村工作队无论是党员干部还是县级干部,一个星期有五天四夜都是住在村里,能够全面而且及时地对村民开展帮扶工作,在脱贫摘帽过程中起到了至关重要的纽带作用。

五、改革创新增强发展动力

习近平总书记强调,脱贫致富终究要靠贫困群众用自己的辛勤劳动来实现。要做好对贫困地区干部群众的宣传、教育、培训、组织工作，让他们的心热起来、行动起来，靠辛勤劳动改变贫困落后面貌。在脱贫实践中，兰考坚持以改革的思维破除脱贫攻坚中的体制机制障碍，以创新的举措应对脱贫攻坚中遇到的现实问题，有效激发干部群众的内生动力，让兰考充满了发展活力。

"干部不领，水牛掉井。"兰考县创新了多种方式激发干群内生动力。每年开展"百日驻村"活动，县级干部以上率下、率先垂范，每年集中3个月每周住村一夜，走访贫困群众，解决实际问题，激励干群斗志；开展多种形式务实精准的业务培训，逐步解决了参与扶贫的干部"不会干""干不好"的本领恐慌问题，仅2016年攻坚期间，解决实际问题的县乡村三级干部会议就召开了7次，干部帮扶能力强了，干活也有了信心和底气。在干部群众的共同努力下规范实施了"不能住危房，要有大门和围墙；不能没门窗，要有玻璃和纱窗；不能没家电，要有电视和电扇；不能没家具，要有床柜和桌椅；不能脏和乱，环境要有改变"的"五不五有"和"院内净、卧室净、厨房净、厕所净、个人卫生净、院内摆放规范"的"五净一规范"帮扶标准，激发了干群内生动力。

在深化扶贫资金运行机制改革方面，兰考县创新了"先拨付、后报账，村决策、乡统筹、县监督"的机制，运用"四议两公开"，村委会自主决定实施项目，实现了从"等安排"到"拿主意"、从"受益对象"到"业主"的转变。在深化便民服务体制改革方面，兰考拆除了县乡村三级机关大院的"堵心墙"，建立了县乡村三级便民服务体系，形成了县乡两级社会民意服务中心。在深化人事管理制度改革方面，兰考招聘选派体制内自收自支和差供人员到一线岗位，落实"能上能下、能进能出"的选人用人机制，解决基层人手不足问题，使各级扶贫干部专心致力于扶贫，促进工作效率大幅提升。在深化督查机制改革方面，为促进各项扶贫措施有效落实，兰考组建了县委县政府督查局，坚持普查与重点抽查相结合,对精准识别、精准帮扶等脱贫攻坚各个环节进行全方位、多轮次督查,为脱贫攻坚强健了筋骨、提供了保障。兰考建立了以精准分解为基础,以严格督查为根本,以主动协调为关键,以提升标准为要义,以预警预判为方法,以目标引导为方向,以组纪联动为合力,以高悬利剑为保障,以工作落实为目标的督查机制和工作机制。

在民生保障方面,兰考县还积极创新了教育扶贫和健康扶贫方式。为实现对贫困学生的精准资助,在落实好国家和省级层面教育资助政策的基础上,兰考创新帮扶模式,县财政量力而行,列支专项资金,实施分阶段教育救助、大学生补贴、教育扩充政策等,有效阻断贫困代际传递。对在本县高中、中职、技工学校就读的在校在籍学生每生每年资助生活补贴 1000 元;对新考入专科、二本的考生一次性资助生活补贴 2000元;对新考入一本的考生一次性资助生活补贴 3000 元;对全部建档立卡户的学前教育资助每年 500 元,创新了教育扶贫。2016—2018 年,兰考县共发放国家、省、县三级各类学生资助资金 2.692 亿元,资助学生 13.1万余人次,同时还实现了城乡义务教育"两免一补"资金和生均公用经费基准定额资金随学生流动可携带,增强了学生就读学校的可选择性。在创新健康扶贫方面,兰考县严格落实中央和省级健康扶贫政策,创新实施医疗保险参保资助、政府医疗救助和全民健康保险等政策,确保困难群众看得起病、看得好病。针对健康保险,在 6000~15000 元一档的按60% 报销;15000~30000 元一档的按 70% 报销;30000~50000 元一档的按80% 报销;50000 元以上按 90% 报销;对低保、五保、困难残疾人等困难群体,经所有医疗报销后,剩余合规自付费用 6000 元以内部分,按 80%报销。健康扶贫帮助 2016 年脱贫户、目前未脱贫户和肾病、白血病患者群众实现了"得病不发愁"的目标,贫困人员 100% 纳入医疗保障,住院自费费用超过 6000 元部分的 60% 给予报销,慢性病患者门诊费用补助85%,终末期肾病透析、白血病患者院内门诊费用报销 100%。

习近平总书记将焦裕禄精神总结为"亲民爱民、艰苦奋斗、科学求实、迎难而上、无私奉献"，提出要特别学习弘扬焦裕禄"心中装着全体人民、唯独没有他自己"的公仆情怀，凡事探求就里、"吃别人嚼过的馍没味道"的求实作风，"敢教日月换新天"、"革命者要在困难面前逞英雄"的奋斗精神，艰苦朴素、廉洁奉公、"任何时候都不搞特殊化"的道德情操。兰考党员干部补强"精神之钙"，筑牢"作风之基"，承载着焦裕禄拼尽一生改变兰考面貌的心愿，在焦裕禄精神的指引下，带领广大人民群众一起，从治理"三害"到打赢了艰苦卓绝的脱贫攻坚战，一步步前行，蹚出了一条决胜贫困之路。

第四部分

"一步跨千年"

——凉山彝族自治州精准脱贫的现实选择

四川是全国 6 个扶贫任务最重的省份之一，国家 14 个连片特殊困难地区涉及高原涉藏地区、秦巴山区、乌蒙山区（考虑到大小凉山彝族地区的特殊情况，四川在乌蒙山片区中又单独划出大小凉山彝族地区，这 4 个区域被称为"四大片区"）。2013 年底，四川省共有 88 个贫困县（其中国家扶贫开发工作重点县 36 个）、11501 个贫困村、625 万建档立卡贫困人口，贫困发生率为 9.6%。四川省农村贫困特征主要表现为：一是贫困面宽。在 21 个市州里，共有 12 个市州有贫困县，占比高达 57.14%；在 183 个县里，有 88 个是贫困县，贫困县占比为 48.09%。二是贫困量大。四川省有贫困村 11501 个，2013 年建档立卡的贫困人口有 625 万，贫困发生率 9.6%。三是部分地区贫困程度较深。四川省有深度贫困县 45 个，占全国的 13.47%，深度贫困村 3993 个，占全国的 13.31%；凉山州、甘孜州、阿坝州包括大小凉山彝族地区、高原涉藏地区和秦巴山区部分市如巴中、广元都是贫困发生率较高的地区。四川甘孜、阿坝、凉山三个少数民族自治州是国家深度贫困地区。针对凉山彝族地区，四川省委书记彭清华明确提出："彝区任务更重一些，是典型的贫中之贫、坚中之坚，是全面打赢脱贫攻坚战的控制性因素。"

第十章
深度贫困民族地区的减贫之路

第一节 "一步跨千年"——从奴隶社会到社会主义社会

凉山彝族自治州（凉山州）坐落于四川省西南部，处于中国横断山腹心地带，自然环境条件较为复杂，自然灾害频发，生态脆弱，适用于种植庄稼的土地所占比例小。凉山州面积6.04万平方公里，下辖2个县级市、14个县、1个自治县，截至2020年末，户籍人口533.12万，其中彝族人口288.75万，占总人口的54.16%，占全国彝族人口的37.2%。凉山彝族地区作为全国最大的彝族聚居区，在中华人民共和国成立后直接从奴隶社会跨越几种社会形态进入社会主义社会，是"一步跨千年""直过民族"地区和全国典型的区域性整体深度贫困样本。凉山州17个县市中有11个县为深度贫困县，贫困人口达97万人。

一、社会情况

在奴隶制社会中，家支①是彝族地区的基本社会组织。家支以父系血缘为纽带，组成家庭联合体或社会群体组织。作为独立的宗教崇拜单位，每个家支有一个共同的称号和父子连名系谱，居住在一定的区域中，家支中的人可以继承对方财产，也要相互帮助，内部事务需要互相商量。当时的凉山彝族地区彝族人分为五个类型，他们在社会地位和财富方面

---

① 家支：凉山彝族独有的社会组织形式，以父系的血缘关系为纽带形成社会组织，只限于黑彝和白彝两级，具有领导家族发展和承担社会功能的职责，家支成员受到家支制度的规范和约束。

存在差异，分别称为土司、黑彝、白彝、安家娃子、锅庄娃子。土司和黑彝属于最高层阶级，统治着其他三类彝族人，他们仅占五类彝族人总人口的 7%，却拥有着 70% 的土地和生产资料，还占有着白彝、安家娃子、锅庄娃子的人身。^①白彝是被统治阶级中的最高等级，有一定的土地和生产生活资料，婚配权、亲子权、土地转买转卖虽然会受到黑彝一定的限制，但仍然享有一定的权利，允许外出探亲或做生意，但不得将居住地搬离其所属黑彝的地域。安家娃子为黑彝提供无偿劳动，没有人身自由，虽然不能进行买卖，但还是会有较少的土地。锅庄娃子没有人身自由，不拥有任何财产，除了提供无偿劳动，还会被黑彝随意买卖。当时的社会没有警察、军队、法院等职能部门，政治、经济、文化、生产关系、社会秩序、法律约束、外部交流、宗教信仰以及内部成员间的婚丧走亲等各个方面都是建立在家支的职能基础上的。

二、文化教育情况

家支是当时奴隶制社会的核心，因此，家谱的熟记和背诵也成为家庭和社会教育的核心所在。"毕摩"是彝族的宗教职业者和文化传承者，掌握着宗教、天文、历法、历史、地理、神话、牒谱、伦理、诗文等知识。彝族是少有的拥有本民族文字的少数民族，拥有着彝文，但由于当时没有彝文学校，只能在毕摩传授宗教知识时才能学到彝文，并且极少有人能获得受教育的机会，只有少数属于统治阶层的人才能学习到文字，所以大部分彝族人民都是文盲。而且只有少数汉族地区附近的土司、头人或富裕家庭的子女有机会在国民政府、教会的边民学校或者是私塾里学到汉语，所以大部分彝族人不具备汉语能力。在教育不足和宗教信仰浓厚的背景下，彝族地区大部分的家庭收入都会交给毕摩。并且在意识形态上，彝族人民信奉鬼神，崇拜神灵，拥护图腾，过度依赖自然，在

① 郭佩霞：《凉山彝区政府反贫困研究》，博士论文，西南财经大学，2007。

生活中自然崇拜支配着一切,思想观念较为落后。薄弱的教育和禁锢的思想使得当地人民更加安于现状,难以进一步与外界沟通实现人才交流。

三、医疗卫生情况

凉山彝族地区当时天花、结核病、霍乱、痢疾、伤寒等传染病频发,但没有医院,彝族人基本上都是依靠巫师和巫医来治病,这些"医生"除了一些具有医药经验的普通群众,大部分是备受彝族人民信赖的毕摩,虽然有的医疗方法有一定作用,但有的医治方法依然存在封建迷信色彩,医疗卫生条件十分堪忧。受限于医疗卫生条件,当地病发死亡率特别高,人均寿命较低。由于彝族妇女的生产分娩方式较为落后,所以婴幼儿死亡率也极高。

四、经济发展状况

农业是凉山彝族地区主要的经济发展推动产业,但小农经济严重阻碍了当地的经济发展。凉山彝族地区农业发展处于刀耕火种、轮歇游耕的状态,高寒山区则处于原始粗放的耕种状态。家支内部的工业生产在以"户"为生产单位的基础上,还存在"请工""换工""帮工""代工"等形式。玉米、马铃薯、荞麦和燕麦是当地主要的农作物,只有部分平坝地区才能种植水稻,并且由于自然环境的制约,土地利用率不高,农作物产量非常低。农业生产用具的缺乏和种类质量的欠缺也在一定程度上造成了农业发展缓慢。此外,农产品产量较低造成的粮食短缺,成为凉山彝族地区发生灾荒和贫困的重要原因。凉山彝族地区零星种植了花椒树、核桃树、油桐树、桑树、漆树等经济林木,当地人还会种植麻和烟草、养蜂、采挖野生药材和狩猎,但基本上只能自给自足。

畜牧业是凉山彝族地区彝族家庭的副业之一。据统计数据显示,1950年凉山地区牲畜累计有143万头,并且"人畜同居"的环境还给人们带来了疾病。当地饲养的牲畜主要用于宗教活动和婚丧嫁娶的宴席，同样仅满足自身生活需要。手工业也是凉山彝族地区彝族家庭的副业之一。工匠们劳作的时间较短，因此所获收入较少，有的甚至属于自给自足和帮助别人的性质，没有劳动收入，并且一般在自己家中或者需要加工的人的家中进行劳动。当时的凉山彝族地区人们没有经商的观念，采用的是以物易物的交换方式来进行食物和工具的交换。除此之外，凉山彝族地区由于适合罂粟花的生长，人们开始种植罂粟花和售卖鸦片，鸦片和枪支弹药逐渐成了当地的交易商品，挤占了当地的工商业发展，带来了严重的危害。

第二节　整体深度贫困的根源

四川省凉山彝族自治州是脱贫攻坚任务最重的"三区三州"①的典型代表，是全国 14 个集中连片特困地区及四川省脱贫攻坚"四大片区"的重要组成部分，也是习近平总书记深情牵挂的地方。1990 年，凉山州正式确定了所辖 17 个县市，分别为西昌市以及昭觉、普格、喜德、美姑、金阳、布拖、越西、雷波、甘洛、德昌、会理、会东、冕宁、宁南、盐源、木里等县。凉山州 17 县市中 11 个少数民族聚居县均为深度贫困县，2013 年底建档立卡贫困人口 88.1 万，贫困发生率是 19.8%，贫困人口众多且贫困程度很深，属于贫中之贫、难中之难。精准扶贫政策实施以来，到 2018 年底，全州累计减贫 71.5 万人，贫困发生率降至 7.1%。全州仍有 618 个贫困村、31.7 万贫困人口未脱贫，有 11 个深度贫困县，贫困发

---

① "三区"是指：西藏自治区、新疆维吾尔自治区南疆四地州和四川省、云南省、甘肃省、青海省涉藏州县。"三州"是指：四川省凉山彝族自治州、云南省怒傈僳族自治州和甘肃省临夏回族自治州。

生率仍高达 12.3%。

作为深度贫困地区,凉山彝族地区的贫困特征主要表现为:

一是整体贫困程度极深。凉山彝族自治州的连片贫困、集中贫困现象十分突出,集中连片特困区域达 4.16 万平方公里,占全州面积的 68.9%;全州 17 个县市中,有 11 个是国家扶贫开发工作重点县,约占全省国家级贫困县总数的三分之一;全州建档立卡贫困村 2072 个,建档立卡贫困人口 98.4 万,占全省贫困人口的 15.6%,其中 23.55 万人居住在高寒山区、严重干旱缺水地区、地质灾害多发地区。凉山州 2072 个贫困村中有 1350 个村的贫困发生率在 20% 以上,堪称"贫中之贫、困中之困、坚中之坚"。

二是致贫原因错综复杂。自然环境恶劣、社会发育缓慢、人口素质低下、经济基础薄弱等都是凉山州错综复杂的致贫因素。首先,从自然环境来看,凉山彝族地区贫困人口 80% 居住于海拔高达 2500~3000 米的山区,气候条件恶劣,土地贫瘠,农业水利设施欠缺,只能种植一些耐寒、耐旱的农作物,如洋芋、苦荞等,经济收入较低,自然环境相当恶劣。凉山地处横断山脉核心区,72% 的面积为高山地貌,复杂的地理环境和地质条件导致交通发展极其缓慢,80% 的县不通高速,高速公路仅为全国平均水平的四分之一。其次,从地区社会发展方面来看,凉山彝族地区民主改革前仍处于奴隶社会,生产力发展缓慢。社会改造完成以后,该地区由原来的奴隶社会一步跨越到社会主义社会,这一跨越并没有彻底消除旧时代的痕迹,生产力落后、基础设施薄弱和人口素质低等依然存在,其自我发展能力仍然低下,贫困问题十分沉重。再次,从地区贫困人口自身发展来看,凉山彝族地区贫困人口长期处于奴隶社会,新中国成立后,人民政府长期采取的"输血式"扶贫,助长了"等靠要"思想,其自身的"造血"能力不足,社会发展相当缓慢。第四,从文化素质来看,贫困人口大多受教育程度偏低,群众人均受教育年限不足 6

年；农村青壮年劳动力文盲、半文盲率高达 23.48%，不懂汉语和汉字的人口也较多。此外，从思想观念来看，在民族文化的传承与发展中，在优秀文化继续发扬的同时，某些糟粕也一直裹挟其中，人口素质比较低下。凉山州彝族是"直过民族"，凉山地区社会、经济等发展相对滞后，贫困人口还存在"读书无用"的思维定式、"知足常乐、安于现状"的生活观和不良的消费观念，"薄养厚葬、高额彩礼、相互攀比"，婚丧嫁娶大操大办，家族宗教势力影响较大，家支在观念中占有重要地位，原来强调节庆礼俗、有序礼节、神灵境界、社会和乐的彝族原始酒文化也发生了错位，酗酒已成为彝族地区脱贫的障碍。部分群众缺乏社会意识，重男轻女、多子多福、好面子的观念十分严重，缺乏消费观和商品意识。凉山彝族自治州经济基础薄弱，小农思想严重，缺乏竞争力较强的产业支撑，人均收入偏低。凉山州水资源、矿产资源、农业资源、旅游资源等都十分丰富，但是由于缺乏规划、资金、技术、基础设施和人才，出现了产业发展不平衡、工业化水平低、结构性矛盾突出等问题。同时，凉山彝族地区穷、愚、病、毒等多重原因相互交织、多重叠加，少数群众还存在"贩毒致富、患艾获保"畸形观念，也造成了其长期以来的贫困问题。在 11 类扶贫对象致贫原因里，因病致贫占 4.84%、因残致贫占 4.99%、因学致贫占 1.18%、因灾致贫占 0.36%、缺土地占 1.52%、缺水占 1.04%、缺技术占 42.16%、缺劳力占 8.47%、缺资金占 22.99%、交通条件落后占 9.71%、自身发展力不足占 2.58%。

三是地缘性贫困十分突出。作为全国最大的彝族聚居区，愚、毒等特殊致贫十分明显，并且相互交织，地缘性贫困问题相当突出。劳动力综合素质差，自我发展能力极弱。彝族地区群众人均受教育年限不足 6 年，远低于全省 9 年的平均水平。学前教育起步晚，农村劳动力文盲、半文盲率远高于全国和全省水平，苦熬守穷、贫困代际传递现象依然存在。受历史和地理环境的影响，贫困代际传递是阻碍少数民族人口进步的根本原因，彝族贫困代际传递现象在川滇彝族聚居区中十分突出，93.6% 的彝族贫困家庭产生了贫困代际传递。[①] 少数民族贫困地区传统陋习根深蒂固，社会问题相当突出。受多子多福、重男轻女畸形生育观影响，越穷越生、越生越穷，难以摆脱"扶贫—脱贫—返贫—再扶贫"的恶性循环。凉山邻近"金三角"地区，自 20 世纪 80 年代以来，成为境外毒品经滇入川的重要通道和集散地之一，毒情、疫情形势严峻，吸毒一人、增贫一户，一人染病、全家陷贫，已成为阻碍群众脱贫致富的重大社会问题。

四是硬件基础非常脆弱，生存环境恶劣。贫困地区主要分布在远离交通主要干道与市场中心等偏远地区，部分边远贫困村尚不通公路，一些贫困村内公路条件差，交通不便，信息闭塞，严重阻碍了农产品流通。全州公路路网密度仅 42.7 公里 / 百平方公里，低于全省 15.7 个百分点。高速公路通车里程仅 217 公里；国省干线和农村公路等级较低，普遍弯多、坡陡、路窄，基本上没有防护设施，安全性差、抗灾能力弱，农村公路通达通畅程度低。凉山作为全国生态最脆弱的地区之一，水土流失面积达 1.6 万平方公里，占全州面积的 1/4。

五是公共服务严重滞后。全州民族地区社会发育程度较低，教育、卫生等社会事业发展滞后，还有相当一部分农村青壮年不懂汉语，就业能力弱、创业意识差；医疗卫生基础条件差、专业人才匮乏；基层干部存在文化水平较低、老龄化等问题，县乡党政机关、事业单位空编、缺编问题突出，难以引进和留住人才。

---

① 王卓、时玥:《彝族贫困代际传递现状及影响因素研究》,《中国人口科学》2019 年第 3 期。

第三节　摆脱贫困的第一次历史飞跃

20 世纪 50 年代，凉山州还处于奴隶制、农奴制和封建制并存的阶段，并相当完整地保持着该区域民族、社会、经济发展的特殊样式和民族固有的文化传统。1956 年凉山州实施了民主改革，奴隶制被彻底废除，彝族人民进入社会主义社会，实现了"一步跨千年"的历史飞跃。凉山彝族自治州成了中国最后消除奴隶制的地区。历史进程的大跨越使得当地少数民族在社会结构、文化心理和生活习性上稍有落差。进入了社会主义后，凉山地区虽然逐渐实现了人人平等，但其经济社会的发展仍远远落后于其他地区，贫困问题十分突出。针对这一问题，跟随我国扶贫开发进程，在共产党的领导下，凉山州逐渐迈上了减贫之路。

新中国成立后的凉山州扶贫工作主要分为以下几个阶段：

一、凉山彝族自治州救济式扶贫阶段（1949—1977 年）

新中国成立后，凉山彝族人民从奴隶社会直接过渡到了社会主义社会，实现了"一步跨千年"的历史性飞跃。经历了几千年的奴隶社会的压迫，人民的生活水平极低，经济发展极度落后，社会发展极度缓慢，少数民族人民依然生活在水深火热之中，贫困现象非常突出。新中国成立初期，凉山地区农业生产力水平和生产技术极度落后，中国共产党对凉山地区实施了一系列农业技术扶持和政策性扶持措施来发展民族地区经济。通过教授彝族人民农业生产技术并指导其进行农业生产，不断加强凉山农田基础设施，在凉山开展救灾和济贫工作，发展生产小组进行合作化，减免税收和奖励丰产户，调整租佃关系等方式，不仅提高了凉山农业生产水平，促进了当地农业发展，还获得了彝族人民的拥护，加强了民族团结，为民主改革奠定了基础。① 1949 年到 1977 年，凉山州开始实施救济式扶贫为主的扶贫政策，采取"自上而下"的扶贫模式，通过直接发放救济粮、救济物资、救济款的方式来解决贫困人口的温饱问题，进行"输血式扶贫"。据统计，1956 年，凉山彝族自治州为当地农民累计发放了 35 万件农具、50 多万公斤粮食以及 5 万余件衣物，满足了农民的生产需要和贫困群众的基本生活需要。同时，凉山州政府还为困难群众提供了 100 多万元无息或者低息农业贷款来扶持彝族地区群众发展生产。由于凉山彝族地区是在 1956 年进行民主改革的，所以这一阶段准确来说应该是从 1956 年开始的。该阶段我国实行计划经济体制，开展了农村合作化运动和人民公社建设，在国家的帮助下，凉山人民在较短的时间内基本上解决了吃饭问题，生活水平稍微得到提高。并且，凉山州政府开始推行免费义务教育，开展彝语和汉语教学，解决民族贫困地区的教育问题；组建流动医疗队，建立县级医疗机构，在疾病多发村建立"康复村"，解决贫困民族地区医疗卫生问题，为凉山州逐渐走上脱贫之路奠定了基石。但是扶贫力度不够和扶贫政策不深入导致当地贫困问题依旧严峻。

二、凉山彝族自治州体制改革扶贫阶段（1978—1985 年）

1978 年，我国进入体制改革为主的扶贫阶段，经济体制逐渐转向市场经济。在全国范围内农村体制改革的大背景下，凉山地区进行集体经营的人民公社向家庭联产承包责任制的体制改革，调动农民的积极性，通过释放制度红利来帮助农村地区脱贫致富。凉山地区群众工作积极性得到了极大的提升，生产力获得了前所未有的发展，农产品产量获得了较大提升。同时，在市场经济的影响下，农产品价格也有了较大提升，

---

① 张望：《建国初期凉山彝族地区民主改革的经济扶贫与政治争取》，《贵州民族研究》2015 年第 10 期。

农产品市场体系逐步建立，增加了农民的收入，为彝族贫困地区的增收带来了可能性。在该时期，少部分农村劳动力开始转向非农劳动生产，以烟、丝、糖为主的农副产品加工及有色黑色金属、稀土、电力开发等工业体系逐步形成，在产业结构逐渐发生变化的同时，也使得部分民族贫困地区家庭获得增收。除此以外，凉山地区教育体系和医疗卫生组织体系逐步建立完善，传染病发病率、婴儿和孕妇死亡率大幅度下降。但由于凉山地区自然环境较为恶劣，经济增长和人民生活水平的提高也受到了一定的制约，贫困问题依然显著存在。

三、凉山彝族自治州救济式为主的开发式扶贫阶段（1986—1993年）

1986—1993年，我国开启了救济式扶贫为主的开发式扶贫探索，凉山地区的扶贫工作也走上了一个新的台阶。凉山州政府成立了专门的扶贫机构，带领凉山人民一起努力，开始为跨越我国人均产粮100公斤和人均收入120元的贫困标准而奋斗。到1994年时，凉山彝族自治州实现年人均粮食产量300公斤，超越了当时的基本温饱线。1986年，政府采取"种、养、加、采"的扶贫开发模式，通过贴息贷款来发展农牧产业。从美姑、布拖、金阳、昭觉四个国家级重点县开始，启动大规模经济开发式扶贫，逐步帮助凉山州民族贫困地区实现脱贫。针对这四个贫困县，凉山州政府提出了扶持贫困户建设一亩高产良田和两亩找钱地的"三亩地"建设、进行粮草轮作的"绿色革命"和发展地膜玉米的"白色革命"相结合的方式，引进先进的农耕技术和方法，对坡耕地进行"坡改梯"来提高农作物产量。[1] 到1993年底，凉山彝族自治州共实现了260万贫困人口温饱问题的初步解决，全州基本达到了贫困人口年人均收入200元和年人均粮食300公斤的"二六指标"。

---

[1] 吉正芬：《发展型扶贫：全面脱贫背景下扶贫攻坚的战略选择——以凉山州为例》，《西南民族大学学报》2017年第9期。

四、凉山彝族自治州开发式扶贫阶段（1994—2000 年）

1994—2000 年，开发式扶贫的资源开始向凉山民族地区侧重。在此阶段之前，凉山彝族地区的减贫工作都是以政府主导的直接救济为主，作为地方民间力量的家支帮扶为辅的方式进行的。在这一阶段中，家支作用逐渐减弱，转而更多地依靠国内外的社会团体参与开发式扶贫工作。[①] 该阶段以形象扶贫和移民扶贫工程为主，利用财政补贴，着力改善贫困居民的住房及卫生条件。1993 年，凉山州还有 210 万贫困人口低于"五八"指标，共有 17 万户 87 万人的人均纯收入低于 400 元，且多集中于高寒地区。[②] 1994 年国务院制定和发布了《八七计划》，凉山彝族自治州全州 17 个县市中有 10 个被列为贫困县。根据《八七计划》，凉山州政府 1994 年制定了《凉山州七二一〇扶贫攻坚计划》，指出 1994—2000 年凉山州扶贫工作以"形象扶贫""移民扶贫"和"百乡千村"工程为重点，从基础设施建设、教育、医疗、饮水、交通、广播电视和文教卫生等各方面将扶贫工作全面铺开，以期实现 2000 年末 90% 以上的建档立卡贫困户年均纯收入达到 500 元，人均粮食占有量 400 公斤。政府为高寒山区群众建设生产居住区域，试图改变当地存在的"人畜混居"的生活方式，从根本上改善贫困人民的生产生活条件。同时，政府结合凉山地区自然环境和资源，鼓励当地群众发挥自身能力助力扶贫工作的推进。为改善凉山贫困民族地区群众的不良生活习惯，凉山州通过大力宣传，并运用财政补贴改善贫困居民的居住环境和卫生环境。政府在适宜居住地建设良好的基础设施，并通过财政补贴，鼓励贫困群众移居到政府指定地点。凉山彝族贫困地区在解决住房改造过程中获得了中国扶贫基金的援助，世界银行也向凉山彝族自治州的贫困县提供了帮助和支持。

---

① 刘浩、赵晓霞：《凉山彝族地区反贫困研究》，《当代中国史研究》2013 年第 4 期。
② 米吾作：《论凉山彝族移民扶贫》，《西南民族学院学报》2000 年第 8 期。

截至 1994 年底，凉山州共计 76.14 万建档立卡贫困人口中的 98% 都超过了"二六"温饱线，贫困人口下降到 210 万，贫困人口的贫困类型和贫困成因由制度性贫困逐渐转为地缘性贫困。[①] 1994—2000 年期间，凉山州开展的特色"形象扶贫"工程改变了 32 万户共计 160 万人的"人畜混居"状况；"移民扶贫"工程安置了 13 万生存困难的贫困群众。1997 年凉山州实现了 30 万建档立卡贫困人口脱贫的任务，贫困人口由 1994 年初的 210 万下降到了 100 万，建档立卡贫困户人均纯收入达到 490 元，人均粮食达到 415 公斤，贫困现象有所缓解，贫困地区的生产生活有所改善。[②] 该阶段通过"移民扶贫"政策共解决了 13 万绝对贫困农民的住房安置问题。但是由于统筹组织能力的不足，该阶段的扶贫资金未能得到高效利用，扶贫工作的效率也有待提升。

五、凉山彝族自治州可持续发展式扶贫阶段（2001—2012 年）

2001 年，开发式扶贫开始注重资金使用效率，注重贫困地区发展环境，注重贫困人口的教育问题，凉山彝族自治州逐渐进入了可持续发展式扶贫阶段。国家制定了《中国农村扶贫开发纲要（2001—2010 年）》的扶贫计划，据此，凉山彝族自治州确定了重点贫困村 1188 个，农村居民年收入低于 1500 元的 172 万农民被列为贫困人口。为了实现凉山州民族地区的脱贫，凉山彝族自治州政府制定了《凉山州农村扶贫开发规划（2001—2010 年）》，采取"统筹型、捆绑式"的扶贫开发模式，按照现行标准，凉山彝族自治州在这一期间实现了 115 万人的脱贫、63 万人的房屋改造以及 585 万人的移民扶贫，同时完成了 200 多所学校以及 160 多所卫生院的升级改造。2005 年，凉山州政府开启了"统筹型、捆

① 吉正芬：《发展型扶贫：全面脱贫背景下扶贫攻坚的战略选择——以凉山州为例》，《西南民族大学学报》2017 年第 9 期。
② 蒋东：《脱贫之路在于力行 兴凉之举出自苦干——凉山州 1997 年扶贫攻坚报告》，《中国贫困地区》1998 年第 5 期。

绑式、整村推进"的扶贫开发方略,实施了新村扶贫、移民扶贫、"三房改造"①、劳务扶贫培训、产业扶贫等多项工程。2008年,凉山州政府提出了《关于统筹区域协调发展大力推进扶贫开发的意见》,明确指出开展产业化扶贫、基础设施扶贫、教育扶贫、卫生扶贫、社保扶贫、劳务扶贫、新村建设扶贫等扶贫工程,并开展了就业促进、扶贫解困、教育助学、社会保障、医疗卫生、百姓安居、基础设施、生态环境八项民生工程。在此基础上,到2010年又增加了民族地区帮扶和文化体育两项民生工程,齐力推进凉山州扶贫开发进程。到2010年底,凉山彝族自治州贫困人口剩余54.21万人。2011年,凉山州人均纯收入达到了5538元,比2000年的1361元增加了3倍多。在这一阶段,凉山彝族自治州民族贫困地区群众的生活水平得到了极大的提高,温饱问题基本上得到了解决,但是仍然存在部分贫困程度较深、扶贫难度较大的贫困人口,国家实现全面小康依然任务艰巨。

① "三房改造":指对木板房、茅草房、石板房三类破旧危房进行改造。

第十一章
脱贫攻坚全面小康的凉山贡献

新一轮扶贫开发前，凉山彝族贫困群众基本上住的是石板房、瓦板房、茅草房，低矮潮湿、人畜混居、不避风雨。虽然经历了民主改革的第一次历史性飞跃，但凉山彝族自治州仍有 25.49 万人居住在"一方水土养不活一方人"的高寒山区、严重干旱缺水地区和地质灾害多发地区；土地生产率低，广种薄收、靠天吃饭，生活处于"酸菜＋荞馍＋土豆"的低层次温饱状态；出行条件差，8 个贫困县不通铁路，11 个贫困县没有高速公路，边远地区生产生活物资仍是靠人背马驮。

党的十八大以来，国家实施精准扶贫方略，凉山彝族自治州的扶贫攻坚工作取得了突出成绩。2015 年，凉山彝族自治州第七届委员会第七次全体会议通过了《中共凉山州委关于集中力量打赢扶贫开发攻坚战确保同步全面建成小康社会的决定》，提出了"七个一批"扶贫计划，即低保政策兜底一批，特色产业发展一批，移风易俗巩固一批，治毒戒毒救助一批，移民搬迁安置一批，医疗保障扶持一批，创新创业致富一批。2017 年，中共中央办公厅、国务院办公厅印发的《关于支持深度贫困地区脱贫攻坚的实施意见》中指出，"三区三州"以及贫困发生率超过 18% 的贫困县和贫困发生率超过 20% 的贫困村，自然条件差、经济基础弱、贫困程度深，是脱贫攻坚中的硬骨头，补齐这些短板是决战决胜脱贫攻坚的关键之策。《关于支持深度贫困地区脱贫攻坚的实施意见》对深度贫困地区脱贫攻坚工作作出全面部署。习近平总书记高度重视深度贫困地区脱贫攻坚，在 2017 年 6 月 23 日深度贫困地区脱贫攻坚座谈会上，作出了深度贫困地区脱贫攻坚是"硬仗中的硬仗"的重要论断，在脱贫攻坚攻城拔寨的关键阶段，发出攻克深度贫困堡垒的总攻号令。

第一节 打赢脱贫攻坚战确保全面建成小康社会目标实现

一、脱贫攻坚的第二次历史飞跃

俗话说:"中国扶贫在西部,西部扶贫在凉山。""山坳坳里搭'三房',三个石头支锅庄。无床无被席地睡,房破脊寒围火塘。"这句民谚是凉山极度贫困的真实写照。1956 年,凉山州实施民主改革,彻底废除奴隶制,使得当地的彝族人民"一步跨千年",直过到了社会主义社会。截至 2013 年底,自 2010 年以来四川省委、省政府对大小凉山彝族地区的综合扶贫开发累计投入资金 246 亿元,改善了基础设施、安全饮水、教育医疗等多个方面,建成彝家新寨 1012 个,惠及 8.6 万户共计 40 余万彝族群众,大小凉山彝族地区农民的人均纯收入从 2010 年的 3334 元增加到了 5185 元,增幅达到 55.52%。[1] 党的十八大以来,凉山彝族自治州开始了脱贫攻坚,贫困彝族人民的生活情况进一步得到了前所未有的改善,实现了当地发展的第二次历史飞跃。

2019 年前,凉山州有 11 个国家扶贫重点县,即深度贫困县,除木里藏族自治县外,其余 10 县均为彝族聚居县,占全省国家贫困开发工作重点县总数的 30.56%,占全省深度贫困县总数的 24.44%;集中连片深度贫困区面积 4.16 万平方公里,占全州总面积的 68.9%,其贫困发生率约为 12.3%,当地的深度贫困根本上是彝族的贫困。

农业生产在很大程度上依赖于自然条件,但是凉山州自然环境恶劣,所以建立适合当地实际情况的保险制度对于减少农民因病致贫、因病返

---

[1] 张崇宁:《大小凉山彝区"十项扶贫工程"总体方案出台》,《凉山日报》2014 年 5 月 1 日。

贫具有重要意义，增强了农民抵御自然灾害和重大事故风险的能力。① 凉山彝族自治州 2013 年起开始创新性地实施"惠农保"保险，通过政府补助保费甚至全额承担保费的形式为农民群众提供"保费低廉、保障充分"的险种，在有效防范农村人口因病因灾致贫或者返贫风险发生的同时，也大大缓解了地方政府脱贫攻坚工作中的风险压力。截至 2015 年 9 月，累计实现保费 2947.28 万元，为参保农村群众提供了 3382.91 亿元的风险保障，在发生自然灾害或者变故的时候极大地减少了农民的经济损失，显示出了金融扶贫的重要作用。②

为顺利完成脱贫攻坚目标，全面建成小康社会，大小凉山彝族地区在 2014 年启动实施《大小凉山彝区"十项扶贫工程"总体方案》，开展了十大扶贫工程，计划投资 37.97 亿元，实施 57 项建设任务，从彝家新寨建设工程、乡村道路畅通和大交通建设工程、农田水利建设工程、教育扶贫提升工程、职业技术培训工程、特色产业培育工程、农业新型经营主体构建工程、产业发展服务工程、卫生健康改善工程、现代文明普及工程这"十项扶贫工程"出发，着力强化彝家新寨、乡村道路畅通、教育扶贫提升等重点工作，从根本上解决各类突出性的贫困根源问题。

一是彝家新寨建设工程。该项工程为加快解决 10 万余户群众住房困难和 227 个村极度贫困问题，每年建设彝家新寨 200 个以上，促进彝族群众居住条件全面改善、公共服务全面覆盖、生活质量显著提高。2014 年建设了彝家新寨 247 个、住房 21197 户。二是现代文明普及工程。该项工程大力治理"有偿婚姻、厚葬薄养、铺张浪费"等社会问题，通过配送"四件套"，实施电视机、太阳能热水器"二选一"等多种途径和举措，引导群众转变观念。2014 年，凉山州把解决突出社会问题作为开展

① 陆铭宁：《农村贫困问题及对策——四川省凉山州的实证分析》，《农村经济》2012 年第 11 期。

② 凉山州人民政府金融办公室：《凉山首创"惠农保"助力彝区扶贫攻坚》，《凉山日报》2015 年 12 月 23 日。

党的群众路线教育实践活动的一项重要内容。同时，凉山州还安装57840套直播卫星接收设备；解决290个不通电农村小学学生听广播看电视的问题。《大小凉山彝区"十项扶贫工程"总体方案》明确，省和市（州）住建、教育、农业等部门要选派技术骨干开展驻村帮扶、巡回指导，同时制定专项考核办法，细化减贫成效、农民增收、新寨建设等考核目标，加强有关县（区）党政主要负责人扶贫绩效考核。三是卫生健康改善工程。该项工程确保了大小凉山彝族地区城乡居民健康水平达到全省中等以上，人人享有基本医疗卫生服务。2014年，实施了36个村农村环境卫生提升工程，建设村卫生室190个。到凉山州实现全面脱贫为止，全州新建和改扩建乡镇卫生院158个、村卫生室1294个，新配备合格村医3700余人，群众逐步告别了小病靠拖、大病靠扛的状态。四是农业新型经营主体构建工程。该项工程积极培育农业新型经营主体，重点解决生产经营方式落后、产业规模小、农民组织化水平低、现代农业发展落后等问题。2014年，按每个奖补8万元、50万元标准，分别建设家庭农牧场50个、规范性农民合作社26个。五是产业发展服务工程。该项工程通过引进、培育、创办一批龙头企业，着力解决农产品加工企业规模小、精深加工不足、农产品流通不畅等问题。2014年，组织农副产品综合批发市场建设项目可行性论证，并于2015年启动实施。凉山州还以贷款贴息方式扶持一批苦荞麦、蔬菜等农产品加工龙头企业。六是特色产业培育工程。该项工程着力解决产业结构不合理、产业化程度低、良种换代率低、增产不增收等问题，发展具有当地特色、能够直接带动就业、带动农民增收的产业。2014年，实施良种补贴180万亩，新建核桃基地15万亩。七是职业技术培训工程。该项工程鼓励彝族地区学生参加职业技术教育，推动初中、高中毕业未升学学生参加职业技术教育。2014年，实行大小凉山彝族地区"9+3"免费职业教育政策，组织5000名彝族中职学生到内地就读，其余在市（州）内中职学校就读。八是农田水利建设工程。该项工程着力解决资源性和工程性缺水严重、水利工程少、渠系配套差、群众生产生活用水困难等问题，保障农村饮水安全和农业生产用水。2014 年，新建整治小微型水利设施 1700 处，解决 15.73 万人农村饮水安全问题。九是乡村道路畅通和大交通建设工程。该项工程要求全力实施《四川省凉山彝族自治州 2013 年—2015 年公路水路交通建设推进方案》，加大新改建国省干线公路力度，加快建设农村公路，着力解决 4 个乡 193 个村不通公路等问题。2014 年，建设通乡油路 150 公里、通村公路 1300 公里，新开工建设国省干线公路 300 公里。十是教育扶贫提升工程。该项工程着力解决大小凉山彝族地区教育投入不足、办学条件差，学生求学难、辍学率高，教师队伍不稳定等问题，实现"法定条件应该读书的必须读书、该读完的必须读完、读书过程中就能看到就业希望"基本目标。2014 年，相关方签订《义务教育控辍保学责任书》，减免 10.1 万人学前教育保教费，为边远乡镇农村教师建设周转宿舍 5.13 万平方米。

2015 年，凉山州研究出台了住房、教育、财政、国土等 7 个方面 17 条特殊政策，进一步加大帮扶支持力度。通过全方位努力，凉山州彝族贫困群众的生活境况得到了突飞猛进的改善。在 2015 年 9 月凉山州召开的全州扶贫攻坚大会上，政府公布了《凉山州十二个扶贫专项实施方案》，涉及基础设施建设、产业发展、民生改善、生态环境、文化惠民等多个领域，力求解决当时凉山州 11 个国家扶贫开发工作重点县、2072 个贫困村、13.2 万户贫困户、50.6 万贫困人口的贫困问题，以期实现农村贫困人口每年 10 万人左右的减贫目标，到 2020 年如期实现全州贫困人口和贫困县的脱贫摘帽。

教育是解决贫困问题代际传递的关键因素，同时也是从根本上满足深度贫困地区人口长期发展要求的必要措施。在 2015 年 9 月凉山州扶贫攻坚大会上，凉山州对教育问题给予了高度重视，公布的《凉山州十二个扶贫专项实施方案》中包括了《凉山州教育扶贫专项实施方案》，强调了教育作为贫困问题的治本之策的重要作用，针对学前教育、义务教育、高中教育、职业教育提出了多项扶贫措施和方案，确保到 2020 年全州义务教育适龄人口全部入学，义务教育巩固率达到 95%，实现"有学上"到"上好学"的目标；新建 350 所、改扩建 666 所共 1016 所校园环境优美、校舍功能配套、办学条件达标的民族寄宿制学校，使小学三年级以上、距离 2.5 公里以外的农村学生都能住校就读，实现全州 80% 以上农村学生享受寄宿制教育，从根本上解决学生流失、辍学问题。[①]

凉山州针对民族贫困地区长期以来使用少数民族语言进行交流、使用普通话条件受限的情况，创新了教育扶贫的方式。自 2015 年 10 月起，以"学会普通话，养成好习惯，懂得感恩情"为目标，实施了"一村一幼计划"。截至 2019 年末，凉山州公开办了村级幼教点 3069 个，设立教学班 4036 个，招收幼儿 12.85 万人，选聘辅导员 7975 人。截至 2020 年 3 月，凉山州共有在校生 122.59 万人，学生的人口占比大于其他地区，凉山州的人口结构优势能够转化为发展优势，提升凉山地区的发展潜力。2018 年 5 月，国务院扶贫办、教育部在凉山州启动了"学前学会普通话"行动试点工作，以培养"听懂、会说、敢说、会用普通话"的学前学生、发挥出国家通用语言在帮助少数民族贫困地区学生优化学习方式和打牢学习基础方面的重要作用为目标，进一步阻断贫困代际传递，为凉山地区打赢脱贫攻坚战提供了强有力的教育保障。该行动试点在凉山彝族自治州的 17 个县市共 2724 个村级幼教点率先开展实施，惠及 11.28 万学前儿童。"学前学会普通话"行动自 2019 年 9 月起在全州全面铺开，在 17 个县市共计开设了 3895 个幼儿园（幼教点），惠及 26.96 万学前儿童。[②]

---

① 马海伊生：《强化教育扶贫攻坚 推动教育事业发展》，《凉山日报》2015 年 9 月 22 日。
② 人民网：《攻克语言关 凉山州"学前学会普通话"播下希望的种子》，http://sc.people.cn/BIG5/n2/2020/0324/c379469-33900350.html。

同时，凉山州坚持目标导向和问题导向，优化沟通、督查、评估、考核机制，积极宣传动员，加强师资和基础设施的配备，完善工作监督管理和效果反馈，推动行动的顺利开展，为凉山州顺利完成脱贫任务奠定了基础，为其他少数民族贫困地区开展教育扶贫工作起到了示范效应。

截至 2015 年底，凉山州 21.6 万人脱贫（2014 年 10 万人，2015 年 11.6 万人），2016 年实现了 454 个贫困村退出和 13.3 万人脱贫，2017 年实现了 500 个贫困村退出 14.8 万人脱贫，2018 年实现了 500 个贫困村约 21.9 万人脱贫。凉山州贫困人口从 2010 年的 107.67 万人减少到 31.7 万人（2018 年），贫困发生率从 23.4% 下降到 7.1%。

二、深入贯彻落实全面打赢脱贫攻坚战的部署

作为我国最大的彝族聚居区和我国"三区三州"深度贫困地区之一，凉山州要想改变，并在恶劣的自然条件、落后的思想观念和薄弱的基础设施中逐渐发展起来，摆脱长久以来的贫困问题，只有举全省之力采取支持措施，加大凉山地区扶贫工作力度，才能真正拔掉"穷根"，进而实现凉山彝族区稳定脱贫、高质量脱贫的目标。[①] 为了破除彝族地区贫困坚冰、改变长期落后面貌，推动凉山州实现历史性、跨越性新变化，促进彝族地区等民族地区繁荣发展、长治久安，2018 年 6 月，四川省委、省政府出台了《关于精准施策综合帮扶凉山州全面打赢脱贫攻坚战的意见》和《凉山州脱贫攻坚综合帮扶工作队选派管理实施方案》，积极落实习近平总书记的重要指示，明确落实精准扶贫的精准要求，坚持问题导向，树立底线思维，标本兼治破解凉山州脱贫难题的务实之举，集结全省力量攻克深度贫困，坚决打赢凉山州精准脱贫攻坚战，确保与全国全省同步全面建成小康社会。《关于精准施策综合帮扶凉山州全面打赢脱贫攻坚战的意见》从 12 个方面采取 34 条政策措施精准支持凉山脱贫攻坚，

[①] 彭清华：《尽锐出战攻克深度贫困堡垒》，《人民日报》2020 年 3 月 26 日。

确保到 2020 年凉山州 11 个深度贫困县摘帽、1118 个贫困村退出、49 万贫困人口全部脱贫。凉山彝族自治州在打赢脱贫攻坚战，确保全面建成小康社会目标实现的过程中，认真贯彻落实了《关于精准施策综合帮扶凉山州全面打赢脱贫攻坚战的意见》中的各项要求，保障了凉山地区扶贫工作的顺利推进。

1. 加大产业和就业扶持力度

重点培育优质农业区域公用品牌"大凉山"，助力推介雷波脐橙、金阳青花椒、盐源苹果和马铃薯、核桃、苦荞等农产品。到 2020 年，11 个贫困县"三品一标"农产品总数突破 50 个，支持贫困县分别建设 1 个现代农业产业融合示范园区；建设益农信息社 1132 个，打造农村电商多元化供应链，形成"线上农业""线下农业"融合发展格局，助力农户、产地、合作社、平台和用户共赢合作机制的建立；力争每年分别新增解决 5500 个、8500 个贫困劳动力在州内、州外转移就业。为做好进一步加大产业和就业扶持力度，采取五项措施：（1）加强农产品生产和品牌创建。大力发展苦荞、烟草、马铃薯、高原水果、肉牛羊等特色种养业，巩固提升核桃、花椒、苹果等特色经济林基地质量。（2）加强农产品加工和"飞地园区"、产业融合园区建设。重点支持成都·大凉山农特产品加工贸易园区、凉山—乐山飞地经济产业园、佛凉（昭觉）智慧农业产业园和西昌现代花卉产业园建设。（3）加强产业扶贫支持。组织涉农企业和农民合作社、家庭农场等经营主体开展产销合作，提供生产技术、仓储物流、产品营销等服务。（4）加强益农信息社和农产品销售体系建设。到 2020 年，贫困县建设益农信息社 1132 个，覆盖 47% 以上行政村，提供公益、便民、电商、培训体验四大服务功能。（5）加强就业扶贫扶持。出台支持凉山州贫困群众转移就业 8 条措施。2017 年，凉山州共转移输出农村劳动力 127.8 万人，其中建档立卡贫困劳动力 6.24 万人；实现劳务总收入 207.49 亿元，其中建档立卡贫困劳动力实现劳务收入 7.3 亿元。2020 年，凉山州深入推进"春风行动"，输出就业农村剩余劳动力 93.16 万人，其中建档立卡贫困劳动力 14.18 万人，未摘帽的 7 个县已输出就业 41.15 万人。

2. 加大教育事业发展支持力度

（1）全面加强学前教育建设。（2）有序推进"学前学会普通话"项目试点。（3）确保适龄儿童少年全部接受义务教育。（4）加快中等职业学校发展。（5）全面统筹教职工编制，提升教师素质。（6）推进教育结对帮扶行动。支持每个乡镇办好一所公办幼儿园，大村独立建园，小村联合办园或设村级幼教点；确保适龄儿童少年全部接受义务教育，加大薄弱学校改造力度，加强寄宿制学校建设，确保乡镇中心校 4 至 6 年级学生寄宿率达 60%、初中寄宿率达 80%；适度扩大贫困县"9+3"免费职业教育招生规模，每年招生 6000 人左右，优先满足建档立卡贫困家庭子女就读；全面统筹教职工编制，实施贫困县义务教育 3000 名教师编制保障工程，通过全省统筹教师编制和设立临时机动编制，切实保障贫困县义务教育阶段教师编制配备需求，到 2020 年实现对贫困县现有 2.3 万名专任教师的全员培训；省内对口帮扶地 483 所学校与贫困县 483 所学校一一结对，在省内对口帮扶地建异地高中班和中职班。实施"银龄教师"支教计划，遴选一批退休优秀教师支持凉山州教育发展。

3. 加大医疗卫生事业发展支持力度

（1）支持凉山州医疗卫生服务体系建设填平补齐。（2）全面实施卫生计生专业人员县乡村一体化管理。（3）实施生育秩序整治，引导群众按政策生育。支持州、县、乡、村四级医疗卫生服务体系建设，实现贫困县县级综合医院达到二级甲等水平，县级中医院、妇幼保健机构、疾控机构达到二级及以上水平，贫困县每个乡镇有 1 所达标卫生院、每个村有 1 所达标卫生室。在我国实施计划生育政策期间，生育秩序整治是凉山州脱贫攻坚的"硬骨头"。据统计，在我国全面开放二胎政策前，凉山州 10 个贫困县 2010—2015 年平均人口出生率 18.9‰，远远高于全省 9‰ 的平均水平，政策外多孩生育率 19.1%，大大超出全省 3.6% 的平均水平。全面落实计划生育目标管理、乡村干部包村包户、专业技术人员一对一、卫生计生部门领导干部联系、长效节育措施奖励制度。

4. 加大禁毒防艾综合防治力度

（1）加强禁毒整治工作。（2）加强防治艾滋病工作。加快推动出台凉山州禁毒条例。加强预防干预、抗病毒治疗管理、母婴阻断等方面的技术支持。进一步加大凉山州艾滋病防治投入力度，重点支持宣传干预、检验检测、诱导期治疗、抗病毒治疗、治疗激励及医疗费用兜底等。

5. 加大安全住房建设力度

（1）突出抓好易地扶贫搬迁。（2）深入推进彝家新寨建设。新增易地扶贫搬迁指标优先满足贫困县需要，确保符合易地扶贫搬迁条件且自愿搬迁的贫困户应搬尽搬；将"三建四改"纳入彝家新寨建设内容，确保到 2020 年所有贫困户住房安全有保障。

6. 加大基础设施建设力度

（1）加快推进交通精准扶贫攻坚。（2）加快推进农村水利建设。（3）加快推进通信网络建设。（4）加快推进电力建设。通过推进实施凉山州交通攻坚大会战，提前一年实现乡乡通油路、村村通硬化路"两个100%"兜底任务；加大农村饮水安全项目投资力度，确保 2020 年前全面解决贫困县贫困群众饮水安全问题；到 2020 年底实现村村通光纤和村村通 4G，大幅提升重点国道、省道沿线 4G 网络覆盖水平；全面实现贫困村通动力电。明确省级贫困县纳入全省"十三五"规划的普通省道待建项目适当提高补助标准。省级进一步加大对农村公路投入，对早期建成、破损严重的通乡油路整治给予补助。纳入交通运输部"十三五"规划的国家高速公路待建项目按建安费的 50% 安排补助，普通省道待建项目目前的补助标准是三级公路 500 万元 / 公里。

7. 加大财税金融政策支持力度

（1）切实加大脱贫攻坚财政投入。（2）完善均衡性转移支付单列单算和县级基本财力保障奖补机制。（3）严格执行有关税收减免抵扣等优惠政策。（4）完善金融支持政策措施。通过加大财税金融政策支持力度完成贫困县扶贫再贷款占比高于上年同期水平的目标。对符合条件的贫困县应贷尽贷。加大建档立卡贫困户扶贫小额信贷支持力度，对符合条件的贫困户应贷尽贷。引导金融机构将更多金融资源向凉山州倾斜配置。进一步健全省级金融机构与凉山州融资对接工作机制，组织省级金融机构到凉山州开展多层次、多领域扶贫专项融资对接活动。推广"政担银企户"财政金融互动扶贫模式，进一步完善扶贫贷款风险分担机制。加强对扶贫产品销售体系创新的金融支持和政策指导，将扶贫产品物流、销售纳入金融重点支持范围。凉山州已实现有建档立卡贫困户的行政村"分片包干、整村推进"责任书签订和金融精准扶贫到村联络员制度 100% 全覆盖。全面对接贫困地区基础金融服务需求，推广"重信用、轻资产"的"5221"贫困户信用评分体系（即诚信度 50%、家庭劳动力 20%、劳动技能 20%、上年度人均纯收入 10%）。同时，针对凉山州自然和历史原因造成的不良贷款率高、信用环境再造难问题导致的"贷款难"问题，中国人民银行凉山中心支行以农村信用体系建设为依托，以"政府引导、市场主导、精准施策、规范运作"为基本原则，充分发挥市场在金融资源配置中的决定性作用和政府在统筹规划、组织协调、资源配置、政策扶持等方面的引导作用,"精准识别 + 精细施策",聚焦贫困户等特殊群体和涉农信贷薄弱环节,以贫困村和 11 个贫困县为重点、以"插花式"扶贫对象为补充,在全州 17 个县市全面开展信用救助,优化政策供给,有针对性地帮助农村困难群体重建良好信用,增强农村经济主体内生动力和自我发展能力,促进农村地区金融服务有效改善。截至 2020 年末,凉山州建立财政奖补和风险分担缓释机制,金额达到 4.65 亿元;信用救助已覆盖全州 17 个县市、645 个乡镇、3382 个行政村;精准识别有贷记录的失信农户数 17591 户(其中贫困户 10628 户),锁定救助对象 15417 户(其中贫困户 10429 户),重新评级授信户数 15197 户、金额 5.25 亿元,实际用信金额 4.95 亿元;救助家庭农场和种养殖大户 644 户,重新评级授信 465 户,续贷 165 户,金额 847.46 万元;全州累计评定"信用农户"52.41 余万户,州级"信用乡(镇)"30 个,州级"信用村"139 个;培育新型农业经营主体 927 户,评级授信金额 10.68 亿元,发放贷款 8.47 亿元。在此基础上,凉山州通过"信用救助 + 扶贫小额信贷""信用救助 + 整村推进"的方式,积极投放信贷资金服务脱贫攻坚,截至 2020 年末,全州扶贫小额贷款余额为 19.94 亿元,惠及 9.61 万农户,余额同比增长 27.69%;通过推广"扶贫再贷款 + 个人精准贷款"和"扶贫再贷款 + 产业带动贷款"模式,引导金融机构优先支持贫困户和能带动贫困户发展的新型农业经营主体,截至 2020 年末,投放的扶贫再贷款余额 20 亿元,惠及 5.75 万户贫困户、4.74 万户专业大户和一般农户、360 个家庭农场和农民专业合作社。[1]

针对凉山州实际情况,开展彝族信用家支评定,聘请家支中德高望重的"德古"参与信用评级和征信宣传,协助金融机构清收不良贷款。

---

[1]《凉山:信用重建 小额信贷 金融资金用到精准扶贫的刀刃上》,《凉山日报》2021 年 1 月 7 日。

支持凉山州企业到天府（四川）联合股权交易中心挂牌，免除挂牌费用。通过"绿色通道"支持凉山州企业利用多层次资本市场融资。在推动脱贫攻坚实施的过程中进一步为凉山企业减税，具体包括西部大开发企业所得税减免政策、民族自治地区企业所得税减免政策、农村金融发展增值税和企业所得税减免政策、增值税进项税额抵扣和易地扶贫搬迁企业所得税优惠政策等。除此之外，还开展特色农业保险、试点目标价格保险、收入保险、农产品质量保证保险、土地流转履约保证保险、扶贫贷款保证保险等险种，适当降低保费标准。

8. 加大国土政策支持力度

（1）保障建设用地指标。（2）加大增减挂钩支持力度。2017年，天府新区成都直管区购买雷波县增减挂钩节余指标903亩土地，既解决了成都用地不足的问题，又让雷波县获得2.6亿元指标收益，收益主要用于支持聚居点及周边基础设施建设和农村土地综合整治。贫困县开展工矿废弃地复垦利用产生的节余指标，可在省域内流转使用；规定贫困县省级以下基础设施、易地扶贫搬迁、民生发展等建设项目，确实难以避让永久基本农田的，可纳入重大建设项目范围，由省级国土资源主管部门办理用地预审，并按照规定办理农用地转用和土地征收。通过完善均衡性转移支付单列单算，提出完善金融支持政策措施，切实加大脱贫攻坚财政投入。在金融支持政策上，凉山特色农业保险奖补标准上调。2017年度凉山州特色农业保险保费规模接近6000万元，位居全省前列，省财政此后还逐步提高特色农业保险奖补标准。与此同时，省财政积极支持凉山规范合理使用地方政府债券资金，优先安排用于脱贫攻坚。2018年，省财政安排31亿元一般债券用于贫困村提升工程等脱贫攻坚项目，并根据凉山州易地扶贫搬迁任务情况安排一般债券保障易地扶贫搬迁资金需求。

9. 加大综合帮扶力度

（1）选派脱贫攻坚综合帮扶工作队。统筹组建脱贫攻坚综合帮扶队，实现"一县一队"全覆盖。四川省为凉山州"量身定制"综合帮扶工作队，从省直部门和有关市县选派精兵强将，覆盖脱贫攻坚、产业就业、易地搬迁、禁毒防艾、控辍保学、计划生育等各个方面，共部署了5700余名干部担任凉山州脱贫攻坚综合帮扶工作队队员，组成11支脱贫攻坚综合帮扶工作队开展为期3年的脱贫攻坚和综合帮扶工作。（2）强化人才队伍建设。全面推进教育、卫生、农业、林业、旅游、规划、环保、会计、电子商务、工业经济10个重点领域的人才队伍建设具体实施方案，以及人才定向培养、人才在职培训、人才招引、人才援助等24项重点工程。进一步指出要通过培训交流锻炼培养一批、返乡创业回引建设一批、定向培养输送一批、激励奖励留住一批等方式，打造一支稳得住、留得下、能带领群众脱贫致富的人才队伍。

10. 加大社会帮扶力度

（1）推动东西部扶贫协作。东西部扶贫协作对于凉山州的脱贫攻坚有着重要意义，是向发达地区学习先进经验的契机，凉山州从加大资金投入、加大干部选派交流力度、深化产业扶持等多方面推动东西部扶贫协作。2016年至2017年，广东省佛山市对凉山州11个对口帮扶贫困县易地扶贫搬迁、彝家新寨建设资金的援助累计2.29亿元，截至2017年底，已完成2781户，占项目计划的95%。凉山州东西部扶贫协作援建项目的顺利推进，为近万名贫困群众解决了安全住房问题。（2）推动社会力量帮扶凉山。探索多种形式"飞地经济"，调动社会各界参与脱贫攻坚积极性，动员民营企业和社会力量帮扶，实现贫困县每县有一个实力强的民营企业定点帮扶。开展社会扶贫是构建政府、市场、社会协同推进的大扶贫格局的必然要求，也是多方面动员社会力量、集聚社会资源参与脱贫攻坚的重要抓手。鼓励支持民营企业、社会组织、公民个人积极参与东西部扶贫协作。民营企业拥有人才、技术、资金、渠道、管理等优势，是最具活力的市场主体，在产业扶贫、扶智与扶志、贫困群众生产生活技能培训、吸纳农村贫困劳动力就业、捐资助学改善办学条件等方面发挥着积极的作用，在脱贫攻坚中有其独特作用。依托中国进出口商品交易会、中国西部国际博览会等平台，发挥两地协会商会作用，组织开展专题推介和对口招商，促进双方产业深度合作。自 2015 年到 2018 年 "万企帮万村" 精准扶贫行动开展以来，四川省已有 4917 家民营企业和商（协）会结对帮扶 4867 个贫困村，共投入资金 64.79 亿元，受益群众达 60 余万人。2016 年起，四川省委统战部牵头连续 3 年组织省内外民营企业家 1000 余人次赴凉山州参与 "凉山行" 活动，直接为凉山州公益捐款超过 5300 万元，分别用于 "中央厨房" "六件套" "旅游示范村" 等项目。2018 年 6 月底，11 家省内重点民营企业与凉山 11 个深度贫困县签署了对接帮扶协议；117 家省工商联联系的民营企业、商（协）会与凉山 11 个深度贫困县的 167 个贫困村面对面建起 "万企帮万村" 帮扶关系。

11. 加大解决自发搬迁扶贫盲区问题力度

凉山州出台自发搬迁贫困人口扶贫脱贫措施，制定指导意见，稳妥解决自发搬迁群众扶贫盲区问题。凉山州出台了《关于进一步加强规范已自主搬迁农民管理工作切实解决扶贫盲区的通知》《凉山州自发搬迁贫困人口精准识别工作实施方案》等文件，明确了自发搬迁农民管理工作和自发搬迁贫困人口脱贫攻坚工作的指导思想、方法原则、进度安排、责任分工等，强化统筹协调，确保按时、高效完成精准识别、精准帮扶工作，为切实解决凉山自发搬迁农民扶贫盲区问题提供了政策依据。凉山州 17 县市均成立了以主要领导任组长的自发搬迁贫困人口精准识别领导小组，并立足各县实际开展了高质量高效率的精准识别工作。

第一步，由迁入地对所有农村留居人员按照"不漏项、不掉人"的要求，实地进行全面摸排登记，并分类汇总后发函到迁出地。第二步，由迁出地根据收到的有关函件的基础信息和自己掌握的信息，派出工作组到迁入地逐项核实有关情况，并逐户宣读宣讲政策，将《自发搬迁人口精准识别告知函》送达所有自发搬迁户，同时再次核实自发搬迁人口基础信息。第三步，在宣传发动、讲明政策的基础上，由农户本人自愿申请，由州、县（市）两级相关部门对自发搬迁拟新增贫困户开展有车、有房、财政供养、经商办企业等信息比对，并与全国信息系统内贫困人口信息比对，核实核准有关情况。第四步，按照贫困户识别程序开展民主评议和"两公示一公告"，最终确定自发搬迁贫困人口，并录入全国扶贫开发信息系统。凉山州及时完成了自发搬迁人口的情况统计，并将自发搬迁新增贫困户通过 App 和"五个一"帮扶信息采集统一录入全国扶贫开发信息系统。截至 2018 年底，凉山州有州内跨县自发搬迁人口 34041 户、150765 人，其中，2018 年动态管理后建档立卡贫困户 6652 户、25424 人。

12. 加大精神扶贫力度

激发群众内生动力。倡导勤俭节约、俭以养德，有效抑制婚丧嫁娶大操大办、铺张浪费、送收高额聘金礼金不良风气，推进失能群众集中供养等。做好习近平总书记赴凉山考察重要讲话精神的宣传工作，鼓励贫困群众自力更生、勤劳致富。在小凉山彝族地区开展"劳动收入奖励计划"，以奖代补、先建后补、发放劳务补助，调动贫困群众的劳动积极性。自 2019 年来，凉山州各县市、乡镇结合脱贫攻坚、移风易俗修订完善村规民约。2019 年 5 月，凉山州以彝汉双文的形式，发布了"遏制婚丧事宜高额礼金和铺张浪费之风十不准"，开展乡风文明建设十大行动；结合传统制定乡规民约，建立文明生活的激励机制，引导群众摒弃陈规陋习，逐步实现物质和精神双脱贫。①

《关于精准施策综合帮扶凉山州全面打赢脱贫攻坚战的意见》中还明确了凉山州及所辖县市、乡镇党委、政府要把打赢脱贫攻坚战作为重大政治任务，切实担负起工作主体责任，强化党政"一把手"负总责的领导责任制和脱贫攻坚工作目标管理，对脱贫攻坚综合帮扶工作队统一领导、统一指挥、统一管理，确保各条支持政策措施落地见效；省直有关部门要切实担负起帮扶主体责任，细化完善帮扶举措，制定工作方案，认真组织实施，加强工作督查指导，全力支持凉山州全面打赢脱贫攻坚战。

三、凉山州彝族深度贫困地区脱贫攻坚成效

伴随着贫困村、贫困人口的急剧减少和贫困率的大幅下降，凉山彝族自治州深度贫困地区贫困群众的生活条件也获得了显著提升。

1. 脱贫攻坚成效显著

第一，极度闭塞的交通条件得到很大改善，贫困群众的出行条件得到极大提高。2017 年凉山州新增了 868 个建制村通硬化路。自 2013 年开始，凉山州逐渐加大公路建设投入，新建和改建国省干线 1976 公里、农村公路 19305 公里，先后完成了两轮"交通大会战"，实现了西昌到各县包括深度贫困县主干线的全面畅通，乡镇畅通率达到了 99.7%，建制村畅通率达到了 99.8%。截至 2019 年底，凉山全州公路总里程达 2.7 万余公里，较 2012 年增加约三分之一。党的十八大以来，全州农村公路建设累计完成投资 174 亿元，新改建成农村公路 2.1 万公里，新增 217 个乡镇、2897 个建制村通硬化路，实现了全州所有乡镇通油路、建制村通硬化路"两个 100%"目标，乡镇、建制村客运通达率分别达到 97.8%、

---

① 《凉山深入开展移风易俗树文明新风主题教育实践活动　精神脱了贫　才是真正脱了贫》，《四川日报》2019 年 12 月 12 日。

98.4%。① 2020 年 6 月 30 日，全国最后一个不通公路的建制村——布拖县乌依乡阿布洛哈村通村公路建成通车。阿布洛哈村通村公路虽然短短 3.8 公里，但却足足建了 1 年，此前村民出行需要 4 个小时，但在这条"云端公路"修建好后，村民的出行时间减少到了 40 分钟。②

第二，贫困群众的住房条件大为改观。2017 年凉山州建成新村新寨 570 个、幸福美丽新村 488 个，实施农村危房改造 2.4 万户，完成易地扶贫搬迁 50097 人，使得 25.88 万贫困群众享受到了安居的福利。③ "十三五"期间，凉山州大力实施以易地扶贫搬迁、彝家新寨为主的安全住房建设计划，推行"三建四改"，即建庭院、入户路、沼气池，改水、厨、厕、圈，各项工作统筹推进。截至 2019 年 8 月，近 3 年建成彝家新寨 4.5 万户，易地扶贫搬迁 23.5 万人，实现了人畜分离，一批深度贫困的彝族群众生活大变样。例如，在喜德县光明镇阿吼村，彝族贫困户已从高山地带搬入山下漂亮干净的新居，并配套建设了入户电网和饮水管网，从根本上解决了贫困彝族群众住房难、用电难、人畜饮水困难等问题，搬入新居的彝族群众脸上始终挂满笑容，精神面貌大为改观。2019 年，凉山州完成 2.3 万户、11.8 万人易地扶贫搬迁住房主体工程，建成彝家新寨 2.1 万户，累计 83% 的贫困群众住上安全新居；截至 2019 年底，易地扶贫搬迁项目的住房主体建设已全部完成，达到入住条件的 6.49 万户、30.5 万人，已搬迁入住 5.58 万户、25.87 万人。2020 年 4 月 26 日，四川最大的易地扶贫搬迁安置点——凉山州昭觉县易地扶贫搬迁安置点开始分房，随后，金阳千户彝寨和布拖也分别在 6 月 2 日和 6 月 21 日进行分房。凉山州采

---

① 钟华林、刘畅：《新时代 新生活 新跨越——四川凉山彝族自治州脱贫攻坚综述》，《经济日报》2020 年 3 月 10 日。

②《凉山 摘下贫困帽 迈步奔小康》，《四川日报》2020 年 12 月 10 日。

③ 凉山新闻网：《2018 年凉山州人民政府工作报告全文发布》，http://www.ls666.com/2018/0303/9257.html。

用"5+4"工作方法①，于 2020 年 6 月完成住房安全核验 21.4 万户，核验率 100%，确保住房安全保障"不漏一户，不落一人"。② 阿土列尔村由于往返山底时必须经过海拔高差 800 米的藤梯，而被称为"悬崖村"，村民出行十分不便，2020 年 5 月 12 日至 14 日，"悬崖村"28 户建档立卡贫困户 152 人搬入了昭觉县最大的易地扶贫搬迁集中安置点——沐恩邸社区，在易地扶贫搬迁政策背景下开启了全面小康的幸福生活。③

"十三五"期间，凉山州凭借易地扶贫搬迁解决了 7.44 万户、35.32 万人的住房安全问题，其中集中安置 26.3 万人，占全州贫困人口的 36%，并通过实施彝家新寨建设、农村危房改造让 12.42 万户、62.2 万人改善了住房条件。截至 2020 年上半年，凉山州易地扶贫搬迁已累计入住 73210 户、346849 人，还剩 1219 户、6351 人未入住。其中，越西、喜德、普格 3 县入住率均达 100%，昭觉县、美姑县、金阳县、布拖县入住率分别为 99.6%、99.6%、97.3%、87.7%。

第三，教育扶贫取得阶段性成效。15 年免费教育全面实施、"一村一幼"计划顺利开展、深度贫困县的"学前学会普通话"行动积极推进，贫困家庭适龄儿童少年失辍学化解率达 97.5%。通过开展"学前学会普通话"行动，凉山州特别是贫困县学前儿童学习普通话成效显著，有效解决了少数民族学前儿童从母语向普通话的过渡，试点学前儿童首次普测合格率为 73.5%，当年进入小学的学前儿童的二次测评合格率达到 99.2%。在喜德县光明镇阿吼村，彝族儿童可以用普通话和调研组成员无障碍交流，"学前学会普通话"等教育行动计划已经初见成效。15 年

---

① "5+4"工作方法：即紧盯 5 项工作内容，采取 4 种工作方法。5 项工作内容指的是农村危房改造进度、农村危房改造档案资料和信息录入、4 类重点对象原住房安全性鉴定、建档立卡贫困户住房安全有保障信息录入和核验工作、住建领域脱贫攻坚问题清零；4 种工作方法指的是视频培训、座谈研究、集中指导、入户抽查。
② 《做好贫困户危房改造"后半篇"文章 5 个帮扶指导组覆盖整个凉山州》，《四川日报》2020 年 6 月 30 日。
③ 《凉山"悬崖村"：这个村，总书记一直牵挂》，2020 年 11 月 24 日。来源：求是网微信公众号。

免费教育和寄宿制学生生活补助等政策的实施，使彝族贫困群众改变了过去的落后观念，开始积极送子女入学读书，义务教育阶段的学生呈现爆发式增长，通过教育从根本上阻断贫困代际传递的机制已开始发挥作用。同时，在开展"学前学会普通话"的工作中，不仅幼教点的儿童学会了汉语的基本用语甚至能够主动对话，还规范了幼教点的管理，提升了辅导员的教学能力，增加了就业公益岗位，到2019年试点提供了近8000个辅导员岗位，再加上营养餐从业人员，共计解决了近万名人员的就业。① 截至2020年11月，"学前学会普通话"行动推行30个月以来，已惠及四川省大小凉山彝族地区学前儿童共计42.98万余人，覆盖凉山州3704个幼儿园点，惠及学前儿童30.71万人。②

第四，社会保障惠及全体彝族群众，健康扶贫富有成效。建档立卡贫困人口的医保个人缴费部分由财政全额代缴、先诊疗后付费等一系列医疗扶助政策得到贯彻落实，基本医保和大病保险全部由财政代缴，贫困人口参加医保率达100%。2019年贫困县贫困患者住院医疗费用自付比例为4.88%，基本解决贫困群众一直以来看不起病的问题。2019年，《凉山彝族自治州禁毒条例》全面施行，贫困家庭吸毒人员实现全员戒治，社区戒毒康复人员管控率达99.7%，缉毒执法效能全省第一；艾滋病抗病毒治疗覆盖率、成功率分别达93.86%、91.31%，母婴传播率降至4.57%，"1+M+N"人盯人防治体系基本形成；同时，6.09万名失辍学适龄儿童少年劝返复学，"学前学会普通话"行动全面推广；11个重点县政策外多孩生育率6.56%，同比下降1.5个百分点；4581户2.1万名自发搬迁贫困

---

① 凉山新闻网：《凉山州扎实推进"一村一幼""学前学普"工作》，http://www.ls666.com/2019/1104/48547.html。

② 《"学前学普"行动推行30个月 近43万凉山娃娃会说普通话》，2020年12月14日。来源：川观新闻微信公众号。

群众脱贫。① 2020 年，凉山州新报告艾滋病感染者和病人数下降 35.7%，抗病毒治疗覆盖率和成功率均达 95% 以上，母婴传播率降至 3.68%；同时，2.2 万余名贫困家庭适龄儿童少年被劝返复学；政策外多孩生育率降至 3.47%；输出贫困劳动力 22.1 万人。② 凉山州通过持续投入资金支持，不断提升特殊群体兜底供养水平，大力发展社区居家养老服务，积极探索农村互助养老模式，引导支持民办养老服务发展，加快构建多层次养老服务体系，2020 年社会福利院和敬老院等公办养老机构达 29 个，集中供养困难群众 1179 名。③

第五，就业扶贫效果明显。凉山州在东西部扶贫劳务合作、加强职业技能、创造公益性岗位等方面齐齐发力，劳动力外出务工市场和就业渠道得到了极大扩展。劳务协作得到强化，基本素质和就业技能培训大力开展，截至 2019 年 7 月，凉山州近 3 年累计转移输出贫困户劳动力16.96 万人、创收 21.36 亿元，2018 年凉山州深度贫困县农村居民人均可支配收入达 9564 元，比 2014 年年均增长 11.18%。④ 喜德县 2019 年 1—6月继续深化"佛山—喜德"等劳务协作关系，举办扶贫就业专场招聘会 1次，向佛山输出 301 人；在佛山、东莞和四川成都打工的彝族女青年，每月收入三四千元，对改善家庭生活境况很有帮助。2017 年开发公益性岗位 3869 个。

第六，产业扶贫初见成效。凉山州彝族深度贫困地区积极推动产业发展，采取"产业基地＋贫困村""公司＋农户"等方式大力发展"果薯蔬草药"农牧业和旅游业等产业，为部分村民提供可持续收入，推动贫

① 凉山彝族自治州人民政府:《2019 年脱贫攻坚数字解读》，http://www.lsz.gov.cn/ztzl/rdzt/tpgjzt/tpszjd/202009/t20200914_1692389.html。
② 凉山彝族自治州人民政府:《2020 年脱贫攻坚数字解读》，http://ywb.lsz.gov.cn/ztzl/rdzt/tpgjzt/tpszjd/202104/t20210426_1888063.html。
③《凉山州加快构建多层次养老服务体系》，2020 年 11 月 4 日。来源:凉山政务微信公众号。
④ 数据来源于作者 2019 年 7 月的调研。

困户持续增收和稳定脱贫。深度贫困县喜德县已累计建设大棚特色产业基地 2500 余亩，77 个村为花椒产业示范基地，与铁骑力士集团合作建设了 1.5 万头规模的生猪扩繁场，成立 282 个农村合作社，带动建成畜牧家庭牧场 1700 余个，培育种养殖贫困户 9500 余户，同时积极开发温泉特色小镇、东河瓦尔旅游等文化旅游项目。光明镇阿吼村丽火现代农业分公司种植基地指导农民成立合作社，流转迁出村民闲置荒地 279 亩，建成 3 个特色产业种植基地，种植 100 亩百合、10 亩川贝和 1200 余株雪桃，充实了集体经济，为村民提供了可持续收入。美姑县创新提出"三借三还"的产业发展思路，抓好"核桃、美姑山羊、马铃薯"三大产业，突破以往仅投入资金和物资的方式，向注重扶贫效果和后续评估转变。木里县也开展了牦牛、半细毛羊、山羊、藏香猪、藏香鸡等畜牧业产业扶贫，通过培育规模养殖大户和家庭农牧场来提高农村贫困家庭的非农产业收入。截至 2019 年底，全州核桃种植面积 1000 万亩左右，挂果面积 316 万亩，干果年产量 18.07 万吨，年总产值 28.8 亿元，覆盖 1808 个贫困村，惠及 12.4 万户贫困户、48.6 万贫困人口。在此基础上，农村电商也在凉山彝族地区如火如荼地发展了起来，为民族深度贫困地区的农业经济发展和农民增效创收提供了强劲动力。2017 年凉山州新建林业生态产业基地 510.7 万亩、大棚蔬菜基地 2.7 万亩，旅游扶贫直接带动 8000 户贫困户增收脱贫，累计建成电商服务站点 866 个，新增家庭农场 500 个、农民合作社 400 个。[1] 到 2018 年，凉山州生态林业产业基地达到 2000 万亩以上，水果和蔬菜种植面积达 324 万亩，有 3224 个集体经济村，年均转移输出农村富余劳动力超过了 129.6 万人，2017 年以来 62.3% 的脱贫人口共计 15.88 万人依靠产业发展带动就业实现了脱贫。[2] 2019 年

---

[1] 凉山新闻网：《2018 年凉山州人民政府工作报告全文发布》，http://www.ls666.com/2018/0303/9257.html。

[2] 中共凉山州委、凉山人民政府：《全面打赢凉山深度贫困脱贫硬仗　努力创建全国同步全面小康示范州》，《中国民族报》2019 年 5 月 7 日。

2 月前，凉山彝族自治州已建成包括西昌、盐源、会理、德昌、冕宁、雷波"一市五县"在内的服务中心，共计 25 个乡镇服务站、25 个村级服务点，其中盐源县、雷波县被评为国家电子商务进农村综合示范县，实现了电商与一、二、三产业的无缝对接，探索出了凉山彝族地区减贫致富的新路径。① 2019 年，凉山州建成林业产业基地 50 万亩、就业扶贫基地和车间 49 个，启动建设 118 个现代农业园区，培育新型农业经营主体 1315 个，推广使用"四川扶贫"公益品牌农产品 190 个，"以购代捐"认购金额 1.6 亿元，退出村集体经济全部达标，54.2% 的贫困群众通过发展产业脱贫，同时转移输出贫困劳动力 5.7 万人，实现劳务收入 9.2 亿元，开发公益性岗位 9049 个。2019 年 9 月，"东西部扶贫协作"定制策划电商扶贫项目——"凉山家"平台，为凉山全域国家地理标志产品进行互联网品牌孵化，以产业扶贫模式，在基于大凉山特色产业资源的基础上，陆续展开"互联网＋苦荞茶""互联网＋会东松露""互联网＋金阳花椒""互联网＋金阳白魔芋""互联网＋盐源苹果"等国家地理标志产业品牌孵化，打造凉山产业扶贫第一门户。② 建设现代农业产业园区是产业扶贫的重要抓手，凉山州新建了 5 个省级培育园区、95 个州县级园区，通过土地租金、园区务工、入股园区建设分股金等方式，辐射带动了 7.64 万人实现了脱贫，帮助 10.3 万人实现增收。③

2. 决战决胜脱贫攻坚

党的十八大以来，凉山州彝族深度贫困地区的脱贫攻坚工作取得了巨大成效，不仅基本解决了彝族贫困群体的收入问题，而且从包括教育、住房、医疗和就业等在内的多维贫困原因入手，帮助贫困群体摆脱困境、

① 吴桃：《"互联网＋农村电商"模式助力凉山彝区精准扶贫》，《中国民族报》2019 年 2 月 1 日。
②《"凉山家"电商产业扶贫平台正式签署投资协议》，《西昌都市报》2019 年 9 月 27 日。
③《收官之战——来自大凉山的脱贫攻坚调查》，《光明日报》2020 年 3 月 6 日。

获得发展机会，力求实现稳定脱贫，贫困群众的获得感、幸福感明显增强。在中国共产党的领导下，作为我国脱贫攻坚的主战场之一，四川省积极响应习近平总书记发出的脱贫攻坚总号令，并通过国家有关部委和帮扶省份的支持，全省的脱贫攻坚工作取得了决定性成就。截至2019年底，四川省贫困县由2013年末的88个下降到了7个，贫困村由11501个减少到了300个，贫困人口也从2013年的625万减少到了20.3万，贫困人口由9.6%下降到了0.3%。①

在中国共产党的领导和民族政策的帮扶下，2016年，凉山实现了454个贫困村退出、13.3万人脱贫，2017年，凉山完成了500个贫困村退出、14.8万人脱贫任务；同时凉山地区生产总值由1952年的0.44亿元（原老九县，不含西昌专区），增加到2017年底的1480.91亿元。凉山11个扶贫工作重点县2017年GDP实现394.32亿元，占全州的26.6%。②全州17县市的经济全部实现正增长，呈现经济发展加快的态势。2018年，凉山州完成了500个贫困村退出和21.9万贫困人口脱贫的任务，贫困发生率下降到了7%。截至2018年底，凉山彝族自治州共有1454个贫困村退出，减贫累计达到65.4万人。③2019年底，凉山州实现减贫15.2万人、退出贫困村318个，全州共投入各类扶贫资金1157亿元，累计减贫86.7万人、退出贫困村1772个，贫困发生率降至4%。木里藏族自治县、甘洛县、盐源县和雷波县4个深度贫困县完成脱贫攻坚任务，余下的美姑、喜德、金阳、昭觉、布拖、越西、普格7个深度贫困县均为彝族聚居县，按照18.6万人、300个村达到脱贫退出标准的计划，凉山州顺利完成了该年的任务。

①《坚决攻克凉山深度贫困堡垒》，《四川日报》2018年6月21日。
② 张崇宁：《打好打赢脱贫攻坚"硬仗中的硬仗"》，《四川党的建设》2018年第16期。
③《汇聚发展力量　坚决打赢脱贫攻坚战——三论贯彻落实习近平总书记视察凉山重要讲话精神一周年》，《凉山日报》2019年2月11日。本书根据凉山州政府提供的信息对数据进行了更新。

2020 年,凉山州有 300 个贫困村要退出、18.6 万贫困人口要脱贫、7 个贫困县要摘帽,自 2 月起,凉山州一月一次研判部署、一月一场战役推动,锁定 1707 个扶贫项目复工开工、301 个易地搬迁安置点建设等重点难点,围绕项目建设、产业就业、特殊问题治理、脱贫攻坚领域作风建设等方面聚焦聚力,整体进度符合预期。

实施乡村振兴战略,是凉山构建干支协同发展新格局的基础保障,也是凉山州经济步入高质量发展阶段做好"三农"工作的总抓手。2020 年 7 月,凉山州印发实施了《凉山州乡村振兴战略规划(2018—2022 年)》,以乡村"产业兴旺、生态宜居、治理有效、乡风文明、生活富裕"总目标为基点,规划部署了 2020 年和 2022 年全州农村发展的主要目标,提出了到 2022 年乡村振兴战略规划主要指标任务,细化实化了工作重点和政策措施,确保乡村振兴战略落地,探索创新深度贫困地区推进乡村振兴的体制机制,打造"三区三州"乡村振兴样板。

2020 年 3 月 10 日,为克服新冠肺炎疫情影响,助力全州脱贫攻坚,凉山州商务局、农业农村局、扶贫开发局等三部门协调组织,启动以"抗疫保供稳增长—助农增收惠民生"为主题的品质川货"十百千万"网购节凉山分会场活动暨凉山电商消费扶贫活动,指导企业对接电商平台资源,通过产品直播间、"品质凉山"小程序、第三方知名平台等载体,开展"品质凉山推广",设立 App 平台扶贫产品专区专栏,全面开展网络推广活动,借助产销对接会员制营销,定向帮扶贫困户增收。2020 年 5 月,凉山州商务局联合举办"2020 年推进凉山州消费扶贫'以购代捐'活动",通过线上线下渠道展示凉山州扶贫产品,多渠道销售扶贫产品,设立 7 个未摘帽县扶贫产品展示专区,涉及参展商 20 余家,参展商品约 400 个。惠民百家、益民优先以及 7 个未摘帽县的参展商还借助银行 App 等平台开设了线上展示展销专区,采购单位通过二维码扫描进行大批量采购。

　　除此之外，凉山州利用 2020 年暑假，在普格、布拖、昭觉、美姑、金阳、越西、喜德 7 个未摘帽县启动实施了脱贫攻坚"万师入户"专项行动，组织 7 个未摘帽县 1.2 万名小学和初中教师，对照贫困户脱贫标准，进村入户对 12.55 万户建档立卡贫困户、2.19 万户非贫困边缘户的基本信息"五个一致"、"两不愁三保障"达标、脱贫攻坚到户政策落实、贫困群众脱贫攻坚满意度、感恩袋资料规范上墙等情况进行全覆盖核查。

　　2020 年 3 月，《挂牌督战凉山州脱贫攻坚工作方案》正式印发，四川省紧紧围绕"两不愁三保障""责任落实、政策落实、工作落实""精准识别、精准帮扶、精准退出"的要求，对凉山州 7 个未摘帽贫困县和 300 个未退出贫困村进行义务教育、基本医疗、住房安全及饮水安全有保障情况，贫困家庭劳动力新增转移就业、公益岗位新增就业、无劳动力家庭兜底保障情况，"五个一"帮扶落实情况，易地扶贫搬迁入住和后续帮扶情况，"学前学会普通话"工作推进落实情况等方面挂牌督战，确保剩余贫困人口如期脱贫、贫困村顺利退出、贫困县全部摘帽。[①] 2020 年 3 月 13 日，四川省脱贫攻坚办公室印发《挂牌督战凉山州易地扶贫搬迁等 6 个工作方案》，聚焦凉山州一些薄弱环节和重点工作，分行业组建工作专班，挂牌督战易地扶贫搬迁、农村危房改造、安全饮水、就业扶贫、农业产业扶贫、消费扶贫 6 项工作。在易地扶贫搬迁督战中，重点关注尚未竣工项目实施进度，7 个未摘帽贫困县易地扶贫搬迁集中安置点产业培育、就业帮扶和社区治理工作推动情况等；在农村危房改造督战中，重点关注改造进度、脱贫攻坚农房建设质量安全等；在农村安全饮水督战中，重点关注加快农村饮水安全巩固提升在建工程进度、推进农村供水水费收缴工作等；在就业扶贫督战中，重点关注贫困劳动力基础台账情况、贫困劳动力返岗复工和新增转移就业情况等；在农业产业扶贫督战中，重点关注县级农业产业扶贫规划、年度实施方案执行情况等；在消费

①《我省对凉山州脱贫攻坚工作挂牌督战》，《四川日报》2020 年 3 月 2 日。

扶贫督战中，重点关注扶贫产品盈利台账建立情况、扶贫产品销售情况、当地农业部门落实扶贫产品质量安全工作情况等。[①]

在决战决胜全面小康的最后一年，凉山州普格、布拖、金阳、昭觉、喜德、越西、美姑 7 个计划退出贫困县，按照贫困县摘帽贫困发生率要低于 3%、漏评率和错退率须低于 2%、农民人均收入有增长、稳定脱贫和持续发展的机制要基本形成的 4 个核心指标，经过县级申请、州级初审、省级专项评估检查、面向社会公示征求退出意见、经省政府常务会议审定这一退出流程，正式退出贫困县序列，对于四川全省脱贫攻坚具有标志性的意义。[②] 这 7 个县农村居民人均可支配收入增长明显，公共服务和基础设施建设水平等得到提升，稳定脱贫、可持续发展机制基本形成，5 年间凉山州新建了上万公里农村公路，易地扶贫搬迁 35 万人，落实财政配套扶贫资金 2.3 亿元[③]，脱贫成效较为显著，如期实现了摆脱贫困的任务。

2020 年 11 月 17 日，四川省人民政府批准凉山州普格、布拖、金阳、昭觉、喜德、越西、美姑 7 县退出贫困县序列，至此，四川 88 个贫困县全部清零。2020 年凉山州圆满完成了剩余 7 个县、300 个村、18.6 万人的脱贫摘帽任务[④]，所有贫困户脱贫，所有贫困村退出，11 个贫困县实现摘帽，夺取了脱贫攻坚全面胜利，绝对贫困和区域性整体贫困全面消除，全面脱贫奔小康得以实现。2020 年，凉山州贫困人口人均纯收入从 2015 年的 2291 元提高到了 8884 元，年均增长 30% 以上。在 2021 年 2 月 25 日全国脱贫攻坚总结表彰大会上，凉山州昭觉县三岔河镇三河村还获得

---

① 《组建工作专班　精准督战凉山脱贫攻坚 6 项工作》，《四川日报》2020 年 3 月 14 日。
② 《省扶贫开发局局长陈初：凉山 7 县摘帽具有标志性意义，但激动之后不能不动，要继续行动》，2020 年 11 月 17 日。来源：川观新闻微信公众号。
③ 《大凉山摆脱 "贫困枷锁"》，2020 年 11 月 18 日。来源：新华网微信公众号。
④ 凉山彝族自治州人民政府：《2020 年脱贫攻坚数字解读》，http://ywb.lsz.gov.cn/ztzl/rdzt/tpgjzt/tpszjd/202104/t20210426_1888063.html。

了"全国脱贫攻坚楷模"荣誉称号。在顺利摘帽后，凉山州依然按照"摘帽不摘政策"要求，将脱贫攻坚特惠性、阶段性的政策体系转化为"有效衔接"普惠性、长期性的政策体系，抓紧出台巩固拓展脱贫攻坚成果同乡村振兴有效衔接的政策措施，为"十四五"规划中凉山州的发展做好规划部署。为强化精准帮扶和巩固脱贫成果，凉山州建立了防止返贫大数据监测平台，以收入支出状况、"两不愁三保障"及饮水安全状况等为重点，对脱贫不稳定户、边缘易致贫户、因病因灾因意外事故等刚性支出较大或收入大幅缩减导致基本生活出现严重困难户进行动态监测，并及时进行回流帮扶。[①] 2020年6月，凉山州防止返贫监测对象3.6万户、13.9万人已全部纳入全国扶贫开发信息系统和全省脱贫攻坚大数据平台，实行动态监测。除了健全防止返贫的帮扶和监测机制外，凉山州还不断探索脱贫后的发展路径，从健全农村低收入人口和欠发达地区的帮扶机制，建立健全农村社会保障和救助制度，制定支持一批乡村振兴重点帮扶县措施，坚持完善东西部扶贫协作、定点扶贫、社会帮扶机制等方面部署，聚焦城乡居民差距、群体内部差距、东西部差距、成都与三州地区差距、县与县差距、乡与乡差距、村与村差距等问题，为接续推进下一步乡村振兴发展战略提供路径抉择。

第二节　凉山脱贫攻坚的经验借鉴

在脱贫攻坚方略的实施过程中，凉山州彝族深度贫困地区脱贫攻坚取得了可喜的成绩。其扶贫成果的取得主要可以归结为政治上的高度重视、经济上的巨大投入、工作上的组织得力、群众观念上的初步改变几个方面。

---

① 《帮扶政策稳定、帮扶力度不减　凉山开启乡村振兴新征程》，《四川日报》2021年3月9日。

一、政治上高度重视

党的十八大以来，以习近平同志为核心的党中央把脱贫攻坚摆在治国理政的重要位置，全面打响脱贫攻坚战。2013 年，习近平总书记在湖南湘西花坪县十八洞村考察时首次提出精准扶贫理念。2018 年 2 月 10 日至 11 日，习近平总书记专程深入凉山州彝族深度贫困地区，强调"全面建成小康社会一个民族、一个家庭、一个人都不能少"[①]，并对扶贫开发作出了一系列重要指示，为推进凉山脱贫奔小康指明了前进方向，注入了强大动力，提供了根本遵循。对于易地扶贫搬迁，凉山的"实践证明，易地扶贫搬迁是实现精准脱贫的有效途径，一定要把这项工作做好做实"[②]；针对特色产业发展，"搬迁安置要同发展产业、安排就业紧密结合，让搬迁群众能住下、可就业、可发展"[③]；针对驱走愚昧落后，"过去的确是有'鬼'的，愚昧、落后、贫穷就是'鬼'。这些问题解决了，有文化、讲卫生，过上好日子，'鬼'就自然被驱走了"[④]。四川省委、省政府高度重视凉山州的脱贫攻坚，2019 年以来研究制定出台 34 条政策措施和 16 条工作措施，从政策、资金、人才、项目等方面给予前所未有的支持，为打赢凉山州彝族深度贫困地区脱贫攻坚战提供了有力保障。凉山州政府和彝族深度贫困地区的基层政府同样高度重视脱贫攻坚工作，促进脱贫攻坚责任、措施、资金、项目、工作全面落实，统筹力量向深度贫困堡垒发起冲刺，精准扶贫和脱贫工作成效明显。总之，党的十八大以来凉山州彝族深度贫困地区脱贫攻坚取得的巨大成效离不开精准扶贫方略的有力指导，离不开各级党和政府的高度重视和密切关注。

①《习近平春节前夕赴四川看望慰问各族干部群众》，《人民日报》2018 年 2 月 14 日。
②《习近平春节前夕赴四川看望慰问各族干部群众》，《人民日报》2018 年 2 月 14 日。
③《习近平春节前夕赴四川看望慰问各族干部群众》，《人民日报》2018 年 2 月 14 日。
④《记习近平总书记看望四川凉山地区群众并主持召开打好精准脱贫攻坚战座谈会》，《人民日报》2018 年 2 月 15 日。

二、经济上巨大投入

2018 年以来国家对四川凉山州彝族深度贫困地区的纵向投入累计逾 900 亿元，地区对口帮扶约 40 亿元。凉山州彝族深度贫困地区自然条件恶劣，经济社会发展缓慢，基础设施落后。只有加大财政投入，大力发展生产，切实保障人民生活，才能确保脱贫攻坚取得骄人成效。截至 2019 年 7 月，各级政府 3 年投入了 496 亿元政府财政资金、103.6 亿元易地扶贫搬迁债券资金、109 亿元贫困县均衡性转移支付资金、32.7 亿元县级基本财力保障奖励补助资金、136.6 亿元财政涉农资金、10.2 亿元中央生态功能区转移支付"三区三州"资金和 14.7 亿元"四项扶贫基金"，累计投入资金超过 900 亿元，为凉山州脱贫攻坚提供了坚实保障。[1] 同时，凉山州得到了全国社会各界的大力帮扶，9 个中央国家机关、107 个省级定点扶贫单位（部门）、142 个州级单位参与定点扶贫，投入帮扶资金 5.93 亿元；广东佛山、浙江湖州等地东西部扶贫协作投入帮扶资金 14.89 亿元；三峡集团捐资 14 亿元。截至 2019 年 7 月，近 3 年凉山州每个彝族深度贫困县的扶贫资金规模均在 10 亿元以上，经济上的巨大投入是凉山州彝族深度贫困地区脱贫攻坚取得可喜成效的关键原因。2019 年凉山州投入各级各类扶贫资金 283 亿元，增长 5%；落实"三区三州"脱贫攻坚、易地扶贫搬迁政府债券 63.8 亿元；实现增减挂钩和占补平衡节余指标[2] 交易收益 51.8 亿元，增长 8.1 倍；金融扶贫贷款余额 282.5 亿元，规模位列全省第三。2020 年 1—11 月，全州多渠道筹集扶贫专项、补短板、地方政府新增债券等各类资金 250.42 亿元用于脱贫攻坚，其中：全州 15 个扶贫专项投入资金 201.94 亿元，比 2019 年增加 31.86 亿元；争取和下达脱

---

① 数据来源于作者 2019 年 7 月的调研。

② 占补平衡节余指标：依据《中华人民共和国土地管理法》中"非农建设经批准占用耕地要按照'占多少，补多少'的原则，补充数量和质量相当的耕地"的规定，在建设占用耕地时需补充耕地的面积。

贫攻坚补短板综合财力补助 33.41 亿元，重点用于补齐 7 个摘帽县"两不愁三保障"短板。[①] 2019 年，浙江省和广东省对四川省的帮扶不断加大，到位 29.45 亿元财政性帮扶资金、实施 992 个项目，两省的 275 户企业到四川贫困地区进行投资，帮助其早日摆脱贫困问题。此外，广东开设东西部扶贫协作产品交易市场，浙江四川联合举办"四川扶贫"产品产销对接活动，助推四川贫困地区农产品卖向全国。2019 年，19 个年度扶贫专项共投入各类资金 1501 亿元，到 2020 年 1 月，全省 161 个县入库 2019 年度扶贫项目 10.9 万个、资金总量 936 亿元，实施项目 9.3 万个；累计入库项目 27.3 万个、资金总量 2716 亿元；同时四川委托第三方专业机构对资金量较大的 19 个县开展了绩效评价和专项检查，加强资金监管，提高了资金项目绩效。[②]

三、工作上措施得力

四川省州县乡同时发力，1 万多名帮扶干部扎根一线，脱贫攻坚成为核心任务并被强力督导。凉山州从州到乡组建了以党政主要负责同志担任组长的脱贫攻坚指挥部，层层立下军令状；深入实施"筑底强基·凝聚民心"党建扶贫工程和"担当尽责·建功一线"行动，坚持四级书记抓脱贫，落实州级领导联系指导贫困县、重大任务承诺等制度，各级领导干部州不离县、县不离乡、乡不离村；成立脱贫攻坚抓落实督导组，实行一线督查、一线督导、一线问效，推动脱贫攻坚成为全州最大的政治责任、最大的民生工程、最大的发展机遇；定期不定期召开脱贫攻坚领导小组会议、脱贫攻坚现场推进会，分析解决工作推进中的困难问题，确保中央和省脱贫攻坚重大决策部署落地落实。凉山州各级干部尤其是彝

---

① 《凉山财政为决胜脱贫攻坚提供坚实保障》，2020 年 12 月 11 日。来源：潇湘晨报微信公众号。
② 《我省今年对凉山 7 县脱贫攻坚挂牌督战》，《华西都市报》2020 年 1 月 18 日。

族深度贫困地区的干部超常努力、倾力付出，推动各级领导精力和工作力量向脱贫攻坚前线集结，2497名第一书记、1万多名帮扶干部扎根一线。凉山州彝族深度贫困地区脱贫攻坚成效的取得与各级党和政府工作上的组织得力紧密相关。

精准扶贫作为一项重要的扶贫工作方略，是凉山州圆满实现脱贫攻坚的重要因素。凉山州通过建档立卡精准识别，据不同对象有针对性地采取帮扶措施，并又在2019年集中开展落实"两不愁三保障"回头看大排查，对全省625万建档立卡贫困人口逐户逐项上门排查登记，摸清情况找准短板，保障脱贫的精准度和高效率。党中央高度重视凉山州的脱贫情况，安排了东西部协作扶贫这一特殊帮扶措施，自2016年以来，广东、浙江两省17个市61个县与四川省12个市（州）68个贫困县建立了结对帮扶关系，累计投入财政资金100多亿元，实施项目2600多个，惠及110多万人。四川省专门为凉山州出台了34条支持政策和16条工作措施，从全省各地选派5700多人组成综合帮扶工作队长驻凉山各贫困县、贫困村，完成对口帮扶工作。

凉山州不断强化社会救助兜底保障力度，统筹推进各类困难群众救助，全面落实城乡低保"按标施保、定标补差、应保尽保、应退尽退、动态管理"，积极推进农村低保制度与扶贫开发政策有效衔接，"按人保"与"按户保"相结合，及时把符合条件的困难群众纳入兜底保障范畴，有力确保了全面小康路上"不漏一户、不掉一人"。2020年，凉山州新增农村低保对象10.18万人。截至2020年10月，共纳入农村低保61.36万人，其中，"低保兜底一批"27.82万人，占建档立卡贫困人口28.5%。截至2020年9月，全州为4.6万名困难残疾人累计发放生活补贴3570万元，标准提高至每人每月100元；为5.76万名重度残疾人累计发放护理补贴3357万元。截至2020年10月，全州共实施临时救助1.42万人次，人均救助水平达1232元。截至2020年9月，全州民政系统累计为社会救助对象发放价格临时补贴资金 4.41 亿元,惠及困难群众 1022.1 万人次。从 2010 年至 2020 年 9 月,凉山成功救治 4245 名贫困家庭先心病患儿,民政救助资金 7216 万元;2019 年至 2020 年 9 月,凉山成功救治 3000 余名白内障患者,民政救助资金 514 万元。[①]

四、群众观念初步改变

凉山州彝族深度贫困地区在脱贫攻坚工作中注意创新开展扶贫扶志行动,开办"农民夜校",实施"新型农民素质提升工程",探索建立"四好奖励基金""扶贫购物券"等正向激励机制,鼓励贫困群体养成好习惯、形成好风气,改变他们的思想观念。"农民夜校"为打赢脱贫攻坚战、实现长效脱贫提供了强大的智力支持和强劲动能,增强了凉山贫困村的"造血功能",全州 3747 个建制村都已经全覆盖建成了"农民夜校"。[②]经过努力,凉山州彝族深度贫困地区贫困群众的思想观念实现了初步转变。例如,易地扶贫搬迁开展前,很多彝族群众过着人畜混居的生活,对居住环境没有更高的要求,甚至易地搬迁启动之初,有些群众还极力反对,但当他们看到一栋栋新居对照着自家一间间旧房时,心生向往;不少彝族贫困群众通过劳务协作走出家门、走出山区领略外面的精彩世界,他们增长了见识、致富信心增强;大部分彝族贫困群众认识到了教育的重要作用,开始积极送子女读书接受教育,深度贫困县义务教育阶段的学生呈爆发式增长。除此之外,贫困群众的精神面貌也发生深刻变化,村规民约的制定和移风易俗的开展,使得群众思想观念、科学认知、生活方式、法治意识都发生了明显变化,彝族群众改变了以往习惯吃"坨坨肉"、不吃蔬菜的习惯,开始流行做"回锅肉"、炒新鲜时蔬,并把新鲜猪肉冻到冰箱里;改变了以往多生育和生男孩的观念,开始重视

---

① 《兜准兜住兜牢民生底线——凉山民政的脱贫攻坚担当》,《凉山日报》2020 年 12 月 4 日。
② 冯玉壁:《"农民夜校"为凉山长效脱贫提供强劲动能》,《凉山日报》2017 年 5 月 18 日。

优生优育和男女平等。① 群众观念上的初步改变有助于发挥贫困对象的内生动力，树立主体意识，对脱贫攻坚具有积极影响。

第三节 教育扶贫：深度贫困民族地区脱贫的关键

一、凉山深度贫困民族地区实施教育扶贫意义深远

贫困人口和贫困地区同全国一道进入全面小康社会是我们党的庄严承诺。党的十九大报告指出，要"确保到 2020 年我国现行标准下农村贫困人口实现脱贫，贫困县全部摘帽，解决区域性整体贫困，做到脱真贫、真脱贫"。十九大报告中还指出，要"注重扶贫同扶志、扶智相结合"，要"重点攻克深度贫困地区脱贫任务"。习近平总书记非常重视教育对于扶贫的重要作用，他强调："扶贫必扶智。让贫困地区的孩子们接受良好教育，是扶贫开发的重要任务，也是阻断贫困代际传递的重要途径。"② 因此，可以说深度贫困地区是精准扶贫时期脱贫攻坚的主战场，而教育扶贫是解决扶贫难题的根本举措。根据教育部、国务院扶贫办印发的《深度贫困地区教育脱贫攻坚实施方案（2018—2020 年）》，我国进一步聚焦深度贫困地区教育扶贫，用 3 年时间集中攻坚，实现"三区三州"等深度贫困地区教育总体发展水平显著提升，实现建档立卡贫困人口教育基本公共服务全覆盖。

四川省民族地区教育发展总体水平与全省、全国发展水平相比仍然较低，教育总量和水平仍不能适应经济社会发展及广大人民群众日益增长的教育需求，巩固、提高、发展的任务仍十分艰巨。四川省民族地区

---

① 彭清华：《凉山脱贫攻坚回访调查》，《学习时报》2021 年 2 月 26 日。
② 《习近平给"国培计划（二〇一四）"北师大贵州研修班参训教师回信》，《人民日报》2015年 09 月 10 日。

虽然整体实现"两基"目标，但学前教育和高中阶段教育发展滞后，学前教育毛入园率仅有32.5%，高中阶段教育毛入学率仅有36.2%，义务教育普及水平和质量与人民群众享受优质义务教育的要求还有差距。按国家新时期教育现代化的相关指标测算，实现四川省民族地区教育跨越式发展，需建设2091万平方米的各级各类校舍，增加4万余名教师，增加82万余名寄宿制学生，校长、教师的管理水平、业务能力及学校装备水平尚不能满足跨越式发展的需要，干部群众教育观念和认识还需进一步转变提高。党和国家制定了《国家中长期教育改革和发展规划纲要》，深入推进西部大开发战略和民族地区跨越式发展，针对西部特别是西部民族地区教育实施一系列重大工程项目，为四川省民族地区教育跨越式发展提供了前所未有的机遇。

知识是贫困地区从根本上摆脱贫穷的长效保障，教育是获取知识的主要途径。2005年前，凉山州教育事业发展依靠"控辍保学"，各乡镇和学校的干部和老师要挨家挨户动员家长让孩子上学；2005年后，国家"两免一补"政策支持力度逐渐加大，凉山地区得以实行寄宿制学生生活补助和营养改善计划，家长们转而主动让孩子接受教育，义务教育事业出现良好发展态势。[1]凉山彝族群众虽然已经完成了奴隶社会向社会主义社会的过渡，教育扶贫事业也取得了一定的进展，但由于长期形成的思维方式和生活方式的影响，凉山州民族地区教育基础仍然十分薄弱，文化知识依然十分缺乏，相对较低的人口素质仍然是制约凉山深度贫困民族地区发展的重要因素。除此之外，大小凉山群众对艾滋病和毒品等相关知识的严重缺乏也加剧了贫困家庭的负担，影响了大小凉山的经济发展程度以及人文发展和生活环境的稳定性。[2]所以，要跟上我国全面建成

---

[1] 赵岩、李益众、倪秀：《为大小凉山播种希望——四川凉山州开展教育扶贫纪实》，《中国民族教育》2016年第5期。

[2] 刘利：《新形势下大小凉山精准扶贫脱贫的策略与路径》，《三峡大学学报》2018年第4期。

小康社会和实现贫困人口全部脱贫目标的步伐，凉山州的文化教育水平仍然亟待更进一步提升。在各级党委、政府的重视下，凉山州坚持实施"百乡千村"新村建设，取得了一定成绩，特别是2015年提出坚决打赢脱贫攻坚战以来，各级党委、政府加大了精准扶贫工作力度，凉山州的经济社会发展发生了显著变化。在当地教育方面，各级各类学校办学条件显著改善，师资队伍整体素质得到提升，教育教学质量稳步提高，逐步形成了多门类、多层次、多规格的民族教育体系，为推进民族地区经济社会发展作出了重要贡献。

二、凉山教育扶贫的目标规划

有效推进民族地区的教育发展，是解决深度贫困民族地区长期贫困的重要一环。为确保四川省民族地区到2020年整体实现跨越式发展，大幅提高教育普及水平，全面形成公平教育体系，显著提升教育教学质量和学校管理水平，净化教育环境，实现民族地区教育事业达到同期全省平均水平，建成与民族地区经济社会发展水平相协调的现代教育体系，2010年11月，四川省颁布了《四川省民族地区教育发展十年行动计划（2011—2020年）》。根据计划内容，凉山彝族自治州在教育扶贫方面通过分类分阶段来逐步实现目标任务，并综合自然地理、经济社会发展水平和普及九年义务教育的时间先后等因素，将民族自治地方51个县（市）分为三类地区。一类地区为自然地理条件较好、近年来经济发展较快且在2003年结束前已"普九"的14个县（市），包括泸定、九龙、丹巴、康定、汶川、理县、茂县、金川、西昌、德昌、宁南、会理、峨边、北川；二类地区为自然地理及经济社会发展在民族自治地方处于中等水平且在2004年至2007年间"普九"的32个县，包括乡城、炉霍、甘孜、巴塘、稻城、得荣、新龙、雅江、道孚、白玉、德格、九寨沟、马尔康、黑水、小金、松潘、若尔盖、红原、阿坝、壤塘、会东、冕宁、盐源、喜德、普格、甘洛、越西、昭觉、木里、雷波、金阳、马边;三类地区为自然地理条件较差、经济社会发展水平较低且在 2007 年后"普九"的 5 个县,包括理塘、色达、石渠、布拖、美姑。

第一阶段,2011 年至 2012 年。义务教育普及成果全面巩固,学龄儿童少年全部按时入学,巩固率达到国家规定要求。学前教育有较快发展,学前两年毛入园率达到 45%:一类地区基本普及学前一年双语教育,学前两年毛入园率达到 75% 以上;二类地区学前一年双语教育开展面达到需开展学前双语教育乡镇的 50%,学前两年毛入园率达到 40% 以上;三类地区学前一年双语教育开展面达到需开展学前双语教育乡镇的 40%,学前两年毛入园率达到 30% 以上。高中阶段毛入学率达到 55%:一类地区高中阶段毛入学率达到 75% 以上;二类地区高中阶段毛入学率达到 40% 以上;三类地区高中阶段毛入学率达到 30% 以上。

第二阶段,2013 年至 2015 年。力争实现义务教育县域内初步均衡,确保适龄儿童少年接受良好义务教育。学前两年毛入园率达到 65% 以上,实现学前一年双语教育全覆盖:一类地区基本普及学前两年教育,毛入园率达到 85% 以上;二类地区学前两年教育毛入园率达到 65% 以上;三类地区学前两年教育毛入园率达到 55% 以上。高中阶段毛入学率达到 70% 以上,普通高中和中等职业学校学生规模大体相当:一类地区基本普及高中阶段教育,高中阶段毛入学率达到 85% 以上;二类地区高中阶段毛入学率达到 65% 以上;三类地区高中阶段毛入学率达到 45% 以上。

第三阶段,2016 年至 2020 年。全面提高义务教育普及水平和教育质量,力争基本达到同期全省平均水平,基本实现义务教育县域内均衡发展。普及学前一年双语教育,基本普及学前两年教育,学前两年毛入园率达到 85% 以上,有条件的地方普及学前三年教育:一类地区全面普及学前两年教育,毛入园率达到 95%;二类地区基本普及学前两年教育,学前两年毛入园率达到 85%;三类地区基本普及学前一年双语教育和接近普及学前两年教育要求,学前两年毛入园率达到80%以上。基本普及高中阶段教育,毛入学率达到90%以上,职普比例达到1:1,一类地区巩固提高高中阶段教育普及成果;二类地区高中阶段毛入学率达到90%以上;三类地区接近普及高中阶段教育要求,毛入学率达到85%以上。高等教育大众化水平进一步提高,力争达到同期全省平均水平。

根据《四川省民族地区教育发展十年行动计划(2011—2020年)》,凉山彝族自治州教育扶贫的目标是到2020年整体实现跨越式发展,教育事业主要指标与国民受教育水平力争基本达到同期全省平均水平,建成富有活力、与民族地区经济社会发展水平相协调的现代教育体系。首先,教育普及水平要实现大幅提高。普及学前一年双语教育,基本普及学前两年教育,有条件的地方普及学前三年教育;巩固提高九年义务教育水平;普及高中阶段教育;高等教育大众化水平进一步提高,毛入学率力争达到同期全省平均水平;扫除青壮年文盲。其次,公平教育体系全面形成。坚持教育的公益性和普惠性,充分保障农牧区广大人民群众依法享有接受良好教育的权利,形成覆盖城乡、惠及全民的公共教育服务体系,实现基本公共教育服务均等化,缩小与全国全省教育发达地区的差距;努力办好每一所学校,教好每一个学生,不让一个学生因家庭经济困难而失学;保障残疾人受教育权利。第三,教育教学质量和学校管理水平显著提升。现代学校教育教学管理体系基本形成,教育质量和学校管理水平显著提升,优质教育资源总量不断扩大,群众接受高质量教育的需求得到基本满足,学生思想道德素质、科学文化素质和健康素质明显提高。第四,教育环境得到净化。贯彻落实国家有关法律法规和民族宗教政策,坚持国民教育与宗教相分离原则,禁止任何个人、组织、宗教团体以任何方式和借口干预教育,依法治教、依法治校,净化教育环境,维护教育战线的稳定和长治久安。

三、凉山实施教育扶贫的主要措施

为实现《四川省民族地区教育发展十年行动计划（2011—2020）》中的阶段性目标，凉山彝族深度贫困地区采取了一系列保障措施开展教育扶贫。

1.全力推进各级各类教育改革和发展

推进各级各类教育的改革和发展，是实现民族地区教育跨越式发展的根本保障，要按照科学发展观要求，统筹协调学前教育、义务教育、高中阶段教育、高等教育发展。

学前教育是民族地区教育跨越式发展的基础。重视和支持学前一年双语教育，加强国家通用语言文字教学。坚持政府主导，形成县城幼儿园、乡镇幼儿园、小学学前班、双语教育为特色的县、乡、村三级学前教育办学体系。大力发展公办幼儿园，扶持民办幼儿园。新建公办幼儿园基础建设可纳入中央和省实施的教育工程项目统一规划。合理规划校点，充分利用中小学布局调整富余的校舍和教师举办幼儿园（班）。建立完善幼儿园管理办法，规范收费标准，实行成本合理分担机制。落实幼儿教师地位和待遇，加强幼儿教师队伍建设。

义务教育是民族地区教育跨越式发展的重点。坚定不移地抓好义务教育普及成果的巩固，依法确保适龄儿童少年全部入学并接受良好义务教育，全面提高普及水平，通过"普九"复查，完善"控辍保学"长效机制，努力解决辍学问题。全力推进义务教育均衡发展，通过强化义务教育学校标准化建设，加快薄弱学校改造，建立城乡一体化的义务教育发展机制，均衡配置教育资源，大力发展寄宿制等措施，努力缩小县域、城乡、校际间差距，实现县域内均衡发展。强化学校管理，开足开好规定课程，配足配强教师，深化教学改革，不断提高教育质量。减轻中小学生课业负担，让学生快乐学习，愉快生活，健康成长。

高中阶段教育是提高国民素质、培养创新人才、实现民族地区教育跨越式发展的根本保障和重要标志。根据经济社会发展需要，积极推进高中阶段教育的改革和发展，形成满足初中毕业生接受高中阶段教育需求、普通高中和中等职业学校学生规模大体相当的高中阶段教育体系。重视和支持普通高中教育发展，抓好学校办学条件的改善和师资力量的配备。合理布局校点，扩大现有高中规模，切实满足需要。支持成都、德阳、绵阳等省内发达地区举办民族地区高中班（校）。深入推进课程改革，全面落实课程方案，保证学生全面完成国家规定课程的学习，提高学生综合素质。强化教育教学管理，不断提高办学质量。积极发展中等职业教育，加强中等职业学校基础能力建设，不断提高质量；结合地区和市场需求，合理布局校点，科学设置专业，着力培养学生的职业道德、职业技能、就业创业能力，为经济社会发展和传承创新民族文化培养合格人才。大力实施免费中等职业教育计划，满足人民群众接受优质中等职业教育的需要。

高等教育承担着培养高级专门人才、发展科学技术文化、促进现代化建设的重大任务。采取各种措施，努力办好现有3所高等学校，不断提高人才培养质量和科研水平，培养更多高素质建设人才，增强服务社会能力。支持民族地区高校教师队伍及特色学科和优势专业建设，安排省内有关高校对口支持民族地区高校，不断提高办学质量。实行省内高校面向民族地区定向招生、定向培养政策，进一步办好省内高校少数民族预科班，多渠道、多形式为民族地区培养输送各类急需人才。

2. 实施五项重点工程

民族团结教育工程。大力加强民族团结教育是新时期教育战线一项紧迫而重大的政治任务。要按照党中央、国务院的部署和要求，全面加强各级各类学校民族团结教育，推动党的民族理论和民族政策、国家法律法规进教材、进课堂、进头脑，引导师生树立正确的人生观、世界观、民族观和宗教观，铸牢维护祖国统一、反对民族分裂的思想意识，夯实各民族团结进步、国家长治久安的基础，增强中华民族自豪感和凝聚力。加强民族团结教育工作的领导，抓好中小学各阶段民族团结教育相关配套工作，规范课程设置和教材选用，配齐配足教师，确保有效开展。加大民族团结教育经费投入，实施民族团结教育基地建设工程，以县为单位建设一批民族团结教育实践基地，并在各中小学设立中华文化学生活动室。文化文物部门归口管理的公共博物馆、纪念馆，以及爱国主义教育示范基地要免费向学生开放，多渠道多形式推进民族团结教育工作。

学校办学条件改善工程。根据教育跨越式发展的需要，实施中小学校办学条件改善工程。通过科学规划，新建和改扩建一批校舍，按照"缺什么、补什么"的原则，加强薄弱学校配套设施建设、学校装备更新和远程教育工作。合理布局校点，撤并规模小、质量低、不利于学生入学巩固的学校。新建学校及需撤并学校特别是需撤并的寄宿制学校要建在自然条件相对较好、人口相对集中、交通较方便的公路、城镇、县城附近。合理调整学校布局，提高办学规模效益，为民族地区提高教育教学质量、培养合格人才奠定坚实基础。

教师队伍保障体系建设工程。教育大计，教师为本。建设一支数量足够、素质合格、学科配套、适应现代教育需要的教师队伍是实现民族地区教育跨越式发展的基础和保障。要高度重视和大力抓好民族地区教师补充、培养和培训工作，努力提高教师的思想政治素质和业务水平，切实维护教师队伍稳定。适时调整教师编制，及时补充合格师资，严禁有编不补和挤占挪用教师编制，实施"农村义务教育阶段学校教师特设岗位计划"，鼓励优秀大学毕业生到民族地区任教，切实保证教育发展对教师的需求。补充教师要坚持标准，严格资格认定，确保质量。均衡配置县域内校长和教师，配齐学科教师。抓好教师培养培训工作，通过脱产进修、集中培训、函授学习、远程培训等形式提高教师的素质和能力，实现教师学历水平和业务能力合格达标。健全省、州、县、校四级培训体系，建好县级师培基地。维护教师合法权益，依法保证义务教育阶段教师的平均工资水平不低于或者高于国家公务员的平均工资水平，并逐步提高，落实和完善教师医疗养老等社会保障政策。关心教师身心健康，改善教师工作和生活条件，建设一批乡镇教师工作周转宿舍。对长期在民族地区从教、贡献突出的教师要给予奖励。加强师德师风建设，增强教师教书育人的责任感和使命感，强化爱岗敬业意识。

学生保障体系建设工程。深入落实国家"两免一补"政策，全部免除义务教育阶段学生学杂费，免费提供教科书。按照中央统一政策，逐步建立学前教育、普通高中教育学生资助制度。免除中等职业教育学生学费，补助其生活费。积极争取中央将四川省高寒地区中小学纳入冬季取暖补助政策范围。根据民族地区自然地理的特殊实际和教育跨越式发展的需要，加快发展寄宿制，保证需在校寄宿学习的学生都能寄宿。完善寄宿制学校设备设施，配齐生活管理员，加强小农牧场建设，提高学生生活水平。

双语教育工程。大力推进双语教学，全面开设汉语文课程，全面推广国家通用语言文字。尊重和保障少数民族使用本民族语言文字接受教育的权利。加大双语学校基础设施建设力度。强化师资队伍建设，按专业要求配齐配强教师。提升双语教师的业务能力，对双语教师进行全员免费培训，培养一批双语技能合格、研究指导能力强的专家型双语教师，试行双语教师准入资格和定期考核制度。深化教育教学改革，建立双语教育质量监测长效机制，提高双语教育质量。加大民族文字教材建设和相关教学资源开发的投入力度，完善以国家教材为主、地方和校本教材为补充，学科教学与专题教育相结合，文本教材与多媒体资源相配套的双语教材体系。

3. 实施民族地区免费中等职业教育计划

实施免费中等职业教育是推进民族地区经济社会和教育跨越式发展、改善民生、促进稳定的根本性措施，要高度重视，认真实施。继续组织实施"9+3"免费教育计划，积极推进民族地区免费中等职业教育计划的实施，逐步实现民族地区愿意接受职业教育的初中毕业生都能免费接受教育。支持中等职业学校建设，改善办学条件和学生学习生活条件。强化教育教学管理，切实提高质量。加强思想政治教育和民族团结教育，关心关爱学生，促进学生德智体美全面发展。做好中等职业学生引导力度，为全社会支持民族地区免费中等职业教育计划营造良好氛围。

4. 强化资金筹措，确保经费投入

实现民族地区教育跨越式发展，投入是关键，要统筹中央、省、州（市）、县（市）资金集中投入。在中央教育专项资金向民族地区倾斜的同时，四川省按《四川省民族地区教育发展十年行动计划（2011—2020 年）》中的筹资渠道，每年筹集 5 亿元以上专项资金用于此行动计划的实施，中央和省专项资金投入后的经费缺口由州（市）、县（市）负责筹措落实。资金主要用于民族自治地方幼儿园到高中阶段学校基础设施建设、乡镇教师工作周转宿舍建设、寄宿制学生生活补助、学校装备、现代远程教育、师资培训、民族文字教材等方面，对少数民族地区待遇县（区）校舍建设酌情予以补助。实施民族地区免费中等职业教育计划所需经费在省职教攻坚经费中解决。

5. 强化教育对口支援，创新支教内容

深入推进"市对州、县对县、校对校"的结对关系。各支援市、

县（市、区）按照《四川省民族地区教育发展十年行动计划（2011—2020 年）》的要求，加强领导，确保支援工作落到实处；要结合新时期民族地区教育发展的实际，在给予资金物质支援的基础上，创新支援内容和形式，以智力支教为重点，选派有经验的管理人员和骨干教师到民族地区支教，积极为民族地区送教讲学，帮助民族地区转变教育理念，更新教育教学手段，提高教学质量；要重点帮扶对口州（市）、县（市）的一批学校，将其办成当地教育教学和管理水平最好的示范校，并办好辖区内的民族中学（班）。民族地区要主动加强与支援市的沟通协调，为支教教师提供良好的工作和生活条件。

6. 加强领导，强化监管

《四川省民族地区教育发展十年行动计划（2011—2020）》主要在民族自治地方 51 个县（市）实施，兼顾 9 个少数民族地区待遇县（区）。实施范围内各级政府是实施行动计划的责任主体、工作主体、实施主体、资金统筹平衡主体。民族自治地方和少数民族地区待遇县（区）各级政府要成立专门领导机构，加强组织领导，把行动计划的实施作为考核领导干部政绩的重要内容纳入目标管理。根据《四川省民族地区教育发展十年行动计划（2011—2020）》的要求和教育发展的实际，科学制定未来 10 年教育发展规划和有关项目建设方案、实施细则，确保各项目标任务全面完成。认真做好行动计划与中央和省其他教育项目的衔接工作，避免规划安排不当造成重复建设和浪费。四川省行动计划协调领导小组成员单位要根据各自职能，大力支持民族地区教育发展和改革。协调领导小组办公室要认真做好各年度项目资金的安排和管理工作，加强督促指导，组织力量对各年度目标任务完成情况、项目建设情况、项目资金管理和使用情况进行专项检查，对未能切实履行职责、未按时完成目标任务的地方，要进行通报。各级审计部门要加强项目资金审计工作，确保专款专用，对挪用、侵占专项经费，人为造成工程质量等问题的地方，要及时严肃查处，暂停对其次年专项经费的拨付，并追究相关单位和个人责任。

在四川省政府提出的教育扶贫措施保障的基础上，凉山州彝族深度贫困民族地区针对教育扶贫还采取了以下几项主要具体措施：

（1）在推进《四川省民族地区教育发展十年行动计划（2011—2020）》的基础上，继续办好内地民族班。从 2000 年开始，在四川省民族地区启动实施了第一个教育发展 10 年行动计划，2011 年启动实施第二个教育发展 10 年行动计划，每年投入 5 个亿，继续着力实施好"民族团结教育工程、学校办学条件改善工程、教师队伍保障体系建设工程、学生保障体系建设工程和双语教育"五个重点工程。1985 年，在成都市第 28 中学举办了民族高中班，每年面向三州五市（现为三州七市）招收 100 名贫困农牧民子女到该校就读。2019 年，经过两次转接，此项工作现由成都市第三中学具体负责。针对全省少数民族学生举办了中央民族大学附中班，每年在全省范围内招收 58 名少数民族初中毕业生到中央民族大学附中班就读。

（2）组织实施了"9+3"免费职业教育计划。从 2014 年开始，将凉山彝族地区纳入"9+3"免费职业教育计划，每年从凉山州招收 5000 名彝族地区初中毕业生和未升学的高中毕业生到本省其他地区职业学校免费接受教育。2019 年，四川 18 个市 100 所中职学校承担了此项教育任务。所有到本省中职学校就读的民族地区中职学生给予免除学费、补助生活费和杂费的资助。具体标准是：学制 3 年的免除学费 3 年，每生每年 2000 元；生活费补助 3 年，前两年每生每年 3000 元，第三年每生 1500 元，不足部分通过工学结合、顶岗实习获得报酬；交通、住宿、书本等杂费补助 3 年，每生每年 1500 元。

（3）在民族自治地方实施了"一村一幼"计划。为着力解决民族地区许多孩子由于听不懂国家通用语言，听不懂普通话教学，成为学困生，成为辍学生，成为"农村无法安身，城里无法立足"的边缘人，四川省委、省政府从2015年秋季起在大小凉山彝族地区13县（区）启动实施双语"一村一幼"计划，2017年将该计划扩展到甘孜、阿坝、凉山三州48县（市）及乐山市马边县、峨边县、金口河区和绵阳市北川县。到2019年7月，52个县（市、区）按照"大村独立举办、小村联合举办"的思路，采取"一村一幼""一村多幼""多村一幼"等形式，利用闲置校舍、村级活动室等，开办"一村一幼"幼教点4888个，招收幼儿20万人，该计划覆盖范围内的8381个村的幼儿大都可就近在本村或邻村接受学前双语教育。"一村一幼"办学经费由省、州（市）、县三级分级负责。其中，省级财政按每个行政村配备2名辅导员、每名辅导员每月2000元的标准给予劳务报酬补助。2015—2018年，省级财政共安排省级专项资金82260万元用于辅导员劳务报酬补助，累计补助辅导员34275人次，现有辅导员16174人。

（4）实施了大小凉山教育扶贫提升工程。为全面改善大小凉山彝族地区13县（区）幼儿园和义务教育学校办学条件，切实化解"大班额""大通铺""小食堂"矛盾，推动彝族地区教育与全省教育同步发展，四川省从2014年起启动实施了"大小凉山彝区教育扶贫提升工程"。计划每年投入2.1亿元，专项用于幼儿园和义务教育学校校舍建设、教师周转宿舍建设，大大缓解了彝族地区办学条件不足的问题。该工程自实施起7年来，四川省累计投入资金14.7亿元，建设项目学校736个，建设面积87.8万平方米。

（5）在民族自治地方实施了15年免费教育计划。为缩小区域发展差距、防止贫困代际传递、维护全省发展大局和全面提高民族地区人口素质，从2016年开始，在四川省甘孜、阿坝、凉山三个自治州和北川、马边、峨边三个自治县实行15年免费教育计划，即幼儿阶段免除保教费，义务教育阶段学生实行"三免一补"，高中阶段学生免除学费及提供免费教科书。

（6）实施了省内优质学校对口帮扶深度贫困县中小学。为深入贯彻落实四川省委、省政府《关于进一步加快推进深度贫困县脱贫攻坚的意见》精神，引导省内优质中小学与45个深度贫困县中小学校建立对口帮扶关系，帮助贫困地区加快教育发展步伐，提升教育质量，从2017年起，安排成都、攀枝花、泸州、德阳、绵阳、遂宁、乐山、南充、宜宾、眉山10个市，按照"一帮一"或"一帮多"方式，选择本地优质学校对口帮扶45个深度贫困县（市、区）所有乡镇中小学、单设初中（含九年一贯制学校）、普通高中和中等职业学校，结对双方通过"支教教师选派、资金物质援助、校长教师跟岗学习、送教送培、平台共享、资源共享"等方式进行帮扶。到2019年7月，省内74个县（市、区）1138所学校（小学741所、初中265所、高中81所、幼儿园47所、特校3所、电大1所）对口帮扶45个县的1276所学校（小学1011所、初中157所、高中55所、幼儿园49所、特校3所、进修校1所）。

（7）实施了"涉藏州县千人支教十年计划"。为帮助解决涉藏州县优秀教师"量不足、引不进、留不住"的特殊困难，不断提高教育教学质量，增强教育内生动力，四川省从2016年起启动实施了"涉藏州县千人支教十年计划"，计划在2016年至2026年10年间，每年保证有1000名教师支援涉藏州县教育发展。2016年省内15个市共选派700名优秀教师到涉藏州县32个县（市）支教，并接收涉藏州县32县（市）300名教师跟岗学习。同时，按照"一帮一"或"一帮多"方式，选择近千所优质学校帮扶涉藏州县32县（市）中小学校。

（8）实施了远程教育工程。远程教育是快速提升民族地区教育教学质量，缩小与教育发达地区教学水平差距，实现"弯道超车"、由弱变强的重要手段和途径。2012年以来，每年从行动计划中安排2000万左右专项资金实施民族地区远程教育。通过"高中直播、初中录播、小学植入式"等,将成都七中、成都实验小学、成都机关三幼等优质校(园)的优质教育资源,传输到民族地区,让民族地区学生通过"网班"就近接受优质教育。

(9)实施了民族预科直升及藏彝文一类模式招生计划。每年针对民族地区和少数民族学生招收约1800名高中毕业生到省内和部委高校就读,着力提高培养层次,增强就业能力。

(10)规范了少数民族学生高考加分政策。针对民族地区和少数民族学生,对四川省高考加分政策进行了再次规范,即省内院校按四川省出台加分政策执行;省外高校在四川招生时,如果学校认可四川省少数民族加分政策,则按四川省政策加分投档,由学校根据其录取规则决定是否录取;如果学校明确认可的加分分值上限为20分,则投档时按学校要求执行。

(11)实施凉山州贫困县义务教育3000名教师编制保障工程。2018年四川省出台的《关于精准施策综合帮扶凉山州全面打赢脱贫攻坚战的意见》明确提出,要全面统筹教职工编制,实施贫困县义务教育3000名教师编制保障工程,切实保障贫困县义务教育阶段教师编制配备需求。2019年4月底,凉山州贫困县义务教育3000名教师编制保障工程首批共聘用教师978名,其中公开考试招聘953名、考核招聘25名,由凉山州委编办按各县正式聘用人数足额下达,实行"县管校用",同时凉山州也对下达编制进行实名制管理。

后记

多年来，在我的教学与研究工作中，一直非常关注农村的贫困问题。在深入农村调研过程中，有两次调研活动对我影响巨大。一是，2018年4月原国家行政学院举办"省部级领导干部'打赢脱贫攻坚战'专题研讨班"，为准备案例教学赴河南省兰考县进行深入调研；二是，2019年7月有幸参加全国哲学社会科学工作办公室组织的国情调研活动，随郑功成教授等专家赴四川省凉山彝族自治州开展精准扶贫、精准脱贫调研。

兰考和凉山，一个是全国第一批脱贫摘帽的贫困县，一个是全国最后一批脱贫的深度贫困少数民族地区。这两个地区脱贫攻坚的实践，对研究总结中国式减贫的经验，具有典型意义和独特价值。

赴兰考调研，我的主要工作目标是寻找"兰考之问"的破解之道。通过在案例教学活动中与学员的研讨交流，进一步深化了我对贫困、小康和共同富裕等问题的思考。赴凉山调研，让我一再设问：在资源禀赋、地理条件、人力资源、经济社会发展都不占优势的西部地区，贫困的根源是什么？长期稳定脱贫的关键何在？

在本书稿完成之际，真诚感谢兰考县和凉山彝族自治州的各位领导和同志们对我的调研、教学、研究、咨询工作和本书写作给予的大力支持和帮助！真诚感谢赴四川凉山彝族自治州调研组的各位专家！真诚感谢中共中央党校（国家行政学院）的各位领导和案例教学团队成员！

张青

2021年12月于北京